河北省社会科学发展研究课题"河北OTT互联网电视受众研究"（课题编号：20210301152）

基于受众满意度的互联网电视传播研究

李婷婷／著

吉林大学出版社

·长春·

图书在版编目（CIP）数据

基于受众满意度的互联网电视传播研究 / 李婷婷著 . --
长春：吉林大学出版社，2022.8
ISBN 978-7-5768-0299-3

Ⅰ . ①基… Ⅱ . ①李… Ⅲ . ①电视－传播媒介－研究
－中国 Ⅳ . ①G229.2

中国版本图书馆 CIP 数据核字 (2022) 第 154589 号

书　　名　基于受众满意度的互联网电视传播研究
　　　　　JIYU SHOUZHONG MANYIDU DE HULIANWANG DIANSHI CHUANBO YANJIU

作　　者：李婷婷 著
策划编辑：矫正
责任编辑：殷丽爽
责任校对：王寒冰
装帧设计：久利图文
出版发行：吉林大学出版社
社　　址：长春市人民大街 4059 号
邮政编码：130021
发行电话：0431-89580028/29/21
网　　址：http://www.jlup.com.cn
电子邮箱：jldxcbs@sina.com
印　　刷：天津和萱印刷有限公司
开　　本：787mm×1092mm　　1/16
印　　张：14.25
字　　数：200 千字
版　　次：2023年6月　　第 1 版
印　　次：2023年6月　　第 1 次
书　　号：ISBN 978-7-5768-0299-3
定　　价：78.00 元

前　言

随着我国科学技术水平的提升，互联网和 IT 技术已经在电视方面得到了很好的应用，如今互联网电视保持着强劲的发展趋势，在高带宽技术的促进下互联网电视也将是未来视频行业重要的发展方向。

互联网电视是指通过电视终端使用互联网的视频类应用服务，自主选择性接收播放互联网视频。[①] 传统电视终端不能点播和回看，不具备互动或选择应用服务等功能，只能被动接收指定的电视频道信号，只具备电视的基本直播功能。[②] 互联网电视兼具传统电视和互联网设备的优势，业界、电信运营商及用户等均对互联网电视表现出极高的关注度。

互联网电视的优势首先在于内容提供商与供应商之间的密切合作。电视终端可以播放内容以获得更多的经济效益，但前提是它需要对消费者有更大的吸引力。其次，在于与牌照商和供应商的合作。牌照商主要就是为供应商提供相应的认证与操作服务，以便电视厂商在广告中获取付费内容的入口。[③] 这种工作方式不仅可以与多个供应商开展合作，还能实现在线渠道服务。

在国外，互联网电视已成为有线电视运营商、电信运营商、互联网等产业融合发展的助推器。它将人们从电脑前又重新拉回到客厅，逐渐成为家庭通信娱乐中心。相关终端厂家如雨后春笋般加入市场竞争。

美国互联网电视行业发展较快，互联网电视市场是多元化的，市场的主要参与者有网络运营商、内容集成商和终端制造商。终端设备种类繁多，

---

① 李昀，储铁钢. 移动互联网时代运营商 OTT 业务网络承载方案浅论 [J]. 中国新通信，2014（11）：5.

② 李强. 中国互联网电视现状及对策分析 [J]. 通信学报，2015（03）：16.

③ 秋向华. 互联网电视业务的发展现状、趋势研究 [J]. 中国新通信，2018（24）：75.

包括智能电视、电视游戏机和互联网电视机顶盒等。美国各大互联网公司都在积极抢占电视领域市场，主要的竞争模式有以下几种：（1）苹果公司强化封闭的"苹果生态圈"，以 Apple TV 机顶盒布局互联网电视市场，占据网络机顶盒市场龙头地位，累计销售超过 1500 万台。（2）ROKU 公司专注于网络机顶盒终端，仅次于 Apple TV。ROKU 机顶盒打造的终端入口，将内容应用分发出去，并与内容提供商进行广告分成，实现终端向平台的延伸，在美国本土的总销量超过 700 万台。（3）谷歌定位于操作系统对电视屏的占领，将其 Android 系统授权给设备终端制造商，在终端设备中植入 Chrome、YouTube、Google Play 和谷歌地图等网络服务，抢夺互联网电视的广告份额。（4）Netflix 公司自身不制造终端设备，侧重在网络视频平台发力，通过订阅服务来实现利润增长。

日本与美国相比网络电视机功能更加单一。日本宽带（固定、移动和 Wi-Fi）相当发达和普及，特别是移动宽带异军突起，促使网上流媒体视频迅速蹿红，互联网电视台也应运而生，Abema TV 就是这方面的代表。Abema TV 是向 PC/智能手机直播的流媒体互联网电视台。它由 Cyber Agent 公司和朝日电视台投资运营，像广播卫星那样使用多个专门频道进行数字广播，服务是免费提供的，靠广告收入维持经营；提供包括原创内容和新闻、动画、音乐、体育、戏剧等 30 个免费频道。Abema TV 服务在自家里的 Wi-Fi 环境中，因数据流量往往是免费的，一般选择高品质的图像；但在外面通过移动通信网观看 Abema TV 时，可选择低等级画质，以便节省数据流量，加上全新的数字技术编排节目，导致数字电视机逐渐占据较高的市场份额。

欧洲的互联网电视发展走在世界的前列，无论是宽带基础建设还是互联网电视硬件技术本身，包括互联网电视内容构建都相对成熟。在英国，主导互联网电视产业的英国电信通过与华纳、索尼 BMG 等大型媒体公司合作获取大量内容资源以丰富本土互联网电视内容体系；德国电信已经在慕尼黑、柏林等十个城市建设高速宽带网络，为互联网用户提供高速率的宽带服务，为德国 300 万家庭用户提供互联网电视服务；法国电信推出 Ma Ligne TV 业务，通过宽带网络在连接一个数字网络机顶盒后，便可将互联网电视接入用户家中。目前，法国电信提供的互联网电视服务包含电视直播、即时点播等。

与国外互联网电视行业不同，国内互联网电视采用"牌照准入制"，因此我国互联网电视行业受政策影响巨大。我国互联网行业有着严格的行业政策监管，只有获得视频集成播控牌照的企业才具有独家内容资源话语权。

国内互联网电视产业的发展需要电信运营商的参与，可以充分发挥电信运营商在客户服务、市场经营、线下渠道、终端维护、计费网络、内容存储网络等方面丰富的经验。同样，电信运营商对互联网电视业务有着很大的业务需求，尤其在与家庭宽带业务的捆绑发展上可以增强用户的黏性以及运营商宽带的行业竞争力，有效降低因竞争对手套餐捆绑方式导致的用户流失现象[①]，同时还可以提高 1 DC 的占用率，降低了网间结算费用和跨网接入成本，提高了互联网接入服务的质量和宽带业务的用户感知。

从企业的角度来看，最大程度地满足用户对于企业产品的需求是企业生产的目的，更是企业生存的基础。因此要发展互联网电视产业，首先需要精准有效地获取到用户对于产品的需求。在"互联网+"时代用户的需求呈现出多元化的特点：从之前的被动式接收电视节目，到主动地挑选自己喜欢的电视节目，进而有了根据个人特点进行个性化推荐的需求，再到希望实现一机多用，通过使用一台电视机就可以完成观影、听音乐、玩游戏甚至视频电话、网络互动等功能。在这样多样又复杂的需求下，大多数企业受到自身生产能力以及产品、服务的生产和维护成本的限制，在已经得知用户众多需求的前提下，依然不能满足客户的所有需求，或者说不能够使得所有用户的需求达到百分之百的满意，那么就必须在全面了解用户需求的基础上，寻求合适的方法，进而找到最核心用户的需求，也就是最能提升企业价值的需求。

本书主要采用文献收集法、问卷调查法及定性与定量分析法等相关方法对消费者对于互联网电视业务中所提供的服务满意度进行了全面调查，探究基于受众满意度的互联网电视传播发展问题：以互联网电视相关概念辨析为切入点，阐述国内外互联网电视的发展历程及互联网电视业务的运

---

① 吴一鸣. 电信运营商如何发展互联网电视 [J]. 通信世界，2012（39）：17.

营模式；进而对互联网电视用户需求与满意度进行深入分析；探讨互联网背景下电视媒体融合发展的现状及趋势，并剖析基于受众满意度的互联网电视产品运营现状；在借鉴美国、英国、日本等国外互联网电视媒体发展的先进经验和国内如湖南卫视、东方卫视、浙江卫视、江苏卫视等优秀电视媒体先进的运营模式的基础上，采用个案实证分析的方式讨论基于受众满意度的互联网电视业务竞争战略实践路径；最后，从树立正确的受众观、提升互联网电视用户满意度、完善用户满意度监测体系、构建互联网电视收视质量分析系统、以用户为中心创新互联网电视媒体产品和创新互联网电视大数据整合营销策略等六个层面提出基于受众满意度的互联网电视发展的建设性策略。

目　录

第一章　互联网电视发展概述

伴随"宽带中国"战略实施以及"三网融合"的不断发展，中国互联网电视迎来了大发展的契机，人们可以通过互联网电视观看海量视频内容，电视重新成为家庭的娱乐中心，客厅文化再次占据了人们心中的重要位置，成为近年来的热点话题。随着科技的进一步发展，互联网电视将成为一种主导的大众媒介形态，产业运营模式将更为成熟，产业链各方也会以合作共赢的姿态推动互联网电视产业的发展。

本章从互联网电视相关概念界定切入，论述了电视形态的演进及国内外互联网电视的发展历程，探讨互联网对电视媒体的影响，以及随着政策变迁，产业链各方对运营模式的摸索实践。

一、相关概念界定与辨析

（一）互联网电视的概念界定

通常情况下，互联网电视是指接收终端为互联网电视一体机或带有机顶盒的电视机，传输介质是公共互联网，最终实现为观众提供直播、点播及其他互动交互功能的电视媒介。根据我国的实际情况，互联网电视专指经由国家广电行政部门批准的集成播控平台播出，面向全国范围内的用户提供视频等多媒体内容及其他相关增值业务的服务。[①]

与互联网电视这一名词相关，我们更多听到的是 OTT TV，何为 OTT TV？实际上，OTT 是"Over The Top"的缩写，它的中文意思是"过顶传球"，最初指篮球运动员在头顶上传球到达目的地，而在互联网电视行业中，则

[①] 庞井君主编. 中国视听新媒体发展报告（2011）[M]. 北京：社会科学文献出版社，2011：136.

强调传输方式不是专门的物理网络，而是直接接入公共互联网。OTT TV 是 OTT 业务的一种，是通过公共互联网给用户传输视频的一种方式，接收终端是电视、手机等设备。在我国，OTT TV 专指面向电视机传输的视频业务，所以本书中将互联网电视与 OTT TV 视为同义词，可互相替代。

（二）互联网电视相关概念辨析

科技发展为我们带来了新技术和新体验，与此同时，层出不穷的名词之间有着极为相似的特点，在某种程度上模糊了产品本身的区别，混淆大众认知。对于互联网电视而言，IPTV 和数字电视是不得不提的两个概念。

所谓 IPTV，全称是网络协议电视，具体解释为交互式网络电视，也称宽带电视，是一种利用宽带网的基础设施，集互联网、多媒体、通信等技术于一体，以普通电视机 + 网络机顶盒（TV+IPSTB）为主要终端设备，向家庭用户提供包括数字电视在内的多种交互式服务的技术。在通信行业内，IPTV 一般指由广电或者通信运营商建立 IP 专网（有别于传统的同轴电缆有线电视网络）用于承载 IP 化的数字视频内容[1]，用户终端安装 IP 机顶盒进行流媒体接收和解码的数字电视业务模式。

IPTV 和互联网电视的区别主要在于：IPTV 由运营商端到端地垂直控制用户的接入、认证和计费，核心是可控和封闭的，通过具备 QOS（Quality Of Service，即服务质量）保障能力的、可管可控的专有网络，传输实时直播视频和点播内容；而互联网电视则是没有 QOS 保障的视频服务，用户不完全受运营商控制，整个市场是水平开放的，通过开放的、"尽力而为"的公共互联网传输。IPTV 和互联网电视最大的差异在于互联网电视不提供直播内容，而 IPTV 提供电视直播、回看服务。因此，电信运营商进入互联网电视领域，对原来的 IPTV 不会造成太大冲击，不会形成左右互搏的态势。[2]

所谓数字电视（Digital Television），是与模拟电视相对的概念，又称为数位电视或数码电视，是指从演播室到发射、传输、接收的所有环节都是使用数字电视信号或对该系统所有的信号传播都是通过由 0、1 数字串所构成的二进制数字流来传播的电视类型。其具体传输过程是：由电视台送

---

[1] 邓竹祥. 运营商互联网电视业务发展策略 [J]. 中国电信业，2013（02）：58.

[2] 芦亚平，李霞. 浅析 IPTV 技术综述 [J]. 甘肃科技，2011（27）：38.

出的图像及声音信号，经数字压缩和数字调制后，形成数字电视信号，经过卫星、地面无线广播或有线电缆等方式传送，由数字电视接收后，通过数字解调和数字视音频解码处理还原出原来的图像及伴音。全过程均采用数字技术处理，因此，信号损失小，接收效果好。

互联网电视和数字电视的区别在于：有线数字电视提供普遍服务，互联网电视满足用户个性化的需求。

（三）互联网电视与三网融合的关系

三网融合是指电信网、广播电视网、互联网在向宽带通信网、数字电视网、下一代互联网演进过程中，三大网络通过技术改造，其技术功能趋于一致，业务范围趋于相同，网络互联互通、资源共享，能为用户提供语音、数据和广播电视等多种服务。三网融合并不意味着三大网络的物理合一，而主要是指高层业务应用的融合。三网融合打破了此前广电在内容输送、电信在宽带运营领域的垄断，明确了互相进入的准则——在符合条件的情况下，广电企业可以经营增值电信业务、比照增值电信业务管理的基础电信业务、基于有线电网络提供的互联网接入业务等；而国有电信企业在有关部门的监管下，可从事除时政类节目之外的广播电视节目生产制作、互联网视听节目信号传输、转播时政类新闻视听节目服务，IPTV 传输服务、手机电视分发服务等。

在我国，互联网电视就是在三网融合的大背景下进行并崛起的，可以说，三网融合是互联网电视在内容和技术上存在和发展的条件基础。而 4C 融合则是指计算机（Computer）、通信（Communication）、消费电子（Consumer Electronics）、内容（Content）这 4 个领域产品的融合。也就是说 4C 融合为互联网电视提供了产品实施的可能性。

二、电视形态的演进及国内外互联网电视的发展历程

（一）电视形态的演进

1. 电视百年发展历程

（1）1883 年，德国电气工程师尼普克夫（Nipkow Paul Gottlieb）发明了采用机械扫描方法的圆盘，每幅画面有 24 行，图像较为模糊。

（2）1925年，"英国电视之父"约翰·洛吉·贝尔德（J.L.Baird）发明了机械扫描式电视摄像机和接收机，但是存在清晰度与灵敏度过低的缺陷。

（3）1931年，美国科学家兹沃雷金（Zworykin Vladimir Kosma）制造出比较成熟的光点摄像管。随着电子技术的发展，1951年三枪荫罩式彩色显像管电视面世。

（4）1958年天津产的北京牌14英寸黑白CRT电视和1970年出现的第一台国产彩色CRT电视，宣告中国电视进入自主研发新时代。

（5）1970年，基于液晶技术的液晶电视面世，并且技术不断改进。

（6）为了追求更大的显示面积，1980年出现了背投电视，但因技术、面积和市场等诸多问题，该产品出现市场萎缩。

（7）早在1964年，美国科学家就提出了等离子的概念。1990年开始出现等离子电视，与液晶电视相比，其在色彩、可视度上优势更明显，且工艺不断改进，功耗也在逐步降低。

（8）LED背光光源凭借更广泛的色域、更薄的机身和更环保的功耗，成为液晶电视最佳的背光光源，从而产生了LED液晶电视。

（9）随着互联网的高速发展，国内外电视厂家开始考虑在电视上置入网络功能，以实现更多互动式功能。

（10）现在，国内外电视厂商基本上都推出了3D互联网电视，掀起了3D显示狂潮。

2. 电视的分类

以上呈现的是电视技术层面的大事记，为人们全面了解电视提供了参考。现在，电视早已融入绝大多数人的日常生活并成为生活中不可分割的部分。就电视的分类这个话题而言，大多数人都能归纳出电视的这些类型：黑白电视与彩色电视、宽银幕电视和窄银幕电视、高清电视（2K）与超高清电视（4K以上）、有（无）线电视和卫星电视、室内电视和户外电视、固定电视和移动电视、商业电视和非商业电视、付费电视和免费电视、大众电视和分众电视、有剧本电视和无剧本电视、智能电视和普通电视，以及互联网电视、以电脑屏或笔记本当显示屏的电视、移动端电视（PC屏、手机屏）。

（二）国内外互联网电视的发展历程

1999 年，微软公司提出"维纳斯计划"，首先将互联网娱乐的概念带到客厅中，由此，各大终端厂商、内容制作商从未停止过对互联网电视业务的探索，其间挫折不断，美好的愿景屡屡被现实打破，直到近些年，互联网的发展和政策的利好才让互联网电视产业的发展重振旗鼓。

"维纳斯计划"期望通过高效的家庭数字网络终端帮助大众进入网络社会，但是囿于当时的技术环境，尤其是电视终端较差的处理能力和较窄的网络带宽，电视没办法提供互联网业务，最后这个计划无疾而终。

随着互联网业务的快速发展和网络带宽的提高，沉寂 5 年之后，微软卷土重来，延续"维纳斯计划"的思路，微软推出了 Xbox 游戏机，以游戏业务攻占电视。同时期，许多厂家认为互联网业务可以向电视端扩展，索尼等厂家也推出了相似的游戏机产品，盛大在 2006 年推出了盛大机顶盒。最终，除了本地游戏业务发展起来之外，互联网"进攻"电视的苗头又熄灭了，究其缘由，还是电视机本身的技术制约了互联网业务在电视终端的发展。

2007 年，以 Hulu 为代表的互联网视频提供商在美国崛起，通过有互联网功能的电子产品在电视端提供免费互联网视频业务，实现专业互联网内容提供商首次进入电视端。Hulu 是 NBC、环球集团以及迪士尼合资成立的网络视频网站，它的目标是帮助用户随时随地用任意方式查找专业媒资内容，它已经被业界公认为最具有在线体验电视的新途径。与此同时，苹果公司也借此良机在当年推出了 Apple TV（由苹果公司推出的电视机顶盒产品），可惜结果依旧是让人大失所望，原因还是归结于电视机硬件跟不上，电视处理能力不能适应互联网业务的要求。这个时期互联网电视概念初步形成，只是停留在通过有互联网功能的电子产品传输至电视端的阶段，业务模式也不清晰。

虽然互联网电视在发展过程中不断受阻，但是它的发展势不可当。Apple TV 失败后不久，到 2009 年，全球电视厂商几乎同时推广互联网电视机，大大提高了电视机的技术水平；2010 年，谷歌推出的谷歌 TV 将安卓操作系统内置在电视机之后，智能电视终端如雨后春笋般涌现。自此，互联网电视产业链各方都参与到产业的发展中，业务模式也逐步清晰。

目前，互联网电视的技术瓶颈已经突破，但由于各地区具体情况不同，所以在业务模式上的探索各有千秋，在我国，互联网电视产业的发展由于政策的限制，无法照搬国外模式，产业链各方也在积极进行探索实践。

1. 国外互联网电视发展

（1）美国互联网电视发展

美国是全球互联网电视发展的领头羊，美国互联网电视市场主体没有限制，资本和运营能力是其准入门槛，只要拥有这两项就能成为互联网电视运营商。美国的互联网电视运营主体种类很多，例如 Netflix、Microsoft、Google、Hulu、Amazon 以及传统电视行业都可以开展 OTT TV 业务。

美国互联网电视设备多种多样，包括智能电视机、电视游戏主机、蓝光播放器和互联网电视机顶盒等。数据显示，美国家庭智能电视机渗透率在 10% 以上；机顶盒市场渗透率大概是 13%，这类设备市场占有率最高的是苹果和 ROKU 两个品牌的产品；电视游戏主机的市场存量也比较大，市场占有率最高的是微软公司的电视游戏主机 Xbox 360。在智能电视设备渗透率不断提高的过程中，电视屏逐步超越 PC 屏成为在线视频网站接触用户的最重要的终端屏幕。

美国互联网公司纷纷进入电视领域，试图打赢客厅之战，他们采取的竞争模式主要有以下几种。①苹果公司：以 Apple TV 机顶盒布局互联网电视市场，累计销售超过 1300 万台，占据网络机顶盒市场龙头地位。通过 Airplay 协议实现多屏互动和 iTunes 应用体现内容平台价值，强化封闭的"苹果生态圈"。② ROKU 公司：专注于网络机顶盒终端，地位仅次于 Apple TV，ROKU 机顶盒在美国本土的总销量超过 500 万台。ROKU 机顶盒打造的用户终端入口，将内容、应用通过自己的机顶盒分发出去，并采取与内容提供商进行广告分成的模式，实现从终端向平台的延伸。③谷歌：定位于操作系统对电视屏的占领，谷歌将其 Android 系统授权给设备终端制造商，在终端设备中植入 Chrome、YouTube、Google Play 和谷歌地图等网络服务，抢夺互联网电视的广告份额。④ Netflix：作为美国最大的视频网站，公司定位于网络视频平台，Netflix 自身并不生产终端设备，但它与美国大部分智能电视产品包括智能电视机、网络机顶盒、蓝光播放器和电视游戏主机等设备生产商进行合作，在这些设备中内置 Netflix App 平台，通过"订阅付费"的模式进行利润分成。

在美国，互联网给传统电视带来的颠覆主要体现在以下两点：第一，付费下载和按时间段订阅等网络视频的在线点播商业模式颠覆了"频道化"的视频捆绑消费模式，用户将不再为捆绑销售的频道付费，而只为他们认为有价值的内容付费；第二，有线管道与电视频道服务结合的方式已经被互联网电视的"去管道化"的方式所颠覆。互联网公司纷纷采用软硬结合模式，通过终端构筑入口平台，建立内容分发平台。但是当前互联网视频对美国电视集团的颠覆还未完成，主要原因在于美国传统电视媒体行业发展十分成熟，进入了"集团化"的阶段，凭借其内容优势，它们现阶段仍可抗衡新媒体的快速入侵，但电视互联网化的趋势已不可阻挡。

（2）日本互联网电视发展

日本的电视机厂商很早就开始尝试在电视中加入联网功能，但是相比美国的互联网电视，日本的网络电视机功能更加单一，仅限于用电视浏览网页、收发邮件等，基本没有通过电视观看互联网视频内容的产品在日本本土进行量产、销售。究其原因，主要是由于日本电视用户的观看习惯和日本严格的版权制度造成的。日本人习惯于用专业的设备实现专项功能，比如玩游戏用游戏机、网络购物用电脑、看电影或者电视剧用 DVD 或者蓝光播放器，他们不习惯用电视去完成其他设备完成的各项功能。日本的版权管理非常严格，各类内容的版权按照应用渠道进行严格划分，电视版权、网络版权、游戏版权都是分开的。虽然有一些厂商集成了部分内容的电视版权和网络版权，但是由于日本的付费电视和正版影碟租赁体系非常成熟，这类集成的版权内容必然无法与日本长期经营的付费电视和影碟租赁行业相抗衡。因此，人们认为在电视上观看网络视频对他们来说缺乏内容的丰富性。

但是随着高速宽带时代的到来，日本的电视机厂商看到互联网电视发展的趋势，纷纷投身互联网电视的研发和生产。与全球市场趋势相似，日本的平板电视价格不断下跌，厂商利润空间下降。因此，他们也希望通过互联网电视这一新的发展契机来提升电视的附加值以便提升自身产品的利润空间。而且，目前在日本的节目供应商也看好互联网电视领域，开始提供电视点播业务。日本的宽带供应商因为激烈的竞争在近三年内大幅降价，这一动作扩大了日本宽带用户规模。据日本政府统计，日本的宽带使用人数在过去的三年中增加了一倍多，达到 2300 多万人。较高的宽带利用率能够培养消费者把电视内容、互联网信息甚至移动电话服务等整合在一起的意识，为互联网电视的普及奠定基础。另外，日本近年来开始采用全新的数字技术编排节目，导致原有的电视机设备逐步被淘汰，大多数家庭在最近几年间将陆续更换新的电视机。电视机厂商也希望利用互联网电视来增加自身的竞争力，在新一轮的电视市场洗牌中占据较高的市场份额。欧文咨询进行的一项调研也显示了日本消费者的视听使用习惯正在发生变化，付费电视用户数增长放缓，互联网电视用户数迅猛增多。

（3）欧洲互联网电视发展现状

欧洲的互联网电视发展走在世界的前列，无论是宽带基础建设还是互联网电视硬件技术本身，包括互联网电视内容构建都相对成熟。2021 年欧洲互联网电视用户达到 9260 万，年复合增长率超过 25%。在英国，主导互联网电视产业的英国电信通过与华纳、索尼 BMG 等大型媒体公司合作获取大量内容资源以丰富本土互联网电视内容体系。在德国，德国电信加大宽带建设的投资，仅 2020 年就投入 50 亿欧元用于德国光纤接入的普及。目前，德国电信已经在包括慕尼黑、柏林等十个大型城市铺设基于 VDSL（高速数字用户环路）技术的高速宽带网络，为互联网用户提供更高速率的宽带服务，完全可以实现高清电视、无线通信和互联网接入的三网合一，在此基础上的 T-Home 业务则为德国 300 万家庭提供互联网电视服务。在法国，法国电信推出 Ma Ligne TV 业务，这一业务通过配置一个 ADSL（非对称数字用户线环路）的调制解调器来实现无线上网、可视电话等功能，在连接一个数字网络机顶盒后，便可将互联网电视接入用户家中。目前，法国电信提供的互联网电视服务包含电视直播、即时点播等业务，2006 年 6 月开始覆盖法国部分城市后，目前已经有超过 400 万的用户。

2. 我国互联网电视的发展

自 2001 年"十五"计划纲要中首次明确提出"三网融合"的概念至今，我国互联网电视行业有了长足的发展。与发达国家互联网电视行业不同，国内互联网电视采用"牌照准入制"，是通过公共互联网面向电视机传输的、由国有广播电视机构提供视频内容的可控可管的服务。因此，我国互联网电视行业受政策影响巨大。我国互联网电视行业基本由内容服务提供商、内容服务平台商、集成播控平台商、终端设备制造商、电信运营商等五个部分构成。互联网电视整条产业链呈现出两头大中间小的"哑铃式"结构，产业链上游集中了大量的内容及服务应用提供商，这些提供商又汇集了很多家内容、应用生产商和制造商的内容资源，从而为互联网电视提供丰富的内容资源。产业链下游集中了大量的电视机、网络机顶盒制造厂商，为互联网电视提供各类输出终端。产业链的中间环节由于受行业监管政策的影响，只有数量有限的七家集成播控牌照商（具备内容服务和集成业务牌照），而且这七家牌照商都是广电系统企业。网络运营商相对独立，数量也十分有限（目前主要是中国移动、中国联通和中国电信三家）。

2013 年作为中国互联网电视大爆发的一年，除了传统电视机及网络机顶盒厂商外，大批的互联网企业，特别是视频网站纷纷与牌照商合作，进军互联网电视领域，抢占用户份额。由于互联网企业及传统电视机制造商的积极介入，中国互联网电视终端（包括智能电视整机与 OTT 电视机顶盒）销量高速增长。伴随着高速增长的存量以及激活率，互联网电视激活用户及活跃用户数量不断提高。

纵观互联网电视在我国发展过程，我们看到政府部门监管政策的变化对互联网电视发展方向和业务模式影响较大。从监管政策上来看，我国互联网电视实行"集成服务 + 内容服务"双牌照准入制，全国共发放了 CNTV、百视通、湖南电视台、南方传媒、华数、中央国际广播电台、中央人民广播电台等 7 张互联网电视集成牌照，以及以电视台为主的 332 家信息网络传播视听节目许可证。实际上，我国对互联网电视的监管政策历经了一个逐渐明朗和规范的过程，根据监管政策的变迁，我们可以将我国互联网电视发展分为三个阶段。

（1）第一阶段：政策空白期（2006-2009 年）

2009 年 6 月，广电总局针对 TCL、海尔、康佳等厂家把互联网视听节目引入电视的做法，责令各省市局相关机构查处，要求电视厂家整改。

（2）第二阶段：政策调整期（2010—2011 年）

2010 年 4 月 28 日，广电总局在关于互联网电视的座谈会上，发布《互联网电视内容服务管理规范》和《互联网电视集成业务管理规范》，宣布拟对互联网电视实施牌照管理制度，包括内容和集成服务，规范我国互联网电视产业管理。

2011 年 7 月 14 日，广电总局发布《关于严禁擅自设立互联网电视集成平台和非法生产销售互联网电视机顶盒的通知》，明确要求按照推进三网融合的要求向互联网电视提供视听节目服务。目前，广电总局未批准任何单位可通过机顶盒向电视终端提供互联网视听内容。

2011 年 10 月，广电总局对 PPTV 给互联网电视机顶盒提供内容的现象提出批评。2011 年 10 月 28 日下发《持有互联网电视牌照机构运营管理要求》（广办发网字〔2011〕181 号），对互联网电视内容、机顶盒终端等方面规定进行了细化要求。

（3）第三阶段：政策规范期（2012 年至今）

2013 年 1 月颁布的《广电总局关于促进主流媒体发展网络广播电视台的意见》（广发〔2013〕1 号），要求网络电视台与传统电视台同等重要，明确指出网络广播电视台将占据新媒体传播格局中的主流地位。

三、互联网对电视媒体的影响

网络媒体的发展带动了社会文化的变迁和整个信息传播过程的变革，传统电视媒体的地位受到越来越强的冲击，网络媒体逐渐凭借其优势占据信息传播领域的主导地位。任何一种有目的的传播活动都希望取得良好的传播效果，让受众满意、接受，但传播者的意志在传播效果的形成中往往不是决定性的，这一点在网络媒体时代体现得尤为明显。网络媒体的技术特征让传统电视信息传播的过程发生了颠覆性的变化，从发出信息的传播主体到接收信息的传播对象，中间的传播方式等方面都发生了新的变化，都对受众接收信息产生了重要影响。因此，要想了解互联网电视受众满意度，进而得出互联网电视媒体发展的应对策略，首先应该对整个网络时代信息传播的过程及制约因素加以分析。下面，笔者将从传播主体、传播对象、传播方式等三个方面进行分析。

（一）传播主体由单一性到多样性：电视媒体主导地位下降

信息传播的过程受到多方面的制约，在这一过程中居于最有利位置的是传播者。传播者掌握着传播工具和手段，决定着如何取舍信息内容，扮演着信息传播过程控制者的角色。传统的电视媒体作为传播主体时，是单一的主体，所有信息的传播选择都由电视媒体本身来控制，它对电视受众的接收效果产生决定性的影响。但是，随着网络时代的到来，网络媒体因其自身独特的技术优势，在整个社会中的应用越来越广泛，传统电视受众利用网络媒体参与信息传播的比例越来越大，因此，在网络媒体的影响下，电视媒体的信息传播主体也悄然发生变化，由电视媒体这一单一主体变为包括电视媒体在内的多个甚至无数个单独个体。

1. 网络媒体使电视媒体信源可信性效果降低

传播主体决定信息的内容，但从受众接受的角度而言，不同的传播主体传播内容相同的信息，受众对其的接受程度都不尽相同。这是因为，受众首先要对传播主体的可信性作出判断。可信性包括两个要素：一是传播主体的信誉，即是否客观公正。二是传播主体的专业性，即传播主体在相关领域是否具有权威性。在传统电视媒体环境传播中，电视通常是某种权威或者利益集团的代名词，受众则是消极被动的匿名群体。电视媒体的可信性无可挑剔，除了报纸和广播，它是最大的信息传播平台，因为视听信息一体化的巨大优势，让它成为受众寻找真实信息的最佳渠道。

网络媒体普及以后，这种一家独大的局面很快瓦解，不仅各种新媒体如雨后春笋般出现，同时，这些新媒体在某些重大新闻的传播中扮演了重要角色。因此，传统电视媒体为了顺应大趋势的变化，充分利用网络媒体的开放性和便捷性，保持自身信源的信誉和权威，纷纷开办了自己的网站。

2. 网络媒体使电视媒体"休眠效果"日益凸显

信源可信性所带来的说服效果并非不变，霍夫兰（C.Hovland）等人在1953年做的一项关于"如何对待失足少年"的可信性效果实验中发现，随着时间的推移，高可信度信源的说服效果会出现减弱，而低可信度信源的的说服效果则有一个上升的趋势。因为根据"艾宾浩斯忘却曲线"，时间越久，人们对信源可信性与内容的联系就越弱，由信源主导地位产生的可信性效果会趋向消失，同时，内容本身的说服力相应地发挥出来，这就是"休眠效果"。它说明：在信息传播的过程中，最终形成传播效果的是内容自身。

传统电视媒体尽管具有信息传播的权威性和信源可信性，但在进行信息选择和信息传播时，会受到多方面的限制。由于电视媒体具有时效性和"喉舌性"两大特点，这就使得其重点传播内容需要根据现实情况不断更新调整，同一话题不能持续地占据信源主导地位，因此，其信源可信性效果会随着时间的推移而日趋减弱。相反，大量相关内容及信息会逐渐浮出水面，占据事件本身的可信性主导地位，进而影响受众的认知。

网络媒体所具有的开放性和持续性等优势，使得受众对媒体传播的事件内容形成持续关注，并吸收多方面信息，接受各种言论的影响，因此，就信息传播的长期效果来看，网络媒体以其独有的优势和特点不仅可以避免传统媒体"休眠效果"的出现，更能加强自身的传播效果。

（二）传播方式由线性到交互：电视媒体传播方式遭遇挑战

传统电视媒体的传播方式比较单一，除了"传—受"之外，仅有少量的"滞后性反馈"，如热线电话以及观众来信等，这对受众心理、习惯和爱好的把握远远不够，它的传播效果在网络媒体盛行之后更呈衰落态势。在新技术的推动下，信息传播正朝着以交互为特征，接收与反馈的不断融合推动事情前进的方向发展。

进入网络媒体时代后，网络技术的发展使得信息传播的门槛大大降低，互联网的发展为人们提供了一种不分时间、地点和形式的传播方式。越来越多的受众通过网络媒体发布他们生产的信息，从单纯的信息受众，成为信息传播的主体。微博、微信等自媒体的发展，加快了这一进程。下面笔者选取最为热点的新闻和电视剧三类电视节目对网络媒体对信息传播方式的改变加以说明，并与传统电视媒体加以比较。

1. 网络信息的交流和反馈推动电视新闻事件发展

2012 年 8 月，陕西发生了一场特大交通事故，事后有网友在新闻图片中发现有一位官员在事故现场微笑，这张照片被放大并发布在微博上，顿时引起轩然大波。不久，这位官员被证实是陕西省安监局局长杨某某。紧接着，网友们又搜集整理了杨某某佩戴过的多块名表的图片并再次通过微博发布，经相关业内专家鉴定，确认杨某某佩戴的手表均价值不菲。一时间，以央视为首的主流电视媒体也纷纷对这一事件进行了追踪报道，直到陕西省纪委在其官方网站上公布了对杨某某严重违纪的处理决定，这场风波才告结束。

在这一案例中，从对交通事故的关注到对"局长微笑"和"局长手表"的质疑，传统电视媒体对报道议题、框架和报道路径的主导地位正在被改变甚至消解，由网络媒体主导的新的传播方式占据主流。社会学家拉扎斯菲尔德（P.Lazarsfeld）和默顿（R.K.Merton）认为，大众媒体具有地位赋予的功能，但近年来发生的众多网络事件中，受众开始通过网络媒体挑战电视媒体传统的赋权功能，影响了主流媒体的报道议题。在电视媒体环境中，新闻信息是权力主导者生产出的成品，以"传—受"的传统形式由电视媒体传向受众。而在网络媒体环境下，新闻信息的传播路径则更繁杂：受众主动地将自己的意见和信息反馈回电视媒体和网络媒体，通过不断融汇信息，来推动事件的发展。新闻信息不再只是由媒体传播者生产的固定的"成品"，而是演变为一个发展的过程。

2. 网络信息的累积融合推动电视剧制作的整改

信息传播过程的改变对电视媒体产生的影响另一个重要方面就是对电视剧制作的改变。前几年充斥荧屏的"穿越剧"就是最典型的例证。此类电视剧情节新奇，娱乐性强，创作空间较大，适合写故事。此外，也在一定程度上满足了现代人寻找心灵慰藉，弥补现实缺憾的心理诉求。但是，此类电视剧在制作和播出上也存在着严重的问题，例如：粗制滥造，情节雷同；娱乐历史，轻薄文化等。这些缺少历史责任感和文化自信感的电视剧不仅降低了电视媒体的节目文化品位，更扭曲了电视观众的历史观和价值观。在网络媒体上，从一开始就是"热捧"与"泼冷水"的相互对立，大量的电视受众和网络受众参与其中，利用各种网络媒体发表自己的意见，对"穿越剧"的制播刨根问底，将每一个细节无限放大，形成了一个巨大的舆论场。在这个舆论场里面，不同的观点，不同的意见不断累积和融合，最终形成了受众对"穿越剧"的意见共识。为此，国家广电总局下发通知，各大卫视黄金档禁播"穿越剧"，并对其节目内容进行严格审查和把关。到此，这股"穿越热"才渐渐冷却下来。

由此不难看出，信息传播方式的改变对电视节目制作播出产生的影响是巨大的，网络媒体以受众为中心，充分激发受众的主动性和原创能力，形成网上网下的互动。广大受众不再只参与消费信息产品，他们还能够参与生产、传播信息。因此，网络媒体改变信息传播方式使得电视媒体在制作和播出电视节目时受到广泛的监督，促进了电视节目的更好发展。

（三）传播对象由被动性到主体性：电视受众主体性增强

在信息传播的过程中，有多方面的因素影响传播效果的形成，除了传播主体、内容和技巧之外，传播对象自身的特性也制约着传播效果的形成。传统电视媒体由于缺乏有效的信息反馈渠道，因此无法把握电视受众在接收信息时产生的效果和影响是不是符合传播信息的初衷。而网络媒体的出现彻底改变了这一局面，它通过网络"意见领袖"和"群体规范"等因素的作用，直接或间接地影响甚至决定着受众对所接收到信息的看法。

1. 网络媒体"意见领袖"影响电视媒体报道议程

根据新闻传播学理论，活跃在人际传播网络中，经常为他人提供信息、观点或建议并对他人施加个人影响的人物，被称为"意见领袖"。"意见领袖"也是信息传播过程中传播对象的一部分，只不过他们拥有较多的信息渠道，对大众传播的接触频度高、接触量大。因此，他们发表的言论意见会形成新的传播对象群体，其自身也变成传播主体。

在传统电视媒体时代，受制于信息渠道的闭塞，传播对象往往只能被动接收传播主体提供的一切信息，无法形成"意见领袖"。但是由于电视节目播出条件的种种限制，每一条信息所能传达的内容是有限的，再加上反馈渠道的匮乏，使得信息传播对传播对象产生的效果变得难以预计。

网络媒体具有无边的开放性，使得信息传播的渠道、种类、数量爆炸式增长，传播对象获取信息更为快捷、全面，反馈信息也更为直接方便，这样不但可以让传播主体及时了解传播内容对传播对象的影响，也可以推动由此形成的"意见领袖"来控制传播效果。经过运营商认证的自媒体用户（加 V 用户），他们往往拥有大量的粉丝，一些原本被人忽视的信息经过这些"意见领袖"的评点就可能获得很高的关注度的转发量。这些"大V"们遍布社会政治、经济、体育、娱乐等各个方面，不仅作为传统信息传播渠道的补充，更为广大传播受众提供了五花八门的理解视角。另外，传统电视媒体也可以通过网络，实时了解每一事件的舆情动向，以便及时发现问题，解决问题。其中代表性的事件就是面对个人和群体的困难时，通过自媒体进行的公益活动，为困难人群扶危济困。

2. 网络媒体"群体规范"影响电视受众收视选择

传统电视媒体由于信息传播内容和渠道的单一性，使得其传播对象对接收的信息理解较为单一，往往只分为很少的几个意见群体。因此，群体成员的多数意见往往会变成"群体规范"而形成压力，从而对个人言行具有重要的制约作用。而网络媒体时代所形成的诸多"意见领袖"往往都有自身独立的观点，其背后也通常跟随着相当数量的追随者，这样就形成了以个人言行作为精神依托的群体，将该"意见领袖"的价值观、行为准则统统内化。同样，这样的"群体规范"也会制约群体成员的言行，影响受众对媒介和内容的选择性接触，进而影响他们对观点的接受。

四、互联网电视业务运营模式

在互联网电视发展过程中，由于各国或各地的运营主体不同，导致其产业特征也不尽相同。纵观全球范围内的互联网电视发展模式，大致分为以下三类：以内容和应用供应商为主导的开放式模式；以网络运营商为主导，集传统广电与互联网电视服务于一体的欧洲 HBBTV 模式；中国互联网电视内容可管可控模式。

（一）开放式互联网电视模式：内容与应用供应商为主导

美国是全球范围内互联网电视发展的起源地，其发展速度也是最快的。由于美国的互联网电视市场是开放的，资本和运营能力是主要的市场准入指标，因此，美国互联网电视参与方很多，互联网企业和内容供应商占主导地位，总体上呈现以开放互联网为中心的发展态势。美国互联网电视的发展虽然曾经受到过传统广电的压制，但由于市场需求巨大，美国开放式互联网电视模式取得了突破和进展，在业务模式上，美国互联网电视的运营商走上了良性的道路，主要的业务模式大概有以下四类。

1. 以 Netflix 为代表的"正版内容 + 会员付费"模式

Netflix 是美国最大的互联网电视内容和运营商，它早期主打 DVD 租赁业务,后来逐步转向在线流媒体推送,截至2020年底,用户数量突破7000万。Netflix主要依靠向用户收取会员费来获利,在视频内容播放过程中不插播任何广告是它的主要特征,它的这种盈利模式可称作前向收费模式。[①]

最近几年,Netflix走向了内容自制的道路,利用大数据分析和挖掘,Netflix打造了原创剧《纸牌屋》,它提前预付一亿美元买断了该剧两年的独播权。《纸牌屋》播出后好评不断,Netflix也成为业界关注的聚焦点。Netflix从"播出平台"转向"内容原创"的策略不仅避免了购剧成本高、风险大的问题,同时巩固了自身在互联网电视业的龙头地位。Netflix还是世界上最大的云计算用户之一,通过大数据分析,挖掘用户需求,准确把握制作方向,进行"精准内容制作"和"精准营销"。此外,Netflix对原创内容加大投入,开拓新的商业模式,致力于在互联网电视行业占据核心地位。

2. 以Hulu为代表的"正版内容+广告贴片"模式

Hulu是传统广电内容提供商为抵制互联网电视发展而产生的,它与Netflix的不同之处在于,Hulu主要靠广告收入盈利,随后才推出付费业务。2020年它的广告及订阅收入达到16亿美元,移动客户端占领了流量的半壁江山,互联网电视业务得到了飞速发展。NBC、FOX和ABC共同创建了Hulu,所以它在内容资源上有着无可比拟的独特优势,它的目标是成为节目资源最全的互联网视频商。首先,NBC、FOX和ABC本身所拥有的视频节目众多,包含电影、电视、新闻等种类;其次,与索尼、华纳、NBA等超过两百多家的传统媒体内容商合作;最后,与美国喜剧中心频道等小众频道和网络内容供应商合作。

Hulu独特的广告营销模式也值得借鉴和学习。它秉持"少即是多"的广告理念,严格控制广告内容和时间,将广告的选择权交给用户。第一,广告出现的时间可由用户自主选择,比如可选择一次性观看广告也可选择穿插广告;第二,广告的种类也可由用户根据个人喜好自行选择,例如,某日化品牌会制作不同产品的广告,洗发水、沐浴露等不同种类广告皆可自由选择。采取这种方式不仅能有效满足用户需求,也能提高广告的效果,

---

① 中商情报网. 互联网行业巨头盈利模式分析 [EB/OL]. http://www.askci.com/news/201401/17/17160935542.shtml, 2014-1-17.

从而提升品牌价值。据统计，在 Hulu 投放广告后，品牌美誉度上升了九个百分点，品牌知名度上升了三十多个百分点。Hulu 以少而精的广告营销策略赢得了成功，形成了独具特色的良性广告盈利模式。

3. 以 YouTube 为代表的"用户生成内容"模式

YouTube 是"用户生产内容"的典型代表，它成功转型为专业的原创内容生产平台，在频道内容管理上下功夫，经过管理模式的创新后，YouTube 成功地实现了转型发展，将"用户生产内容"发展成互联网电视模式的一种获利方式。

从"发布"到"分享"视频，YouTube 的发展理念在不断变迁。"分享"满足了多对多的传播需求，提供给广大网民更多的展示空间。在 YouTube 创建早期，它主要是共享家庭视频的网站，致力于方便网民分享自己录制的视频短片，通过简单的步骤就可以上传作品，参与评论和转发。随着业务规模的发展壮大，YouTube 从用户上传分享为主的形式向视频节目传播方向发展，与传统广电媒体集团签订了网上传播视频内容的协议。YouTube 不仅在视频内容上不断扩张，在传输质量上也发生了飞跃。

4. 以 Google TV 为代表的"开放应用平台"模式

Google TV 的核心是提供一个开放的平台，在终端设备中内置 Google 搜索引擎，用户可以搜索视频，它本身不提供视频，只是提供搜索平台。由于 Google 搜索引擎可以决定视频的排名顺序，所以间接占据了电视内容的话语权，给传统广电的权威地位带来了挑战。

作为一个全新的"娱乐中心"，用户在 Google TV 上可依据自身品味和需求搜索各种网站内容以及电视节目讯息，并依自身兴趣爱好录制专属电视节目。据谷歌透露，Google TV 搭载 Android2.1 系统平台，用户利用专属 Chrome 浏览器除可获取 YouTube 视频资源外，同时可实现在线租片等多元化服务，且用户可根据自身喜好可以利用 Google TV 娱乐平台进行游戏娱乐。Google TV 坚持了开源原则，用户可依据自身特点定制专属应用并对其作出改进。Google TV 为电视领域量身定制了第一款专属操作系统，通过丰富的第三方软件资源，用户可为自身品位和需求定制个性化的应用环境。

（二）欧洲 HBBTV 模式：网络运营商为主导

HBBTV 是 Hybrid Broadcast BTV 的首字母缩写，意为广播宽带混合电视模式，它是由欧洲混合广播标准组织制定的行业标准。HBBTV 允许有线网络运营商同时提供数字电视业务和互联网电视业务，接收终端主要是智能电视机顶盒和数字电视机顶盒，也称为"双模机顶盒"。实际上，这种模式就是以网络运营商为主导，在原有接入网的基础上嫁接互联网电视业务，HBBTV 在电视终端提供各种各样的增值业务，对电视终端上的应用进行有限度的管理。

HBBTV 有两个特点。第一个特点是：在直播视频流中增添互动层，用户一边观看直播，一边观看相关信息和视频，与此同时，精准推荐关联广告完美实现了精准营销的目的；第二个特点是：它采用"双模机顶盒"，同时支持广播电视与宽带网络的连接。

目前，欧洲大部分国家都实行 HBBTV 标准，与开放式互联网电视模式不同，HBBTV 模式是数字电视运营发展的产物，所以自成一派，形成了有特色的 HBBTV 模式。

纵观全局，HBBTV 的应用最早从德国开始，慢慢发展到西班牙、法国等地。

德国：2009 年，最早的 HBBTV 产品就投放到德国市场，由此促进了德国 HBBTV 市场的飞速发展。首先，德国的 HBBTV 得到了很多运营商的支持，HBBTV 的信号基本覆盖全国，正走向大规模的商业发展道路。其次，HBBTV 可以和传统的电视传输方式有效结合，提供给用户更多的服务功能，彰显了 HBBTV 的优势。最后，德国的 HBBTV 可支持电视购物等增值业务，既方便了用户又实现了营利增收。

意大利：2014 年 HBBTV 联盟宣布退出第二代 HBBTV 标准，但让人吃惊的是，意大利宣布加入第二代 HBBTV 的行列，因为意大利是被认为最难接纳和采用 HBBTV 标准的国家，而此次的支持和加入的确出乎大众意料。

法国：法国紧跟德国推出 HBBTV，各大电视台推出诸如电视购物、电视支付等新产品，在 HBBTV 的技术基础上开发多种不同的应用。

2015 年 HBBTV 联盟发布第二代 HBBTV 标准后，HBBTV 增添了很多新的应用和服务，例如 H5 的用户体验、多屏共享的无缝收看、高清内容分发、多语种观看，等等。

（三）中国可管可控模式：政策调控下的发展博弈

与欧洲和美国技术驱动业务模式相比，中国互联网电视发展则囿于政策的变迁。目前我国通过颁发牌照对互联网电视行业进行管控，即由国家广电总局指定的七家牌照方通过集成播控平台对客户端实现管控。从这一点可以看出，我国互联网电视发展模式和美国及欧洲等地区的互联网电视运营模式有着本质区别。纵观我国互联网电视产业链，由参与方、内容制作、集成播控、传输分发、终端呈现等环节共同构成。广电方、电信方、互联网方和家电厂商方都在研究发展计划，期待在这个朝阳产业中"跑马圈地"。由于不同参与方在产业链中所处位置和资源能力不同，因此形成了不同的业务模式。下面将以我国互联网电视发展的三个阶段为线索，分析在各阶段中产业链各方对互联网电视业务模式的实践探索。

1. 第一阶段：政策空白期，家电厂商主推"互联网电视机"模式（2006—2009年）

这期间，我国互联网电视产业处于政策空白期，监管缺位，互联网电视的概念由电视机厂商大力推动，形成了"互联网电视机"模式。2006年TCL等电视机厂商共同成立了互联网电视联盟，全力推动互联网电视业务的发展。但在2009年8月，国家广电总局以"侵犯著作人合法权益，扰乱互联网视听节目传播秩序"为由叫停家电厂商力推的互联网电视，由此我国互联网电视发展的第一阶段宣告结束。

TCL是第一个"打入"互联网电视产业的本土品牌，于2009年推出互联网电视机，创维等家电制造商随后相继推出多种互联网电视终端产品。在这一阶段，互联网电视机虽有上网功能，但大部分只能访问指定的少数网站，联网后只能看到限定内容，不是厂家自建平台提供的视频内容，就是合作网站提供的内容，因此第一阶段形成了由家电厂商主导的"互联网电视机"模式。

2．第二阶段：政策调整期，牌照商和电信运营商争做主导的合作化运营模式（2010—2011年）

在这个阶段，互联网电视开启于"三网融合"的2010年，结束于2011

年由国家广播电影电视总局办公厅印发的 181 号文。此阶段中，广电总局多次颁布规范互联网电视的细则，先后发放 7 张互联网电视集成牌照，监管政策从单纯监管转为引导和鼓励。

随着政策的逐步完善，牌照商、内容商和电信运营商等各方构成了互联网电视产业链，它们都在积极探索业务模式。牌照商和电信运营商主导产业链，与终端厂商和互联网企业开展合作，由此形成了第二阶段的合作化运营模式。

牌照方在集成播控和内容资源上占有优势，电信运营商在传输分发和运营上更胜一筹，二者争当主导者的局面难分上下。也正是由于它们的竞争，互联网电视的内容更加丰富，传输能力也得以保证，互联网电视的发展更进一步。

3. 第三阶段：广电方布局互联网电视（2012 年以后）

这个阶段是政策规范期，经过牌照发放以及数份规范文件的印发后，互联网电视的主导者已然成为广电方。监管政策的逐渐完善和终端硬件的发展让市场迎来互联网电视的"春天"，产业链各方积极进行战略部署。传统广电运营商、互联网电视牌照商和终端硬件商联合成立了"DVB+OTT融合创新联盟"，此举标志着传统广电网络运营商正式进军互联网电视行业，"DVB+OTT"模式的建立也标志着广电"阵营"企图全面布局互联网电视产业。

目前我国互联网电视不允许提供直播业务，DVB 代表有线电视直播传输标准，所以"DVB+OTT"模式既能提供直播服务，又满足了观众对海量视频内容的需求。广电有线网络运营商希望复制欧洲 HBBTV 模式，通过"DVB+OTT"实现直播同时的互动，从而在精准营销、电子商务等领域拓展增值服务，延展互联网电视产业链。

广电有线运营商在双向改造和终端功能等方面还有很多壁垒需要突破，依靠广电系统的行政手段并不能阻止互联网电视产业链中的其他方占据主导地位，更无法阻止它们对各自互联网电视业务模式进行更深入的探索。

（四）互联网电视运行模式

在互联网电视产业链运营方对业务模式的实践中，大致形成了五种典型的业务模式，包括终端厂商、互联网企业、广电运营商、电信运营商和互联网电视牌照商。

1. 以终端厂商为主导的"硬件营销"模式

互联网电视的终端厂商包括家电厂商和"盒子"厂商，它们是第一批进军互联网电视产业的"大军"，由它们为主导所形成的业务模式较为简单，合作方式固定，获利也较为单一。

以终端厂商为主导的"硬件营销"属于前向销售模式，产品所得利润都在硬件销售环节，终端厂商需要付给牌照方一定授权费用，除此之外，不能给其他合作方传送更多好处。由此可见，这种方式难以促进产业链各方的合作，难成主流，虽然部分大型家电制造厂商尝试"终端＋服务"的模式，但内容资源和运营渠道的缺乏还是无法跨越的鸿沟。

2. 以广电运营商为主导的"DVB+OTT"模式

DVB+OTT 是数字电视和互联网电视业务相互融合的模式。这种模式是以广电运营商为主导的合作化业务模式。催生这种模式的原因在于我国不允许互联网电视开展直播业务，所以广电运营商希望借助 DVB 直播优势，通过 OTT TV 拓展业务方式，扩展已经成熟的有线电视业务，挖掘更大的价值空间。广电运营商发展互联网电视业务，将有效地防止电视用户在互联网电视的冲击下流失，从而创新方式以巩固并增长用户数量。就我国的现状来看，"DVB+OTT"模式是一种相对成熟的运营模式，广电运营商在此模式下可以继续探索如何拓展产业链，在增值服务方面增加收入。

3. 以电信运营商为主导的"IPTV+OTT"模式

电信运营商的 IPTV 业务模式已经非常成熟，对于互联网电视的冲击，电信运营商牢牢把握住了这一契机，无论是中国电信、中国联通还是中国移动，它们都通过宽带捆绑方式将互联网电视业务作为增值服务提供给用户，形成了独特的"IPTV+OTT"模式，所得利润与牌照方和其他合作方分成。

4. 以互联网企业为主导的"内容＋服务＋广告＋终端一体化"模式

在互联网电视产业最发达的美国，互联网内容提供商成了业务的主导者，内容收费和广告是这种模式的获利来源，由此也摸索出了完善的营利模式。但在我国，用户没有为内容付费的习惯，那么互联网企业进军互联网电视行业需另寻他法。中国的互联网企业将成熟的互联网商业模式运用到互联网电视业务上，用互联网思维改造产业运作形式，各种纵向整合、多元合作的模式风头正劲，多采用"内容+服务+广告+终端一体化"模式。

国内互联网企业开发互联网电视有两个重点，分别是终端和服务。一方面，终端产品是互联网电视最终的呈现者，互联网企业自主或联合研发终端产品，通过互联网平台进行互联网营销，以此形成用户基础；另一方面，互联网企业非常看重用户体验，也就是服务。在拥有用户基础后，互联网企业再用内容和服务牢牢拴住用户，随后广告和增值服务都有无限扩展的空间，最终使互联网企业生态系统实现整体增值。

5. 以互联网电视牌照商为主导的"多样化合作运营"模式

按照我国互联网电视的监管政策，具有集成播控资质的只有7家牌照商，所以产业链各方想要在互联网电视产业中分得一杯羹都必须与牌照商合作，这就形成了互联网牌照商得天独厚的主导地位。上述四种模式中，牌照商理所当然地都直接或间接参与其中，由于其特殊的产业链地位，所以形成了多样化合作运营模式。

从另外一个角度讲，牌照商们也在寻求OTT TV业务的话语权和主导权，通过不断整合互联网电视行业的产业链——在产业链上游整合内容提供商（如中央电视台央视网CNTV与腾讯旗下腾讯视频、聚力传媒PPTV，以及乐视网等多个知名网络媒体签订相关合作协议），在产业链下游整合视频终端厂商（如湖南卫视芒果TV与开博尔、海美迪等，中央电视台央视网CNTV与小米、易视腾等联合发布产品），横向与电信运营商以及广电总局进行磋商，希望能够进一步推广自己的互联网电视品牌，主导行业的运营和潮流，效仿YouTube、Netflix等并取得成功。但是综观目前的行业走向，由于各大牌照商对用户市场缺少关注，所以目前各牌照商的营利模式还不够成熟。

（五）以芒果TV为例分析我国互联网电视运营路径

湖南广电依靠内容集成和平台集成两大优势，依靠技术、人才和独有内容的优势，在传统广电发展互联网电视的队伍中独树一帜。在2009年，湖南广电旗下新媒体公司——"快乐阳光"率先开始探索网络视频和手机电视，为发展互联网电视打下了良好的基础。2011年，湖南广电获得了互联网电视牌照，从那时开始不断探索其新媒体发展战略，着力壮大新媒体业务中心，提升内容资源和网络技术，与终端厂商开展合作，特别是"芒果网络生态圈"的建构，为我国传统广电转型提供了参考。

1. 秉持市场细分策略，打造定制化互联网电视内容

"芒果网络生态圈"由娱乐资讯门户——金鹰网，网络电视平台——芒果TV，互动社区平台——芒果圈，网络游戏平台——芒果游戏乐园等四个子品牌构成，并不断致力于围绕"芒果"品牌特质开发新的互联网品牌，为年轻用户提供一站式服务的网络生活体验。"芒果派"是湖南广电推出的自主研发的品牌机顶盒。通过研究这个内容平台，我们发现湖南广电互联网电视内容与湖南电视台内容具有如出一辙的特点，"芒果派"的宣传口号与湖南卫视娱乐和综艺台的特色产生呼应效应。"芒果派"的内容平台提供湖南卫视的金牌节目，这些独具特色的节目资源也成为湖南广电与其他互联网电视内容商争夺用户的法宝。与此同时，"芒果派"平台上还提供了韩国SBS、凤凰卫视和华娱卫视等特色栏目，进一步彰显了湖南广电的差异化。除此之外，发展定制内容、满足用户个性化需求亦成为努力方向，如微电影和易于操作的美食类节目。定制化的特色内容和细分受众的市场策略使湖南广电在互联网电视市场如鱼得水，占据了优势地位。

2. 与有线网开展合作，优化互联网电视服务

为提升渠道传输水平，湖南广电展开了积极探索。考虑到有线网是高带宽的专网以及拥有大规模的用户群，与有线网展开合作能以较低的成本提升传输的流畅程度和扩大用户规模。

"快乐阳光"与湖南有线在合作过程中，共同打造了"DVB+OTT"模式，现有有线用户不需要单独购买互联网机顶盒，只要升级现有数字机顶盒软件，即可享受互联网电视服务，直播和点播需求都能满足。"DVB+OTT"模式将直播和点播服务相结合，使有线网和互联网电视的业务互为补充。在此模式下，有线网的现有用户有了点播、互动功能之后，能够促进有线网业务的扩大。对互联网电视而言，不仅可以利用有线网的专网传输的技术优势，还能够获取有线网用户数量上的优势。湖南有线的所有数字电视用户都是"快乐阳光"互联网电视的待开发用户，两者的有机结合实现了互赢。

3. 完善终端设备，拓展专属服务

根据用户群和客户需求的不同来开发不同的业务是互联网电视的特色。湖南广电十分重视智能一体机和机顶盒。在一体机方面，湖南广电与三星等多家家电制造商开展了紧密合作。2013 年，三星所有高端机型都与湖南广电开展了合作，湖南广电还专门为此开辟了韩剧专区以及韩国旅游等特色内容。在机顶盒的开发研制中，"快乐阳光"继续走差异化道路，将"芒果派"设计成普通 U 盘大小，通过遥控器打开后即可直接使用。除此之外，它还专注于研发各种应用软件，打造独特的机顶盒终端——试图为不同企业用户量身打造独家机顶盒，提供定制化的专属服务，将定制化理念贯彻到终端设备中。这一业务模式也成为湖南广电探索互联网电视的特色。

内容发展策略和终端战略两手抓的举措，使湖南广电具备独特的优势和竞争力；与湖南有线合作的"DVB+OTT"模式，有效地推动了广电行业资源的优化配置，实现了双赢。目前，网络双向改造具有较大难度，我国有线网主要是提供直播服务，而互联网电视拥有内容丰富、点播功能人性化等特点，所以无论技术上有任何壁垒，"DVB+OTT"模式都是我国互联网电视发展的有效途径，尤其对于传统广电来说，面对互联网电视带来的挑战，双模业务模式是传统广电立于不败之地的唯一选择。湖南广电的有效探索值得其他省市广电参考借鉴，力争在今后的实践中走出自己的互联网电视发展道路。

第二章　互联网电视受众满意度概述

　　从企业的角度来看，最大程度地满足用户对于企业产品的需求是企业生产的目的，更是企业生存的基础，因此要发展互联网电视产业，首先需要精准有效地获取到用户对产品的需求。在"互联网＋"时代用户的需求呈现出多元化的特点。从之前的被动接受电视节目，到主动地挑选自己喜欢的电视节目，进而形成了根据个人特点进行个性化选择的需求，再到希望实现一机多用——通过使用一台电视机就可以完成观影、听音乐、玩游戏甚至是视频电话、网络互动等功能。在这些多样又复杂的需求背景下，大多数企业受到自身生产能力以及产品、服务的生产和维护成本的限制，虽然已经得知用户的需求众多，但是依然不能满足客户的所有需求，或者说不能够使所有用户的需求达到百分之百的满意，因此就必须在全面了解用户需求的基础上，寻求合适的方法，进而找到最核心用户的需求，也就是最能提升企业价值的需求。企业要以用户需求为中心，提高用户的满意度，增强企业竞争优势，提高企业在行业中的地位，以此作为企业研究用户管理的核心。而如何围绕互联网电视业务快速提升企业的核心竞争力，互联网电视业务的用户满意度高低成为企业面临的重要问题。

　　本章以厘清受众、满意度等相关概念为切入点，阐述用户满意度的历史演变及理论基础，对当前电视受众的需求进行深入剖析，进而详述互联网影响下电视受众的行为变化，在此基础上，分析互联网电视用户需求与满意度，为全书的研究奠定理论基础。

一、相关概念界定及理论基础阐述

（一）相关概念界定

1．受众

"受众"一词最早由威尔伯·施拉姆（Wilbur Schramm）提出，是指除了传播者以外的读者听众和观众的总和。施拉姆曾这样解释：受众参与传播就好像在自助餐厅就餐，媒介在这种传播环境中的作用只是为受众服务，提供尽可能让受众满意的饭菜（信息）。至于受众吃什么，吃多少，吃还是不吃，全在于受众自身的意愿和喜好，媒介是无能为力的。换句话说，这个理论假设的中心是受众。它主张受传者的行为在很大程度上是由个人的需求和兴趣来决定的，人们使用媒介是为了满足个人的需求和愿望。

简而言之，受众指的是信息传播的接收者，包括报刊和书籍的读者、广播的听众、电影电视的观众和网民。受众从宏观上来看是一个巨大的集合体，从微观上来看体现为具有丰富的社会多样性的人。受众即受传者，也称为信宿。受传者既可以是某个个体，也可以是某个群体或某个社会组织。受众得到信息后会根据自身的理解，产生相应的反应。

2．用户需求

用户需求指的是在买卖双方进行长期的交易沟通后，用户为了满足自身的需要对其购买的产品的特征、功能属性等提出的要求。[①]无论是制造某种产品还是进行某项服务，能否成功的关键都在于该产品或者服务是否可以满足用户的需求。随着由单一、稳定为主要特点的市场逐渐转变为要求产品和服务多元化、个性化的细分市场，产品越分越细，功能越来越多。企业生存发展的关键，也由满足用户需求逐渐转变为准确地把握用户最核心的需求。迫于成本原因，企业不可能百分之百地满足用户的所有需求，在众多的用户需求中，企业要找出最能影响用户满意度的需求，最符合消费趋势强烈的用户的需求，因此用户需求分析越来越重要，它是产品和服务成功的关键。

---

① Baumeister R.F, Leary M.R.The Need to Belong:Desire for Interpersonal Attachments as a Fundamental Human Motivation[J]. Psychological Bulletin, 1995（03）：497.

3. 用户满意度

用户满意度，即用户对他们自身或明显或潜在的要求和期待得到满足后的心理感受。用户的满意度来自多个方面，不同方面的满意或者不满意的综合结果形成了用户对于整体服务的评价结果，所以用户对满意度的评价不是一成不变的，它随着提供服务的优劣、长短产生不同的变化。比如，一样的服务，客户刚开始享受时会觉得很满意，但是随着服务次数的增多，或者和其他商家进行比较后，客户的满意度就会降低。可见随着时间的推移或者某种服务方式的普及，客户对于服务满意的程度也会产生变化，这就要求企业根据客户和市场的变化，提供不同层次的服务，来满足客户不同的需求，让客户满意。

有研究指出，消费者会对自己的付出和收益进行衡量，对于实际获得是否与自己的期待一致建立一个判断关系，从而考察自身对于产品的满意程度。[①] 有学者研究了用户愉悦程度和满意程度的关系。用户购买产品之后对于产品的实际评价和用户通过宣传广告所了解的对于产品的假设评价之间会有一个差距，通过这一评价差值可以建立用户直觉期望和实际感受之间的差额函数。[②] 有学者从心理角度对用户满意度进行了分析：用户在购物过中的心理体验，也就是商家提供的服务，会作用于用户的心理从而使得用户产生不同的情绪，用户情绪的愉快或者不愉快和用户对该产品的满意或者不满意产生关联的影响。[③]

企业持续快速地发展，主要是对消费者的竞争，而消费者是否会选择这家企业的商品和服务，看的是消费者的满意程度。消费者对这家企业的商品和服务的满意程度越高，企业占有市场的份额越大，企业的竞争力就会增强，企业收益也会越好，这是成正比例增长的。用户满意程度的高低

---

① Thienhirun S, Chung S. Influence of List of Values on Customer Needs, Satisfaction and Return Intention in Ethnic Restaurants[J]. Journal of Hospitality Marketing & Management, 2017, （08）: 193–199.

② Wu H C, Ai C H, Yang L J, et al. A Study of Revisit Intentions, Customer Satisfaction, Corporate Image, Emotions and Service Quality in the Hot Spring Industry[J]. Journal of China Tourism Research, 2015 （04）: 371–40 1 .

③ Shin D H. Quality of Experience：Beyond the User Experience of Smart Services[J]. Total Quality Management & Business Excellence, 2015 （7–8）: 919–932.

决定了企业能否继续生存，所以满足用户的需求是企业重要的营销手段。1965 年，美国学者卡多佐（Nate Cardozo）的《客户的实验研究工作，期望和满意度》是最早研究客户满意程度的文献。卡多佐认为，只要企业产品能够让客户高度满意，那么客户就不会改变初衷，会再次回购，不会变成购买其他产品。现代营销学之父菲利普·科特勒（Philip Kotler）提出，顾客的满意程度是顾客愿望的实现程度的判断标准，即顾客针对企业提供的产品或者服务与自身心理状态对比后所产生的满意度的高低。

通俗地讲，用户的满意度，即用户自身的需求和欲望能否被企业的商品或服务满足而给予企业的反馈。企业在质量改进的过程中要通过各种信息资源进行指标的调整，其中用户满意度这一指标是企业的重要判断指标。用户的满意程度和企业制定质量管理体系的标准之间有比较强的关联，因此，质量管理体系标准的制定需要参考用户的满意度评价。

4. 用户满意度的历史演变

笔者在综合分析用户满意度的发展历史基础上，认为用户满意度的研究发展可分为如下三个阶段。

第一阶段：用户满意度最早源于 20 世纪 80 年代美国的汽车销售调查，美国政府与大中型企业为了推动用户满意度的发展，在 1987 年设立了国家质量品质奖。在此阶段，专家对满意度的研究还是停留在产品质量上，用户对产品和服务的评价是当时的测评依据。

第二阶段：经过十几年的发展，在 20 世纪 90 年代，用户满意度理论日渐成熟，产品质量的评价已经无法满足人们对满意度的测评，因此，全面的用户满意度测评体系成为该阶段满意度的研究主体。美国的费耐尔（C.Fornell）教授主持创立的"美国顾客满意度指数（American Customer Satisfaction Index，简称 ACSI）体系"，为美国政府提供了一个用来衡量经济发展趋势的指标。他将用户的期望、产品价格和感知效果等因素组合成一个计量经济学的逻辑模型，该模型也被人们称为"费耐尔模型"。人们可通过该模型来求解出所需的指数，这一指数就是用户的满意度指数，简称为 CSI。[①]

---

① 任锡源. 提高顾客满意度的口碑营销对策研究 [M]. 北京：首都经济贸易大学出版社，2010：25.

第三阶段：随着 21 世纪互联网技术的不断发展，全球一体化趋势日益显著，知识经济已经代替了传统的工业经济，用户需求与期望也发生了一定的变化。如果在发展过程中企业没有采取任何技术与措施来创新自身的产品与服务，这必将导致用户对企业满意度的下降，并且越来越多的创新型企业如雨后春笋般发展壮大，企业要想获得长期的高速发展，就必须采用多种措施来提高用户的满意度。传统的"以用户满意为导向"的满意度理论已经无法适应时代的发展，正在逐渐被以"用户忠诚"为导向的理念所取代。事实上，传统的以"用户满意"为导向只注重吸引用户的眼球，而以"用户忠诚"为导向则是真诚地为用户服务，忠诚的用户才是企业所需要的，也是企业赖以生存的关键。

（二）理论基础研究

1．"4C"理论

20 世纪 90 年代，美国的罗伯特·劳特朋（Robert F.Lauterborn）教授以消费者需求为导向首次提出了著名的"4C"理论。该理论将市场营销分为 4 个要素，分别为顾客、成本、便利和沟通。[①] 首先，该理论将用户满意度放在最为重要的位置，在满足用户需求的基础上，企业应该尽可能地降低用户的购买成本；其次，关注用户在购买产品或服务时是否便利，从顾客的角度来制定销售的策略；最后，企业与消费者建立长期良好的沟通。但是，从市场的发展来看，"4C"理论还存在一些不足：一是该理论是以消费者为导向的，殊不知在市场中企业除需要关注消费者以外，还要注意市场中的竞争者，需要通过分析自身在行业中的地位制定相应的战略，这样才能在竞争中发展；二是在此理论中，企业需要不断迎合消费者，处于被动地位，在这种情况下，企业会付出巨大的成本。因此，如何将企业的发展与用户的需求相结合成为"4C"理论的一大难题。

2．"4R"理论

在 21 世纪初期，美国的艾略特·艾登伯格（E.Ettenberg）在其出版的《4R营销》一书中首次提出了"4R"营销理论。"4R"理论指的是关联、反应、关系和报酬，与"4C"理论不同，该理论以关系营销为核心，注重企业与

---

① 转引自张富山. 顾客满意关注的焦点 [M]. 北京：中国计划出版社，2001：90–91.

用户建立一个长期的关系，重在建立顾客的忠诚度。它既从企业的利益出发，又兼顾消费者的需求，是一个更为实际、有效的营销理论。

3. "7P" 营销理论

"7P" 营销理论是企业在充分认识、满足消费者需求的前提下，在营销过程中所采取的一系列活动。"7P" 理论包含七要素，分别为产品（Product）、价格（Price）、渠道（Place）、促销（Promotion）、人员（People）、有形展示（Physical Evidence）和过程管理（Process Management）。

"7P" 理论让企业在与用户的营销沟通中，关注服务的全过程，通过互动沟通了解用户在此过程中的感受，使用户成为服务营销过程的参与者，从而及时改进自己的服务来满足用户的需求。企业营销也应重视对内部各部门之间分工与合作过程的管理，因为服务营销是一个各部门协作、全体员工参与的一个活动，而部门之间的有效分工与合作是营销活动实现的根本保证。

对 "7P" 营销理论的研究包含两大领域，即营销和服务。"服务营销"的理念就是用户满意与忠诚，通过顾客的满意和忠诚来促进有利的交换，最终实现营销绩效的改进和企业的长期发展。

与之前传统的 "4P" 理论相比，"7P" 理论现已成为服务营销体系中的重要理论，不仅明确了产品、渠道、价格、促销等因素的影响，同时更增加了服务方面的内容，包括服务人员、服务环境、服务过程、用户满意度。之前，企业仅注重产品的质量，认为产品质量过硬就能够有好的销路，考虑用户满意度的因素较少，在此方面的研究也相对薄弱。为了提升用户在接受服务过程中的满意度，就要扭转传统教条式、被动式的服务模式，以饱满的热情来真心对待用户，进而从根本上扭转用户的看法，提升用户的满意度。

4. 用户关系理论

用户关系管理（Customer Relationship Management，以下简称 CRM）指的是企业为提高核心竞争力，利用信息技术与互联网技术协调企业与用户间的销售、营销和服务上的交互，从而提升其管理方式，向用户提供创新式的、个性化的交互与服务的过程。其最终目标是吸引新用户、保留老用户，以及将已有用户转变为忠实用户，增加市场。目前这是众多运营商都在采用的方法，这也是一种旨在改善企业与用户关系的新型管理机制。

"以用户为中心"是 CRM 的核心所在。CRM 通过满足用户个性化的需要、提高用户忠诚度，实现缩短销售周期、降低销售成本、增加收入、拓展市场、全面提升企业营利能力和竞争能力的目的，实现用户与企业的双赢。

5. 服务理论

（1）服务的概念

服务指的是一种过程、状态。具体来说，服务是一种无形的意识存在形式，通常在社会的各项经营活动中产生，是在有形产品之外获得的舒适、欣悦、方便的意识享受。这种无形存在的意识形态也越来越受到广大消费者的关注和重视。

"服务"一词在不同领域有不同阐述。现代经济学认为，服务通过买卖手段作为等价交换的载体，为社会人群以及各企业、公共团体提供有形的商品或劳动活动。北欧学者提出，服务是一种无形的商品，存在于社会的各种经营活动过程中，以消费者与销售者之间进行的经济活动为载体，通过所产生的有形资源（或有形产品、有形系统）为消费者解决难题。[①] 菲利普·科特勒提出，"联系在服务两端的一方可为对方提供的是无关利益的活动，这种服务不涉及归属问题，它的产生可能依附于有形的产品，也可以是独立存在的"[②]。服务是一种无形且不涉及所用权归属的一项活动，目的是满足他人的需要，这一理论是由国内著名学者陈祝平提出的。

综合来看，无论国外还是国内，学者们都认为服务是一项不涉及利益、无明显权属关系的无形的产品，也可依附于有形商品而存在，在现代经济交易中发挥着重要作用。

---

① 　Gartley T, Due C. The Interpreter Is Not an Invisible Being：A Thematic Analysis of the Impact of Interpreters in Mental Health Service Provision with Refugee Clients[J]. Australian Psychologist, 2017（01）：31–40.

② 　Kang S, Kim E, Shim J, et al. Mining the Relationship Between Production and Customer Service Data for Failure Analysis of Industrial Products[J]. Computers & Industrial Engineering, 2017, 106（Complete）：137–146.

（2）服务的特点

产品和服务往往被认为是两种独立的存在。产品是一种可以摸得着、看得见的有形商品，具有生产与销售的独立性等，而服务是无形的、异质的存在，人们无法把控服务，两者之间有着本质的区别。有西方市场营销学学者通过研究得出了服务的四种特点，具体内容如下。[①]

①无形性。服务与有形商品区别最为明显的特征——服务是一种看不见、摸不着的活动，它不是客观存在的实物，而是一种无形的存在。例如：医生对病人进行的活动（诊断、手术），在此过程中病人及其家属可以看到病人所得到的有形服务，比如包扎、手术等，但存在于这个过程中的无形服务，有的病人是很难体会的，甚至有些病人在手术结束后，都无法理解医生为此提供了很多无形服务。

②异质性。又叫易变性、多变性。一般来讲，服务提供的主体是人，不同的人会带来不同的服务，由此可见服务的水平高低不一，结构组成也各不相同。由于每个消费者自身需求的差异性或者由于各种因素导致的需求也各不相同，致使经营者根据不同的客户需要提供不同的服务。服务在人的相互作用下还受到外界环境（比如天气、时间等）的影响。

③生产与消费的同步性。有生产就有服务，服务依附于生产和消费的过程中，两者是同时进行的。这点也是与商品的本质不同——商品和消费是存在先后顺序的，具有时间差异性，不能同时存在。例如一台电视机从厂家生产出来后，通过各种销售渠道进行售卖，最后被所需顾客购买。与此不同的是，服务是生产和消费同时产生的，不能独立存在，在时间上具有同步性。[②]例如顾客在餐厅就餐过程中，只有就餐开始，生产和消费才能同时表现出来。在此活动中，顾客可能会参与生产过程中，并进行沟通，从而体现的内容会有所不同——服务和消费并存，有服务就有消费，服务

① Ramanathan R, Di Y, Ramanathan U. Moderating Roles of Customer Characteristics on the Link Between Service Factors and Satisfaction in a Buffet Restaurant[J]. Benchmarking, 2016（02）：469–486.

② Loureiro C B, Lopes M C, Loureiro C B, et al. The Relation Between Production, Operation and Maintenance of Service Radio Equipment. Radio Section Discussion Meeting, 24th April, 1950[J]. Educ Rev, 2015（10）：1123–1127.

结束也意味着消费结束。

④短暂性。商品是有形的，是看得见、摸得着的，是可以存储的和过期使用的。与此相反的是，服务具有无形性，不能存贮和过后使用，具有时效性。例如：医生为患者提供手术的时间，在饭店吃饭坐的凳子，等等，都是暂时的，消费结束后服务也将结束，不可再次使用。[①]

（3）通信服务的特征

行行都是服务业。通信行业在社会中扮演着重要的角色，是服务业中重要的一员。通信行业除具备服务业的基本特征以外，还有着独特性，主要表现在以下几个方面。

①通信服务是无形的

通信服务虽然需要提供基础的通信设备，比如手机卡、网线等物理设备，但其核心的通信传输的提供，比如通话时长或者上网流量这些商品是一种无形的服务。运营商在销售这些服务的时候，提供的是一个数值，而不是一个具体的有实体的商品。[②] 由于通信服务都是看不见、摸不着的服务，导致消费者产生对通信服务质量无法把控的忧虑，消费者往往通过信号强弱、上网场所的网速、价格以及环境等客观存在的条件作为选择依据。

②通信服务波动性大

通信业务不同于其他行业，客户的需求具有波动性，因而业务也有淡旺季之分。有数据显示，旺季的业务往往达到淡季业务量的几倍，因此针对不同阶段的业务需求，电信服务要求也随之进行调整。[③]

③通信服务是一种行为或过程

通信服务实际上是为消费者提供一个体验服务的过程。顾客通过打电话沟通情感，获得各种信息；顾客通过上网获得各种需要的知识，了解到各种信息和最新的新闻动态。[④]

---

① Ranta A, Barber P A. Transient Ischemic Attack Service Provision：A Review of Available Service Models.[J]. Neurology, 2016（10）：947.

② 音春，梅再霞，王猛，等. 变动因素影响下的通信服务收入定量预测方法研究[J]. 广东通信技术，2017（04）：39.

③ 刘羿勋. 4G 移动通信技术的特点分析及应用探讨[J]. 数字通信世界，2017（02）：93.

④ 孙鸿滨. 4G 通信网络技术的主要特点与应用分析[J]. 信息通信，2016（11）：236.

④通信服务形式各异

通信服务多种多样，形态各异。例如：流量套餐各不相同，如 2 元包 20M，5 元包 60M，10 元包 100M 等多种类型可以选择。

⑤通信服务的提供和消费是同步的

消费者使用服务时，运营商必须在同一时间提供服务，例如消费者想上网，此时运营商必须提供网络传输的服务。

⑥顾客参与生产过程

顾客自身能力的高低直接影响着服务质量。比如上网过程中，顾客不能熟练操作上网设备，可能会出现无法正常上网的现象，因此影响到了服务质量。

⑦通信服务缺乏储存功能

无论消费者有着怎样的行为，如是否打电话、是否上网，移动通信网络都会保持正常运转，包括基站、核心网等。

⑧通信服务所有权不可进行转让

要想获得通信服务，客户需向运营商付费。运营商对通信服务的所有权进行掌控，包括核心网与管道等通信设备，不会在提供给客户的通信服务中发生转让。

⑨通信服务全程全网

通信服务过程会为客户提供本地区与跨地域服务，除了单一运营商内部网络中的通信传输之外，还会涉及跨省和跨运营商的通信网络传输。这就导致了通信网络中涉及的设备类型和网络类型具有复杂性。

⑩通信服务具有高技术属性

比如移动互联网技术、4G、5G 技术等大众耳熟能详的通信服务，走在科技前沿，具有高技术含量，从而为客户提供非同一般的体验。

⑪ 通信服务采用预付费模式

通常情况下，客户都会向运营商预存一定费用，这已经成为一种模式，从而避免用户的赖账行为。这种方法是行之有效的。如用户想正常地使用手机的各项服务，必须预存一定的费用。

总之，通信服务的通信网络很庞大，包括基站与传输等内容，起到了很好的承载作用。该种技术服务展现了当今最前沿、最先进的科学技术。

通信服务具有综合性质，在不同的服务阶段有不同的服务性质：既包括高接触服务，即顾客在办理业务时与前台营业员的一对一接触；也包括直接无接触服务及低接触型服务，后者即通信网络中人与设备的接触。服务也可以分为免费与收费，如来电显示免费，而上网则需要付费。

（4）服务质量

服务质量的好坏非常重要，直接决定了顾客的评价高低，从而决定了其是否选择在该企业消费，所以无论服务类型有几种，服务质量都是关键的一环。服务类型如下：一是医疗和教育等纯服务；二是包括信息技术服务、自动化服务这种无形服务与有形产品混合在一起的服务。多年研究表明，学者们认为客户会通过几点来对服务质量进行评判，如对于服务的技术能力的评价，对于服务效果的评价，对于服务的物理设备质量的评价。

对服务质量如何评价，只有顾客拥有发言权，其通过切身感受来对服务进行定义，因此顾客是企业服务的唯一主题。服务质量是指提供的产品对于用户需求的满足程度的表征，这是大多数学者对其的定义，即企业为满足消费者而提供一定水平的服务工作，且一直维持该服务的水平，来保证被服务者的需求能够持续满足。[①]

①服务质量的评价

经研究，顾客对质量的评价是一种感知，其中包含多个要素，而非单一维度的概念定义。很多学者经过多年研究而得出结论：顾客对企业服务进行技术性感知而得到一种结果，这种结果就是服务质量评价。在服务中，消费者会将自身的感知与对服务的期望进行比较，假如感知＞期望，顾客会对服务质量非常满意，反之当感知＜期望，则会得出相反的结论。[②]

由此可知，可靠性、响应性、安全性、移植性与有形性等五个因素可以影响服务质量。

第一，可靠性。即企业在执行所承诺服务时务必保证准确性。从消费

---

① Sengupta A S, Balaji M S, Krishnan B C. How Customers Cope With Service Failure? A Study of Brand Reputation and Customer Satisfaction.[J]. Journal of Business Research, 2015（03）：665–674.

② Mittal S, Gera R, Batra D.K. An Evaluation of an Integrated Perspective of Perceived Service Quality for Retail Banking Services in India[J]. International Journal of Bank Marketing, 2015（03）：330–350.

者的角度来讲，他们希望企业要言而有信，所承诺的服务项目保证百分百的可靠。企业的服务承诺给了顾客期望，因此在一定程度上，当服务＝期望时，顾客的满意度就会大大增强。[1] 既然企业给消费者以服务的承诺，就应该在规定时间内按照承诺的方式、无差错地完成，这就是"可靠性"的定义。另外，对于可靠性，消费者的预期是很重要的，企业认识到，如果不能提供顾客想要的服务承诺，那么消费者的满意度就会非常低。

第二，响应性。即帮助顾客时应主动积极。在服务过程中，顾客应在第一时间被响应，营造出其很被企业重视的心理氛围，因此企业对顾客的各种行为应进行快速反应和处理，从而缩短其等待时间。关于响应性，其中一个关键性问题是，公司应站在顾客角度对服务传递进行审视，对顾客要求进行处理，而不是站在公司的角度。因为对于速度和快捷的要求，公司内部与顾客会有很大的差异。在与顾客接触的地方，公司应配备一线维护人员，态度积极热情。另外顾客服务部的设置也是非常必要的，务必保证配备精良，从而在响应方面做到优异。研究中发现，在服务过程中，顾客如果能被企业人员快速响应，等待时间很短，那么顾客就会感觉良好，对企业非常满意。[2] 因此，企业若想赢得很高的印象分，就必须提高其服务传递效率，让顾客在最短的时间内获得最佳的服务。

第三，安全性。即要求企业员工的知识水平要合格，态度要谦恭，有一定的能力让顾客产生信任感。在服务过程中，顾客直接接触的是企业的员工，所以员工的态度很关键。如果员工一直持谦恭友好的态度，那么消费者就会有一种宾至如归的感觉。同时，员工的知识水平、驾驭客户的能力非常关键，从而让消费者了解、熟悉该项服务，进而消费该项服务。对于一项服务，作为外行的消费者，不专业的员工会让其无从信任，进而放弃在该企业的消费，因此，员工的知识、态度、驾驭能力缺一不可。[3]

---

① Chui T.B, Ahmad.M.S.B, Bassim F.B.A, et al. Evaluation of Service Quality of Private Higher Education Using Service Improvement Matrix ☆ [J]. Procedia – Social and Behavioral Sciences, 2016,（224）：132–140.

② 陈振华. 基于 ACSI 模型的生鲜电商顾客满意度的实证研究 [J]. 现代商业，2018（02）：11-12.

③ 刘向阳，李晓丹，冼志涛，等. 一线管理者与人力资源部门的合作如何提升人力资源管理效能——合作关系与合作满意度的作用 [J]. 中国人力资源开发，2015（21）：53.

第四，移情性。如果企业能够为每个消费者都能提供个性化的服务，对其进行细致的关心，那么这就是移情性。例如有人去医院看病，医生认真了解其病史，耐心倾听其病情，那么就是承认病人的个体存在，从而让病人产生被理解、被重视的感觉。这就是移情性。[1] 因此移情性为小公司提供了一种优势，在与大公司竞争时，小公司能够更加有效地了解用户的特征，设计出有针对性的服务方式，进而在移情性方面凸显优势。

第五，有形性。即企业的外部形象，如人员设置、工具配备与书面材料介绍等。这是在服务营销中被经常强调的服务类型，如餐馆、零售商店和娱乐公司，顾客会到企业所在地接受服务，利用有形服务来提升形象，属于企业的策略范畴。例如移动公司，为让顾客有更好的体验，会在各地设置不同形式的"体验店"。

利用有形性来提高形象，是常见的做法。企业会向消费者标明服务质量，其中一致性是很重要的。关于服务质量战略的建立，很多企业会将质量因素与有形性两方面结合起来，而少数不注重有形性的企业可能混为一谈，忽视了发展策略进而影响企业发展。

经研究，上述影响服务质量的五个因素中"可靠性"是最关键的，是根本因素，另外相比较而言，响应性也是非常重要的。

（2）服务质量差距

差距一：顾客自身的感知与对企业服务的期望不一致，因此产生了差距。在进行消费时，顾客会对消费产生的结果以及自己能够得到的服务水平有一个预期。服务质量传递的关键是对顾客期望与顾客感知的弥补，这是差距模型的构成基础。在企业竞争中，顾客满意度与顾客焦点至关重要，而且企业必须有一个清晰的认识，即在对服务传递质量的评价过程中，顾客个体是有差异的。顾客期望有两个来源：一是顾客通过外界信息（包括企业宣传、顾客的个人知识储备、顾客周边的人的宣传等）所了解的企业能提供的产品、定价以及服务效果；另一个是顾客自身的实际需求，希望企业提供的产品能够满足自己的需求或者解决自己需要解决的问题。当产品的实际情况和顾客所知的宣传情况一致，产品能够满足顾客自身的需求

---

① Wicksongriffiths A, Kaasalainen S, Brazil K, et al. Comfort Care Rounds：A Staff Capacity-Building Initiative in Long-Term Care Homes[J]. Journal of Gerontological Nursing, 2015（01）：42.

的时候，顾客差距就不存在了，那么这是最理想的状况。但实际上，在服务过程中往往存在顾客差距。

差距二：对顾客期望没有精准的认识。顾客对企业提供的服务是有一定期望的，但是一些企业却不能很好地理解。企业不理解顾客的愿望有两种可能，即企业没有对顾客愿望进行了解和企业不愿意将时间和金钱花在了解顾客愿望上面，其中后者更容易造成服务差距的加大。当顾客意见反馈或者产品问题的解决面临极大困难的时候，顾客就会认为企业没有诚意，不准备和顾客沟通，没有倾听顾客诉求的意愿。

差距三：企业设计服务质量和标准的水平欠佳。在了解顾客对企业产品的期望的基础上，要将顾客的期望描述转换为企业能够提供的服务质量的标准。良好的标准设计不仅要求从企业的角度来看具有可操作性，而且要求从顾客的角度来看能够有可发现性，顾客能够感知到企业的服务水平的提升。企业的服务改进和顾客能够体会到的服务提升是有差异的，这种差异有多种来源，如企业服务设计不佳、顾客驱动标准的欠佳，服务场景与有形展示不恰当等。

差距四：未选择正确的服务质量标准。企业若想提供高质量服务，走入正轨，必须制定出正确的、能够实施这一服务的流程和方法，使企业的员工能够通过对于这些方法的有效践行来实现服务质量目标。企业需要通过恰当的员工考核体系使员工的利益和制定标准的方向一致，对员工管理系统进行评估，从而缩小服务传递的绩效与顾客期望之间的差距。

差距五：企业言而无信。指服务企业未能履行承诺，言行不一，广告宣传内容如果夸大不实，就会导致无法提供高质量的服务内容。[①] 企业为了吸引客户以获得利润，通常会采用广告宣传等各种沟通手段向消费者做出承诺，给消费者以期望，让其购买产品。消费者会对于企业能够提供的实际服务和企业宣传的服务之间进行比较，如果企业的实际行为和宣传效果的差异较大，就会给顾客造成言而无信的体验，产生顾客差距。[②] 一般来讲，如果企业过度承诺，不能与顾客进行充分的沟通，对顾客期望进行无效管理，

---

① 陆一，周可仁，周莉，等. 构建企业诚信管理体系提高产品服务质量供给[J]. 中国质量技术监督，2017（05）：72.

② 郭广宝，陈峰. 美国信用制度建设的启发及建议[J]. 中国物业管理，2017（03）：22.

企业营销传播缺乏整合性，就会导致企业无法提供高质量的服务。

另外，供应商差距是很关键的，即在为顾客提供服务的组织过程中发生的差距二、三、四、五，如果存在一个或多个差距，那么顾客感知的服务质量会大大下降。因此企业应注重减小供应商差距，并持续关注，从而弥合顾客差距。

（5）服务接触

服务接触，有时又称为实时营销，作为顾客进行感知的基础部分，包括企业服务承诺能否实现、企业设施配置的合理性，以及企业策略能否执行。服务提供者和顾客之间会发生接触，这是大多数服务企业的基本特征。[①] 在这一瞬间发生的接触是非常短暂的，但往往会成为评价企业服务质量的标准。这是顾客对服务质量的第一印象，因为当顾客与企业接触时，各项服务就能够被顾客所感知。服务接触分为两类：一是以比较间接的方式为基础的普通服务接触，二是和服务提供者直接接触的重要服务接触。不同的服务接触等级拥有不同的接触程度和规模，根据事件的重要程度和带来价值的不同，应当选择不同的接触方式。

二、电视受众需求分析

笔者采用发放调查问卷的方式进行抽样调查，来完成电视受众需求分析。本次调查以河北省现有常住人群为调查对象，以"常规性社会统计指标""区域指标""地区级差指标"三项人群分层指标作为基础配额抽样依据，共在全省范围内抽取样本 2000 个。其中"常规性社会统计指标"由年龄、性别、文化程度、职业层次、职业身份、社会阶层、收入等变量构成；"区域指标"由石家庄、唐山、秦皇岛、邯郸、保定、张家口、承德、沧州、廊坊等变量构成；"地区级差指标"由省会城市、地级市、县级市县及城镇、农村等变量构成。问卷回收率 99.8%（1996 份），有效问卷 99.3%（1993 份）。

本次调查的抽样要求是：第一，抽样人群均属广播电视收视收听人群，且有一定收视收听的量；第二，抽样人群有接触大众媒体的习惯，且对媒

---

① Yu T, Patterson P, Ruyter K.D. Converting Service Encounters into Cross-Selling Opportunities[J]. European Journal of Marketing, 2015（3/4）：491.

体不反感；第三，城市被抽样人群应有相当比例可接触网络，即被调查的城市人群中应有一定比例的网络接触者。

（一）电视受众的需求程度与追求差异

1．不同社会阶层受众的电视依赖特点

（1）高学历、高职位的年轻人开始疏离电视媒体

近年来电视媒体集体呈现出的目标商业化、风格娱乐化、内容狭窄雷同、表达浅薄琐碎等倾向在一定程度上已经导致了年轻、高学历人群对电视媒体的疏离，随着观看时间的递增，观众的学历、职业层次和年龄递减。相反，高学历、高职位人群对新媒体——网络媒体却表现出极为亲密的态度，他们给予网络媒体的热情已经超过了所有的传统媒体。周晓红的《中国中产阶层调查》显示，就中产阶层人群而言，他们对于电视的态度远比非中产阶层显得更加疏离，更意味深长的一个结论是电视尽管也是中产阶层密切接触的媒体，但是却可能不是他们所依赖的媒体。[①]

在与传统媒体渐行渐远的同时，高学历的年轻人对新媒体的依赖性却逐步加深。他们依然是大众传媒的重要而忠实的受众。而他们最终是否会弃电视媒体而去，也许要看电视媒体是否在新媒体的挑战中生产出更能够满足他们需求的具有竞争力的产品，因为他们对网络的依赖正是缘于新兴媒体网络淡化了传统"传—受"之间的界限，满足了电视媒体无法从技术上满足或者根本是因为忽视而未被满足的需求。

（2）老年人是电视最忠诚的受众

以年龄指标来看，老年受众在这个多元化的背景下有着许多与众不同的群体个性。首先，他们坚持着对传统媒体，尤其是电视的热爱，81.1%的老年受众每天都接触电视媒体，一周平均接触天数高达6.45天。比年轻受众接触电视的频率要高出很多。同时，在被要求对大众媒体做出取舍时，他们大都选择了电视和报纸，首选电视的比例最高。

（3）农村受众对电视媒体的信任度最高

在我国农村，电视作为普及率最高，影响力最大的传播媒介一直处于大众媒体的核心。此前许多的实证调查均表明，电视是农村受众接触最多

---

① 周晓红. 中国中产阶层调查 [M]. 北京：社会科学文献出版社，2005：210.

的媒体。电视作为一个使用"门槛"比报纸、网络低，同时又比广播生动的媒体，深受广大农村受众的喜欢。"使用与满足"理论认为，人们选择与使用媒体后产生两种可能，一为满足需求，二为不满足，无论满足与否，都将影响到以后的媒介选择使用行为。人们根据满足结果来修正既有的媒介印象，不同程度上改变着对媒介的期待。农村受众对电视的使用特点也可以说明这一点，因为获得了一定的满足，所以就更偏爱电视媒介。

2. 不同社会阶层受众对电视的追求差异

随着当代社会阶层的分化，不同阶层的文化趣味也产生了明显的差异，反映在接触媒介上也有很大的区别。随着国内电视业的迅速发展，不同层次观众的欣赏品位也发生了明显的变化，这种观众的社会分化在中国的出现具有深刻的社会意义。改革开放以来，逐步形成了多样化的社会阶层并存的格局，不同的社会阶层由于所拥有的权力、财富以及社会声望并不相同，因此在欣赏趣味上存在明显的差异。但是，与西方国家已经成熟的社会阶层结构相比，我国的社会阶层结构还仅仅是一个雏形，与现代社会结构的理想形态及其运行机制相比较，还有很大的差距。尤其是社会阶层结构中的地位秩序尚未得到全社会的充分认可，因而缺少必要的社会群众基础，这种状况明显影响着社会心态的稳定，从而也影响着社会阶层结构的稳定，也对不同社会阶层的人群的身份认同带来影响，这种影响也同时反映在对媒介的选择和接触上。

（1）学历中产阶级偏向于追求更有意义的信息内容

早在 20 世纪 50 年代电视出现之初，许多观众对看电视就常常怀有内疚之感，担心自己会上瘾，担心节目浅薄琐碎，自己该去做点更有积极意义的事。换句话说，他们担心电视节目脱离现实生活，使他们不能享受现实世界之快乐。这种电视观在一定程度上源于"高品位文化"的成见：即像读书这样一些有积极意义的追求原本就显得比被动地看电视要好。

学历中产阶级如何使用电视，他们对电视有什么样的追求，既然电视的本质就是娱乐，是否就意味着中产阶级对它的疏离是无法改变的事实？周晓红认为，学历中产阶级在接触电视上远比非中产阶层低的现象，表面化的解释可以有两个方面：忙碌、无暇顾及；电视信息接受效率低。但实际上，电视节目的缺乏深度，或许才是最主要的原因。他们认为，中产阶级更强调接受"有意义的"内容，包括更具有批评性的新闻报道，更有深度的新闻，更具有科学性和知识性的节目等。精英阶层及中产阶层更倾向于观看记录社会现实的纪录片，揭露社会阴暗面的深度报道和舆论监督报道，而不单纯是娱乐新闻。然而，这却是大众电视目前所难以做到的。因此，"中产阶级对于电视的疏离，原因可能来自电视首先疏离了中产阶级的需求"①。

（2）农村受众倾向于追求娱乐化的电视内容

本次抽样调查显示，在农村观众的收视目的中，排在首位的是"娱乐消遣"；在其他的收视目的中，城乡差异最大的是"了解国际时事、政治"，农村受众的选择比例较城镇观众低了12.5个百分点；另外对"了解国内时事、政治"这一目的，农村观众的选择比例也明显低于城镇观众。而农村观众收视目的的集中程度高于城镇的有"学习各种知识技能""没有特定目的，打发时间而已"。我们这次的调查同样证明了电视作为娱乐工具在农村受众中的地位。调查显示，66.9%的观众把电视作为最能满足娱乐需求的活动的第一选择，这个比例远远高于城市受众的选择。

另一项较有说服力的调查更佐证了我们的结论。武汉大学王翰东和强月新教授担纲的教育部人文社会科学重点研究基地重大项目"中部媒介生态和媒体发展"中关于"农村居民的电视收看动机"的调查结果表明，农村居民接触电视有四种根本性的动机：信息认知、社会整合、伴随需求和情感娱乐。其中，"信息认知"动机弱，而"伴随需求""情感娱乐"动机强，尤其值得关注的是，"情感娱乐"这一收视动机，是一种无差异地收看电视的根本需求，即"情感娱乐"完全不能为人口统计学变量所解释，个体之间几乎没有任何差异，它表现了一种普遍的心理需求。农村居民收看电视剧、综艺、娱乐、情感节目等，往往出于"情感娱乐"的动机，以及由于"信息认知"动机弱而导致。②

（3）老年受众在电视中寻求"精神寄托"

老年观众是一个非常庞大的群体，而且更是一个收视时间最长的群体。是什么原因造成老年受众对电视的特别钟情，是否也如农村受众一样出于"娱乐"的需要？本次调查显示，娱乐消遣仍然是老年观众的主要收视目的，

---

① 周晓红. 中国中产阶层调查 [M]. 北京：社会科学文献出版社年版，2005：200.

② 强月新、张明新. 转型社会的媒介景观 [M]. 武汉：武汉大学出版社，2007：37.

对娱乐消遣的需要与总体非常接近，但值得注意的是，与观众总体相比，老年受众选择"消除孤独、寻求精神寄托""没有特定目标，打发时间而已"的比例大大高于总体，可见，老年受众在电视媒体的消费上已经呈现出明显的年龄特点。

我们的调查同样有力地证明了这一点。在"调整情绪""排遣孤独""获得社会权力"三个选项上，老年群体的需求都比其他年龄群显著。无论从前的身份如何，岁月都将他们"逐出"主流人群；子女远离或忙碌，给他们留下了孤独和寂寞；大众传媒尤其是电视于是成为他们与蒸蒸日上、日新月异的社会生活紧密联系的重要纽带，给他们抚慰并带来现实的享受。

老年受众对电视的使用有时几乎是无目的的，纯粹为了打发时间。有电视批评家指出："电视是人们时间的窃贼"，但显然老年人喜欢这样的"窃贼"，或者说这也是他们无奈的一种选择。老年人在电视观看中获得了一种虚拟的社会关系的满足，尤其是大量的电视连续剧，它们不仅容易打发时间，同时，电视剧所虚构的各种人际和社会关系，恰恰是生活在家庭中的老年人希望重返社会的一种寄托和期盼。

（二）电视受众的需求动机与层次建构

1．电视受众需求层次模块建立

马斯洛（A.Maslow）将人的需求从低到高分为生理需求、安全需求、情感需求、尊重需求和自我实现的需求。马斯洛把千变万化的人类需要分为五类，可以认为这是合理的，尽管存在着不同的国家、地区，不同的社会形态以及不同的社会条件，但是应当承认，人们都会有共同的需要。既然马斯洛的五大需求是人类共同的需求，那么人们的媒介使用所获得的需求的满足，自然也在此范围之内，它不可能超越这五大需求而自成一体。因此，我们有理由认为，媒介使用可以获得的满足均可以在这五个层次的需求中找到对应点。

第一，生理的需求与满足。这是人类最原始最基本的需要，马斯洛认为，在一切需要之中生理需要是最优先产生的，而且是有限度的，当需要被满足时，它就不再作为行为的动力而存在。生理需要在媒介使用上可以表达为满足习惯、调整生理情绪和解除身体疲劳等，许多的受众在使用媒体时都抱有如此动机并能获得极大的满足。

第二，安全需求与满足。安全需求是自存的需要，除了对此时此地的考虑以外，还要考虑今后。在如今的信息社会里，人一旦被信息隔绝就会焦灼不安，心理缺乏安全，行动缺乏指南，就会处于恐慌之中，尤其当危机事件来临时，人们对信息的需求更是出于对自身安全的考虑，比如更多的人会在想"我所待的地方是否是安全的，我的食物是否是安全的，我能否找到比这更安全的区域"，等等。再进一步说，在一个和平发展的年代，对更多的人而言，也许如何学习新知识不至于使自己惨遭淘汰，保留一个理想的职位使自己衣食无忧才是一种安全的策略。因此，"安全需求"在媒介使用上可以理解为了解生存环境—信息的需求、掌握生存环境—学习的需求、控制生存环境—知识的需求。

第三，情感需求与满足。当上述两种需要都满足了，个体就会出现感情、友谊和归属的需要，渴望父母、朋友、同事、上级等对其表现的爱护与关怀、温暖、信任、友谊以及爱情等，渴望自己有所归属，成为某个团体的成员之一。人们的媒介使用可以获得这种需求的满足，因此，我们将此分解为媒介使用过程中的沟通、社会关爱需求、排遣孤独感以及群体归属感。

第四，尊重需求与满足。马斯洛把尊重的需要分为两个方面，一是要求和希望获得他人的重视、关心或高度评价，希望自己的工作得到社会的肯定与认可，要求有名誉、威望和地位；二是在面临的环境中，希望自己有实力，有成就和有信心。这些需要的满足可以增强人们的自信心，觉得自己生活在这个世界上有价值、有用处，可对周围环境产生影响。尊重需求是一个人自信的表现，因此反映在对媒介的使用上，我们将此分解为"内在尊重需求"的满足，即提升自信心和表达个人自主性，以及"外在尊重需求"，即如何获得权利与地位。

第五，自我实现需求与满足。自我实现是最高层次的一种需要，马斯洛把"自我实现"一词加以限定，是指促使人的潜力得以实现的趋势，这种趋势可以说成是希望自己越来越成为自己所期望的人物，完成与自己能力相称的一切事情。因此，我们可以将马斯洛的"自我实现"理解为自我的成功，那么，能否通过传媒来获得自我实现的满足？普通人如何通过传媒来实现自我？笔者认为，只有获得越来越多平等参与社会的机会，才有实现的基本可能，因此，与之相对应的三个层次分别为社会平等的需求、社会参与的需求和社会成功的需求。

总的来说，上述五种基本需要是逐级上升的，当较低级的需要被满足之后，追求高一级的需要就成了行为的动力。生理需要和安全需要属于低级需要，尊重需要和自我实现的需要属于高级需要，情感需要为中间层次。必须先满足低级的需要，这是基础，然后才能逐级上升。但是，这一点在传媒的"使用与满足"上并不是刻板表现的，其顺序也不是固定不变的，受众在接触媒介的过程中可以同时获得五种需要的满足，也可以根据自己的情况选择其中一种。因为媒介是与其他资源竞争，满足受众人们的需要的，所以，通过媒介获得某种需求的满足就无须一定按照马斯洛的"五种基本需要是递进的"的原则，人们大可以选择通过媒介获得情感需求，再选择其他资源获得生理或者安全的需求。正因为如此，不同的受众群体可以根据自身的具体情况有意识地选择某些需求进行满足，而放弃另外一些他们认为可以从其他的社会资源中获得更好满足的需求。

2. 不同需求层次的电视使用

（1）电视受众的收视需求正从低级走向高级

"尊重需求"与"安全需求"是电视受众使用大众传媒时最希望获得满足的两个需求，其中受众的"尊重需求"强度更高。利用媒体表达个人自主性、提高自信心、获得社会权利的尊重需求排名第一。用年龄、性别、学历、职位、地区级差等变量进行交叉分析，几乎无明显差异。由此可见，"尊重需求"是现代受众的普遍需求。

"尊重需求"之所以比"安全需求"获得受众更高的认同，恰恰可以理解为"积极的受众"的理念所起的作用。可以说，在所有的媒介使用中，电视受众是最没有积极性的，在这里，"积极性"指的是人们思想上的"使用与满足"，也就是电视受众在大众传播中的自由与自主权。归根结底，电视的互动性还是极差的，我们认识的那些终日懒在家看电视的"沙发土豆"，他们根本不具备对电视的反思以及相互之间的互动，他们更多地就是被动地甚至类似于被强迫地收看着电视。但是，即使这样，事情也总是有可能往好的一面发展，正如，一个不积极的用户也可以变得积极起来一样。电视受众正在从被动变得逐渐主动，从完全不积极变得逐渐积极。这是一个极大的进步，更是对电视媒介本质的一点修正。

3. 对电视使用过程中各类需求可满足性的指认

调查结果显示，在使用电视媒介获得满足的五个需求层次中，每一层需求的每一个指标相对应都有一半以上的受众认同（最低为51%），表达出受众使用媒体时的需求十分明确、实际、丰富。与此同时，数据也显示出每一种需求或多或少都有并不需要的人，即使某些认同度极高的需求，仍然没有达到，而有三分之一的需求只有一半左右的人数认同，表明受众需求有个人化、多元化倾向。

（1）"安全需求"层次中"信息获取"成为受众最希望获得满足的需求（96.4%的人认同此需求），而"成为学习工具"沦落为需求程度最弱的一项。随着传统和新兴媒体的快速发展，尤其是网络媒体的崛起，电视作为一种学习工具的社会功能可以被其他更具有"学习气质"的媒体瓜分甚至替代，在所有的大众传媒中，电视可以说是最没有"学习气质"的媒体。大量的实证研究表明，电视与其他媒介相比，学习效果最差。

电视的这种无文化"气质"恰恰给了其他媒体更多的机会，比如报纸和网络，于是，原本通过电视媒体增长见识，学习知识的受众转而"投靠"互联网或者报纸、杂志这些更利于理性思维表达的、更具有文化气质的媒体。这也许在一定程度上降低了电视作为学习工具的受众认可度。

前文讲到，中产阶级追求更有意义的信息内容、更深度的舆论监督、更有文化的知识节目，当这些无法在电视上获得满足的时候，他们开始集体"逃离"电视而"投靠"互联网。当然，这并不意味着他们从此就不接触视媒体，恰恰相反，他们依然保持着与电视的关系，只是他们学会了在电视中追求他们认为可以得到的东西，比如娱乐。而这一点恰恰与普通老百姓对电视的需求是一致的，娱乐消遣成为人们收视的主要动机。于是，失去中产阶级支持的电视堕落为彻底的娱乐，甚至连一点抗争的意思都没有。学习又从何谈起？

（2）"自我实现"完成了电视受众向积极的受众的转变。电视使人"一夜成名"本来就不是什么新鲜事，只不过原来那些人本来就在所谓的那个"圈子里"混，所以出名是他们每天梦寐以求的事情。但是，现在这规则发生了一些变化，那些原来从没想过成名的人通过电视突然之间成名了，于是，后来者看到了希望，看到了电视可以利用的资源，更看到了连电视传播者都不曾预料到的、被解读者所颠覆的电视文本的意义。就如《快乐女声》《快乐男声》《中国好声音》等节目一样，传播主体——电视台一开始无非就是把他们作为一档歌唱比赛的真人秀节目，但事实上每个人都从节目中读到了自己想要的东西。我们所说的解构也好、颠覆也罢，在《快乐女声》《快乐男声》《中国好声音》等文本中，受众成了解放的自由的观众，他们对权威话语的破解和对传统的颠覆，不仅使普通人利用电视实现了成为巨星的梦想，更重要的是，在这个过程中，电视自身的话语被无情地、尴尬地甩到了一边，受众成全了自身作为积极的受众的一面。

按照马斯洛的理论，人的五种需求是递进式的，只有满足了前面低级的需求之后，才会进入高级需求。笔者发现，在人们进入受众角色的扮演后，其需求并不完全以社会学意义上的递进关系呈现。对此，有两点解释：第一，大众传媒是在与其他资源进行的竞争中来满足人们需求的，大众传播媒介只是满足人们需求的众多社会工具中的一种。研究显示，大众传媒在满足人类安全需求和尊重需求上更具有优势。第二，当人们扮演受众角色时已经在一定程度上改变了原有的社会身份，尤其对于底层人群，受众身份能够赋予其相对的平等意义于特定的媒介时空中，人们的生存状态也从现实中抽象出来，原先的高层人群有可能在媒介中寻求低层满足，而原先的底层人群却有可能通过媒介暂时享受高层的人生需求满足。

（三）电视受众的需求选择与类型偏好

1．观众需要什么样的电视新闻

（1）新闻是电视受众公认的最具价值的媒介公共产品

在美国，70% 以上的人主要靠电视新闻了解国内外大事。在德国，约一半的人主要靠电视新闻了解各种信息。在中国，当新兴的娱乐、综艺、选秀节目日益蚕食电视"版图"时，新闻节目依然是受众的宠儿。

调查结果证明，新闻是最具价值的媒介公共产品，尤其对电视而言。在本次调查中，笔者设计了一个主观题，让被调查者自己填写最喜欢和最不喜欢的电视节目各三个。从回收的问卷来看，新闻类节目（笔者根据所提的节目另做类型归纳）的提及率比较高，达到37.7%，远远高于电视媒体其他各类节目的提名率。显然，即使受到娱乐节目的严重冲击，新闻节目依然是人们认为有品位并值得收看的一种类型。

需要指出的是，电视观众对新闻节目的偏好，不存在城乡差异，不论一级城市、二级城市、三级城市还是农村，新闻类节目都是受众提名率最高的节目类型，远远高于其他类型的电视节目。这种现象也涵盖在不同学历、年龄、性别、职业身份等各个指标中。可见，新闻是大众心目中共同的"电视情人"。

关于"新闻是电视受众共同的内容偏好"这一点，我们从其他的相应调查中同样得到了证实，如张国良主持的"中国发展传播学"的项目中，有关"媒介内容偏好"的调查显示，即使是偏重于电视娱乐的乡村，近年来也突出了电视新闻，虽然程度上还不如大城市，但是，我们还是可以明显感受到，在这个越来越信息化的社会中，大众也越来越重视媒介的新闻类内容。[①]

（2）大众眼里的好新闻是什么

新闻是最具价值的媒介公共产品。现今，各类大众传媒都在新闻产品的设计生产上下功夫，探索了一些新的新闻样式和风格，许多媒体都将新闻作为主打产品进行生产推广。但是，什么样的新闻才是真的好新闻？

①具有亲和力的新闻节目

在不同级差电视台"最好""最差"节目提名中，中央台的最好提名率接近 5 成，达到 47.8%，超过排名第二的本省省级频道的 8.5%。

②广中求深的新闻节目

受众更倾向于接受来自宏观和微观的信息传播：一方面主要是有关宏观的、有价值的、深层次的信息和判断；另一方面是有关地域性、接近性、更加本土化的信息。

③具有时尚气息的新闻节目

作为社会现有或者即将成为的中坚力量，青年受众的消费力强，求知欲旺盛，对信息选择、接受的能力强，消化速度快。如果可以把青年群体变成新闻节目的主要部分，这无疑会吸引许多广告商，从而为媒体创造新

---

① 张国良. 社会转型与媒介生态实证研究 [M]. 上海：上海交通大学出版社，2007：20.

的广告机会。可是电视新闻在争取青年受众的过程中很快发现，看似收视心理比较宽容的青年群体其实也是最不耐烦的收视群体。

在所有的年龄段中间，或许年轻人群对新闻节目有较高的价值期望，当"他之所给"与"我之所需"产生矛盾时，青年受众会最毫不留情地选择"闪退"的方式，跟不符合诉求需要的节目说"再见"。

2. 观众需要什么样的电视娱乐

（1）电视是受众重要的娱乐工具

不论城市还是农村，在受众在选择娱乐方式时，电视以勿庸置疑的优势排在了第一位。有66.15%的城市被调查者将看电视作为最能满足娱乐需求的日常活动，在农村这一比例更是达到了89%，远远超过了其他所有的娱乐活动形式。电视在传统的大众媒体中，在媒介满足受众娱乐功能的需求上，还具有很大潜能和待开发的空间。就目前来看，很多电视节目往娱乐方面发展，与受众的需求也是相吻合的。

（2）受众对娱乐节目最不满意

这仿佛是一个悖论，但确实存在：一方面人们热衷于收看电视的娱乐节目，另一方面，人们对娱乐节目的评价又极其低下。人们好像都是在边看边骂的过程中完成了一次又一次娱乐的"洗礼"，但是这又不妨碍他们继续收看娱乐节目。

虽然看电视是大众在日常娱乐活动中最能满足娱乐需求的活动选项，但是在最好、最差电视节目类型提名的调查中，娱乐节目作为最差电视节目的提名率却是最高的，达到32.13%，甚至超过广告8个百分点，令人颇感意外。相比之下，娱乐节目作为最好电视节目的提名率却只有9.5%，显然观众对目前各电视媒体的娱乐节目是相当不满意的。电视娱乐节目有广阔的市场需求，但节目设计还需对观众的口味作更深入的探究。

（3）电视该用什么样的节目来娱乐观众

电视是大众认为最重要的娱乐工具，但受众对娱乐节目却极其不满意。在目前的真人秀、综艺游戏类、益智博彩类、娱乐资讯类、娱乐谈话等娱乐节目类型中，持否定态度的总提名人次远远超过持肯定态度的提名人次，其中真人秀的褒贬比超过1∶3，为所有类型中最高。

如果说新闻节目的竞争是区域性的竞争，那么娱乐节目已然被放在了全国性甚至全球性竞争的平台上，观众对于各媒体的娱乐节目的评判标准都是一视同仁的。从最好娱乐节目提名的频道归属来看，中央台、湖南卫视和浙江卫视具有强大的实力，总提名人次比分别为 6.8%、3.1% 和 1.5%，可见电视台的实力和能力决定了娱乐节目的影响力。

从以上的数据中，我们可以发现以下几点。第一，观众对娱乐节目的需求量非常之大，远远超过其他任何节目类型，包括新闻。如果把电视剧也纳入娱乐节目的范畴之内，则需求的数量更是庞大，可见，观众对娱乐的需求与电视的媒介特色完全符合，甚至可以说，观众是在一个合理的尺度内从电视媒介中寻求娱乐的满足。因此，任何对电视受众的指责——一种站在精英主义立场来讥讽电视受众文化品位的指责显然都没有任何实际意义。第二，从目前的情况看，电视受众对娱乐节目的评价极不理想，也就是说，电视所提供的娱乐还远远不能满足人们的需求。而这种不满足不是因为电视媒介所提供的数量上的不满足，而是质量低劣、泛滥成灾的娱乐节目同质化倾向严重，娱乐的级别诉诸人的需求的低层次。

那么，电视该用什么样的节目来娱乐观众呢，观众对此是否有非常明确的目标？

以前，国内娱乐节目最大的问题在于缺乏娱乐精神。当然，任何类型的文化都具有多种表现样式，并非一定要诉诸对人性真善美的探究。片面地强求文化的导善与导美有悖于文化人类学视野内"文化只有差异而无高低"的论断，文化自身不过是部分或全部地移植前人遗产，不同文化之间不应当存在压制与被压制的关系。娱乐文化与其他任何文化之间概莫能外，但是这并不意味着娱乐就没有任何可以延续或者值得书写的精神。为什么如《中国好声音》《乘风破浪的姐姐》等娱乐节目能获得更多人的认同？笔者认为，除了节目本身的可看性之外，还蕴藏着一种我们称之为"娱乐精神"的内核。像 PK 环节，它的残酷作为一个被观众阅读观看的电视文本表现了有关热血、有关友情、有关成败、有关坚韧之类人生曾经和可能经历的日常情绪，而众多观众以不同方式关注赛程本身，又是表达关注民主、公平、选举等人类情怀的一种体现。因此，从这个层面看，娱乐节目虽然不及书籍等印刷品的思想深刻，但本身也并不攻击人类优秀的文化传承和思想品质。反过来说，凡是那些优秀的娱乐节目，还都在一定程度上弘扬了某种优秀的精神品质。

三、互联网影响下电视受众的行为变化

随着网络媒体的日渐盛行，无论突发自然灾害还是重大事故，或者在更大影响的政治运动和社会变革中，网络媒体都扮演了不可忽视的作用。电视受众深受电视媒体变革和网络技术革新的影响，行为在逐渐发生着深刻的变化。互联网影响下的电视受众成了积极推动和传播新闻信息的传播者，一改以往被动消极的接收者地位。下面笔者将继续利用调查问卷的数据并结合相关权威统计数据，从受众对信息的选择、受众参与信息传播的方式以及互联网影响下的传播效果等三个方面，对部分电视受众受到互联网影响后出现的变化进行分析。

（一）从仪式性到主动选择性：电视受众地位的提高

在传统电视媒体时代，电视媒体与电视受众分别扮演"传送者"与"接受者"的角色。按照"把关人"理论，电视媒体对新闻信息的把关不仅包括对信息的选择，还包括对信息的内容、表现、重复次数、发布时间、承载媒体和流向等方面的操纵和控制。电视媒体通过从现实的信息环境中"选择"出它们认为重要的部分或方面进行加工整理、铺垫和框架，赋予信息一定的结构秩序，即"议程设置"，从而完成"环境再构成作业"。网络信息技术的发展使得传统电视媒体信息传播中单一的"传—受"关系发生了改变甚至逆转。受这种改变的影响，传统电视媒体受众的收视行为，甚至生活方式都发生了变化，受众改变了以往被动消极接受的特征，变得更具主动性和互动性。

1. 互联网的融合性给电视受众提供了多种选择

互联网影响下的信息传播具有巨大的信息传播容量。传统的报纸媒体和广电媒体往往受制于信息和时间容量，而互联网则因其技术上的巨大优势，可以容纳数量巨大的数字化信息，另外，以往人们只能收看一定数量、种类的电视节目和一定时间范围内的电视节目。面对纷繁芜杂的互联网信息，受众的主要反应之一就是对信息的关注度降低。根据国外学者的研究，接触某种媒介的频率越高，就对这种媒介的信息质量关注越低。另外，人

们会根据自身的需要和喜好，通过积极主动的选择来避免大量垃圾信息的侵扰。

由此可以看出，尽管传统电视媒体中视听信息的传播将视觉的图像性和听觉的动态性结合了起来，并且有文字字幕作为辅助载体，但观众依然是单向的被动接收者。而互联网展现了其多媒体的融合性，不仅同时兼容多种信息传播方式，而且通过超文本功能使得音频、视频和文字信息能够自由转换。因此，在互联网的影响下，对同一则新闻事件往往会出现不同的报道形式，一方面不同的表现形式能够吸引不同年龄、不同需求的观众，另一方面，多种媒介形式也能够满足不同新闻题材的需求。受众可以充分利用互联网的多媒体融合性选择和接收信息。在笔者的调研中，15 至 44 岁的受访者是接触互联网最为频繁和集中的年龄段，其中有 82.7% 的受访者会选择互联网作为日常获取信息的首要渠道。

2. 网络搜索技术满足了电视受众的个性化需求

互联网信息传播中一项革命性的技术创新就是搜索技术的发展，这几乎从根本上颠覆了以往电视媒体的统治地位，助长了信息传播的个人化倾向。受众接触媒介源于对某些信源的期待和需求，这种期待和需求是整个传播活动的开始。根据笔者的调研数据可知：受互联网影响的电视受众使用网络搜索引擎来搜索自己想看的电视节目的比重高达 93.8%，这说明，互联网搜索技术完全符合电视受众的个性化诉求。

在当下的视听信息传播中，通过传统电视媒体收看长达半小时甚至一小时的新闻节目不再是受众获取信息的唯一渠道。在网络社交媒体上，受众可以任意关注自己感兴趣的个人或机构，更便捷地获取他们发布的各种信息。以国内微博用户量最大的新浪微博为例，除了"新浪视频"这样提供各类新闻视频的微博账号外，还有财经新闻、娱乐视频、体育视频等分类视频账号。此外，还有很多更加个性化的视频提供者，这些视音频信息往往能更准确地契合受众的心理。此外，互联网搜索技术还顺应了受众主动选择信息的需求，提供更为快速、精准定位的服务——在其网站内提供站内垂直搜索服务。

但是我们也应当警惕这种便捷服务可能带来的"过度个人化倾向"。尼古拉斯·尼葛洛庞帝（Nicholas Negroponte）曾预言：大众传媒将被重新定义为发送和接收个人化信息和娱乐的系统。在后信息时代中，尽管提倡对自身和自我的彰显，但过分强调个性化和受众的自身选择，可能会削弱互联网进行社会整合的功能。受众如果过分沉迷于自己选择和建构的信息环境中，其对于环境的感知和预判能力或许会有所下降。

（二）从滞后反馈性到同步互动性：电视受众行为的改变

在传统电视媒体传播模式中，电视媒体是传播活动的中心。发送者和接收者有着严格的区别，前者是进行专业操作的新闻工作者，后者则是广泛的、无名的受众。信息是单向传播，即使受众可以表达和反馈意见、建议，这种反馈也是间接滞后的。但是，在互联网兴起并改变了原有信息传播模式以后，由于互联网中各个节点是相互连通的，因而有力地改进和加强了传播者与受众之间的联系，同时也模糊了传与受的界限。

1. 互联网的交互性实现了电视受众的主动"自传播"

曼纽尔·卡斯特尔（Manuel Castells）在提出"网络社会"时认为，大众自传播正在互联网兴起。通过微博等交互式网络媒体产品，受众主动地生产信息和内容。"大众自传播"兼具大众传播和自传播两种属性。首先，这是一种大众传播模式：理论上讲，通过使用互联网，全球的受众都可以成为某一信息的潜在受众，而无线网络技术的发展能够使信息的传达效率更高。另外，它又同时具有自传播的特点，主要表现在内容的自我生产接受、自我选择和发布上的自我导向等三个方面。

根据笔者调研得到的数据可知，44 岁以下的受访者在互联网上参与过电视节目和网络事件的互动，发表过个人意见和看法的比例高达 72.8%。互联网因其交互性特征，实现了电视媒体与受众的互动以及受众之间的互动。在互联网影响下，受众不仅可以同时观看和定位，更能够通过订阅新闻、发布新闻等方式对信息加以利用和控制，因而实现了真正的互动。互联网重视每一个参与者的角色定位，受众能够更专业地参与信息的生产与传播。这种真正的"交互式"交流，是互联网形成多元的、动态互动交流的关键。

2. 互联网的整合性帮助电视受众参与信息生产

当今的电视受众更多的是作为新闻生产者的角色出现，而在互联网影响下，受众才是真正意义上的信息生产者。受众参与信息生产的方式分为两种：一是受众提供新闻信息，吸引传统电视媒体的关注；二是参与信息的再生产和再传播。在第一类信息生产中，受众提供新闻信息。根据笔者调研的数据可知，44岁以下受互联网影响的电视受众通过微博、微信等网络客户端生产过信息的占88.9%。这些都是受众生产、发布信息的重要平台，由其发布的任何信息都可能在互联网广泛传播，进而引发传统电视媒体等大众媒介的关注并得到深入挖掘。这也间接地推动了"公民新闻"的实现。受众的第二类信息生产方式为信息的再生产。根据调研可知，44岁以下受互联网影响的电视受众针对某一热点问题在互联网上转发微博并发表过自己看法的占８１．5%。这种对信息的扩散、再传播，使得受众能够转发自己认为有价值的信息。因此，受众尽管不直接参与生产新的消息，但是使某一条消息得到大量的关注也是一种信息生产的方式。特别是在微博和微信兴起以后，每一热门事件的背后都有受众们利用互联网大量转发扩散的影子。

除了直接转发新闻，受众还会对信息发表评论，这些评论能够更加直观和准确地反映广大受众的态度，某些独到的评论还能够提升该信息的关注度。在互联网传播过程中，由于网络信息传播具有选择性接受的特点，网络"意见领袖"的影响力甚至比传统电视媒体更大。以微博为例，经过运营商认证的微博用户，通常拥有大量的忠实受众，一些平常的消息经过"意见领袖"的评点就可以获得很高的关注度和转发量，而普通用户的言论如果足够精彩也能获得较高的转发率。此外，受众还会整合、筛选电视等传统媒体的新闻信息，并根据自己的想法和观点进行重新编排。在互联网时代，受众不再对媒体的传播意图和目的唯命是从，而是经常对所接收的信息加以质疑、批判和选择，甚至对某些信息进行"对抗式"解读。

得益于操作简单和愈发普及的图片和视音频处理技术，网民可以将相关信息进行组合，甚至可以根据自己的联想或者想象对一些不存在的事件加以传播。这也催生了互联网信息传播中最重大的问题——网络谣言。由于缺乏相关法律法规约束，再加上自身道德准绳的松弛，使得这一现象大有弥漫网络之势，甚至一些"意见领袖"，也被拉下"神坛"，关进了监狱。这不仅破坏了社会风气，给相关受害人造成巨大损失，也严重影响了社会稳定，因此，对这一现象的及时合理处置显得尤为重要。

（三）从随意性到累积性：互联网改变电视受众的接收效果

在传统的新闻媒体中，受众都是短暂性地接触信息，特别是电视等媒体，都是单次、不可逆地传递信息。互联网技术的发展使得信息的保存和查询难题得到了根本性解决，其标志就是数据库系统的出现。

数据库系统的出现使信息改变了单次接收的劣势，受众可以通过数据库任意搜索和使用信息。另外，互联网的超链接使一个新闻信息文本变得更加开放和分散，更容易与其他信息产生联系，进而成为整个信息传播网络中的一个重要节点。节点与节点之间的不停转换，就使得过时的信息反而更容易成为受众眼中的新信息。笔者的调查数据显示：44岁以下受互联网影响的电视受众在网络上收看以前电视媒体播放过的节目视频的比例为90.1%，这说明网络技术的发展使得电视受众改变了以往的随意性收看，开始通过累积性的收看达到自己的目的。

互联网影响下的受众已经成为信息传播网络中重要的再传播者和再生产者，使传播者呈现分散化和差异化的特征，进而通过网络超文本而形成"新闻"：一个新闻的发生往往会引起对过去相关信息的回忆，对信息的接收、消费和使用不再是单次的行为而成为多次的累积。

总而言之，在互联网环境下，传统电视受众对电视媒体所设置的议程不再是单向的、被动的接收。得益于网络技术的发展，受众能够任意获取自己感觉有价值的信息。一旦有大量受众关注此类信息，它将影响传统电视媒体设置报道议程，进而推动整个新闻事件的发展。受众的定义在互联网环境下已经发生了深刻的变化：由接收选择变为选择接受，由单向接收变为多向使用，由单次接收变为多次使用。毫无疑问，相比于传统电视媒体，网络媒体更强调个性和自我，更契合社会的时代大潮，传统电视媒体的受众群体被迅速地分化。所以，在这一新的信息传播格局下，传统电视媒体的出路在哪里，如何才能改进自身并与网络媒体相互借力、相辅相成地实现共赢，这是所有传统媒体都面临和必须解决的重大问题。

四、互联网电视用户需求与满意度分析

（一）互联网电视用户需求分析

互联网电视是以因特网为载体，为互联网电视终端用户提供视频音频等多媒体内容的业务，服务内容具有交互性和个性化等特性。互联网电视兼具视频节目编码的数字化特征以及网络传输宽带化的时代背景，是"三网融合"时代下的重要产物。互联网电视是一种媒体传播形式的创新，在电视与互联网两大传播媒介的整合过程中，既维持了电视外表直观、生动灵活的表现特点，又加入了互联网个性化的交互特征，综合了这两种重要传播媒介的优势后而产生。交互性、个性化等是互联网电视的主要特点，可以代替电视并为传统电视用户提供更多的个性化服务。

伴随着互联网电视产业的迅速发展，用户需求也不断发生着变化。中国的互联网电视产业的发展体现在：从同质化到差异化的内容发展，从差异化到时空化的终端发展，并且随着大数据分析技术的逐步成熟，使得更精准的定位用户需求成为可能，用户的需求在不定时地改变着。用户随时可能变化的需求也为企业不断迎合市场、提升产品质量提供了强大的动力。由于互联网产品的特殊性，用户需求普遍具有以下几个特点。

1．片源需求的海量化

随着互联网电视用户的迅猛增长，用户涵盖的范围越来越广，互联网文化发展到如今，已经不再是边缘文化，更不是小众文化。不同用户对于内容的要求体现出了差异化，仅靠一个节目就能满足所有人的需求的时候是非常少了，对互联网电视产品首要的需求就是海量化和多样化的内容。

2．功能需求的多样化

由于科学技术的发展，尤其是软件技术的服务性质的增强，人们对于互联网电视产品的功能需求也越来越广泛。比如以前只要可以看电视节目，可以换台、调节声音，就满足了用户的需求，而现在互联网电视产品为了吸引新用户、留住老用户，已经将互联网电视变为了一台"智能机"，不但可以满足观看电视节目的基本功能，还可以通过分析用户的观看历史记录，观看时间等精准地预判用户的使用习惯，为用户有针对性地、适时地推荐合适的节目，还可以使用互联网电视安装游戏，进行网络视频，通过

网络分享互动，等等。

3. 注重快捷感、体验感

在互联网电视内容资源日益丰富的基础上，互联网电视的用户对于观看需求已经从"是否能看到"转变为"看得是否满意"，这说明用户对于产品的体验感需求逐步提升。这不但要求视频、音频等多媒体内容满足高速传播的功能，同时也对产品软件界面、播放控制以及遥控器按键等的设计提出了简洁明了、学习成本低的要求。互联网电视的用户需求已经由之前传统的"观看电视节目"变为了"享受下班后的欢乐时光"！

4. 追求个性化服务。

在互联网电视的广大受众群体中，"80后""90后"甚至"00后"占了很大比重，这些群体的普遍特点就是对个性化服务的要求非常高，比如界面的个性化设计，按钮和背景的个性化设计。这里最重要的还是个性化推荐功能。这一功能可以通过软件跟踪用户的观看内容、时间频率等，进而预判用户的观看习惯，针对每一个用户有选择性地、在特定时间推荐最符合用户需求的内容，这既体现了产品的个性化服务，也提升了用户的使用快捷感和舒适感，大大节省了用户自主选择的时间成本。

（二）互联网电视用户满意度分析

用户的满意度本质上代表了一种情感状态，是一种对绩效感知与相应标准进行比较的认知过程，用户满意度的高低就是这个认知过程的结果。如果用户购买了产品或服务后，对于产品或服务的实际效果与购买之前的期待相符合，则用户的满意度高；产品的实际效果超过购买之前的期待越多，则其满意度就越高；如果没有达到购买之前的期待，那么就会带来用户的不满。为用户提供事前没有想到的产品或服务，超出用户的购买前预期，进而给用户带来惊喜的满意度，是当代企业经营的重要思路。越来越多的公司致力于持续提高用户满意度，因为忠诚的用户群是企业的重要竞争力因素，也是企业获得长期稳定利润的重要来源。

1. 用户满意度的指数

由于企业的质量管理系统标准需要根据用户满意度来建立，所以各国都根据自己的发展水平和消费水平建立符合本国特征的满意程度指数。美国在 1960 年就已经对消费者的满意程度指数进行了研究，他们在经济和商品质量服务的领域的评价体系已经比较完善。中国此项研究起步很晚，是从 1990 年开始的，目前属于初创阶段。目前，被许多行业使用的 ACSI（美国顾客满意度指数）是美国密歇根大学商学院质量研究中心研发的，是一种企业产品和服务被客户使用后的度量指数。这个指数是根据 200 家重要经济企业的消费者的感知程度总结的，其中美国政府也包含在内。采用采访每家企业的客户的形式，根据消费者对企业商品和服务的感觉、满足程度、商品价值、是否满足期望、忠诚度及投诉方面来核算，从而得到 ACSI 的分值。

2. 影响用户满意度的因素

在企业服务客户的过程中，影响用户满意度的因素有：服务质量的优劣、服务价格的高低、服务特征、用户需求及用户的感觉状态等。具体因素有以下几点。

（1）服务的特征或产品。服务特征即一个商品或服务与其他商品或服务有着本质的区别，主要影响客户对该产品或者服务的满意程度。关于服务业，例如，银行的企业特征就是存款利息的多少、存款是否安全、工作人员的态度等。用户最终要选择一家银行的服务时，会根据上述几个特征对银行进行满意度的比对，会寻找最符合自身需求且满意度高的银行。

（2）用户的情感。用户的情感影响用户对该企业商品或者服务满意度的评价。用户的情感类型有两种：一种是用户本身的情感态度。当用户心情愉快的时候，容易对周围的事物表示满意，商家提供同样的服务的时候，他对该企业的商品或者服务满意度也会提升。相反，该用户心情非常消沉，有着低劣的情绪，那么对该企业的产品和服务的满意度的评价就会降低。另一种是服务者在服务用户时，用户产生的情感。例如，工作人员表现突出或者出现较大失误时，会影响用户对产品及服务满意度的评价。

（3）总结成或败的归因。归因，即消费者从服务或产品销售中找到自身成功或者失败的因素。当消费者对服务或者产品进行评价时，都会找寻原因。这个因素会最终影响他们对产品或服务满意度的评价。例如，用户在使用某减肥产品时，体重没有降低，在对该产品进行满意度评价时，用户会找寻因素，自身没有参照说明书，或者是使用过量。如果用户对这个原因比较认可，那么她对该产品或者服务的满意度不会降低。

（4）公平感知。心理研究表明，每个人都希望被公平对待。但是消费者如果知道对于同样的服务自己付出了比别人更多的代价，就会感觉到服务中存在不公平，从而导致满意程度下降。

（5）其他因素。除了用户自身的感受之外，用户周围的人也会影响消费者的满意程度。比如，一家人外出度假时，每个家人的态度和体验都会影响此次旅程的满意程度。

3. 用户满意度获取方法

为了使得企业更加了解用户的需求，提升产品或服务的竞争力，对用户满意度的研究已经不仅仅停留在理论阶段，逐渐发展到用户满意度的实际测量。其中把用户满意度的测量分为单次购买的满意度测量和累计的满意度测量。前者测量的是用户对特定的一次购买产品或服务产生购买前后的实际感知；而后者测量的是用户对所购买产品或服务累积产生的购买前后的实际感知。

测量顾客满意度的具体方法包括宏观的满意度指数和微观的满意度量表。宏观满意度指数方法中具有代表性的有欧洲顾客满意度指数模型、瑞典顾客满意度指数模型、美国顾客满意度指数模型以及中国顾客满意度指数模型。而微观满意度的测评量表可分为单项量表和多项量表两种。单项量表虽然内容简单，但很难全面评价用户的满意度中的各种维度，而且没有办法进行信度的测量。多项量表可以整体性地对用户满意度进行评价，在评价满意度上更有效。其中绩效量表、期望不一致量表和满意量表是被学界普遍认同和运用的多项量表。顾客满意度测评量表为本书提供了一种研究范式，虽然已经有很多前人提出的用户满意度测量方法和模型，但是本书研究的具体领域是互联网电视产品，还要将普遍性的因素有针对性地应用于互联网电视行业，因此还需要考虑具体因素，进行专业的设计，进而保证本书测量结果的有效性、可靠性和相关性。

第三章　基于受众满意度的互联网
电视发展现状分析

　　互联网电视将网络与传统电视融合之后，改变了以往电视台播什么用户就看什么的被动观看方式，实现了人机交互，满足了用户个性化的需求。我国互联网电视产业虽然起步较晚，但是却拥有非常巨大的发展潜力。我国拥有庞大的用户数量，互联网电视用户数量仅用两年时间就超过了IPTV的用户数量，相信未来互联网电视用户数量还会呈现指数式的增长，因此，我国市场的付费潜力是十分巨大的。各个终端厂商、有线电视公司、互联网巨头纷纷涉足互联网电视领域，市场竞争也日益激烈。

　　本章以互联网背景下电视媒体融合发展的必要性为开端，深入分析互联网背景下电视媒体融合发展的现状及趋势，并从受众满意度角度剖析互联网电视产品运营的现状，为基于受众满意度的互联网电视发展策略的提出提供现实依据。

一、互联网背景下电视媒体融合发展的必要性

　　传统媒体无一例外都在探寻其互联网化，用户入口和大数据处理能力被认为是传统媒体互联网化的两个标志。对于电视来说，媒体融合是传统电视改革发展必须攻克的"堡垒"和占领的"阵地"，是当代电视换挡提质、"弯道超车"的动力引擎，是电视实现超越自我、凤凰涅槃之形态演变的必经之路。

（一）数字语言是媒体融合的传播密码

　　数字化技术使媒体融合成为可能。计算机语言（0，1）将人类从十进

制思维带入二进制。人类可识别的所有字词、影像和声音都被转化为计算机字节和比特。"被一个开关记录的数据被称为一个比特，一个比特只能代表1（开）或（0），比特是计算机读取信息的最小元素；成串的比特根据限定的规则或标准集合，以组成名为字节、可被计算机识别的'字词'。"①文字、图片、影像、声音和动漫等各种信息只要转化为数字语言，就能被计算机识别，并且在计算机看来它们都是一样的、毫无区别。当人们把单个计算机联系起来后就形成了区域网或互联网，互联网媒介传播方式也就开始了。人类正在进入尼葛洛庞帝所说的"数字化生存"状态。

理论地看，数字化技术是媒介交互和融合核心驱动，所有的媒介都能在计算机和互联网平台上融合。"新媒介之所以能够在'旧媒介的形态变化中逐渐产生'，是因为媒介的'传播密码'：各种具体的媒介形式就像物种一样，有它们的生命周期并将最终消亡，但是它们的主要特征总是这个系统的一个组成部分，如同生物特性通过遗传密码一代代地遗传下去一样。"②而这种"传播密码"不是别的什么神秘的东西，而恰恰是人类的语言。语言一直是人类进化过程中最强有力的变革"催化剂"。正因为人类语言是各种媒介共同共通的内在基因，使得媒体之间进行转化成为可能。报纸、图书的"字词"接入计算机就成了电子报纸和电子书，电视接入互联网就是互联网电视，文字、图片、视频和声音都能"同处在一个屋檐下"，媒介之间能够任意转化。用户只要拥有一台电脑或一个智能手机终端就能随时获取来自报纸、图书和电视等多个媒体上的信息。不仅如此，数字化技术还能够提高电视节目的话音品质和传播效率，进一步扩大覆盖范围，并拓展无线、有线、卫星、互联网等多种传播渠道，最终促使电视与互联网互联互通。众所周知，这个变化就是我们今天已经为大多数人所熟知和乐在其中的电脑或手机互联网生活方式，人们可以随时随地高效、便捷、便携、交互、碎片化、非线性和个性化地使用任何媒体信息，并且也可随时随地、随心所欲地通过自拍图片、随拍视频、文字记录等方式向互联网话题平台

---

① ［美］罗杰·费德勒. 媒介形态变化：认识新媒介 [M]. 明安香译. 北京：华夏出版社，2000：61.

② ［美］罗杰·费德勒. 媒介形态变化：认识新媒介 [M]. 明安香译. 北京：华夏出版社，2000：20.

上传信息，从而实现生产者和消费者的角色互换。实际上，"人们开始用媒介融合（media convergence）来描述互联网、电视、有线和电话等服务的合并，此前，这些服务是界限分明的。技术是媒介整合的原因之一，越来越多的媒介内容已经数字化"①。不争的事实是，正是技术在消除不同媒介形态之间的界限，让它们得以互联互通、融合发展。互联网电视是电视发展的最新趋势。特别是随着无线网络（Wi-Fi）的发展和普及，无论人们身处何处，都可以将家中电视上收到的内容转化到笔记本电脑或智能手机上，任何时候、任何地点都能接收声音、电邮、网页、音乐、手写和数据文本、超文本链接、超网页链接、互动视频游戏以及视频电话、固定电话。不仅如此，人们还可以完成包括网上购物、订单交易等在内的一系列电商业务。这样一来，报纸、杂志、电台、电话、电视、电影院、游戏厅、商店和超市等实际上完成了深度融合。虽然理论上如此，但是媒体融合还远在初级阶段，观念、技术、市场、成本、效益、内容、平台、渠道、用户和政策规制的整合、融合还有很多难题和细节需要突破和关注。

（二）技术在媒体融合中的时间战

在媒介传播思想史上，有一条著名的萨弗法则——至少在过去五个世纪里，新思想完全渗入一种文化所必需的时间，一般约为三十年。萨弗法则包含三个典型阶段：第一个十年，许许多多的兴奋，许许多多的迷惑，但是渗透并不广泛；第二个十年，许许多多的潮涨潮落，产品向社会的渗透开始；第三个十年，"哦，又有什么了不起？"只不过是一项标准技术，人人都拥有了它。②诚然，以电视发展为例，从 1924 年英国科学家约翰·洛吉·贝尔德（J.L.Baird）根据尼普科学原理制造了世界上第一台机械扫面电视机，到 1946 年英国恢复电视播出，再到 1950 年世界电视事业开展大发展、大普及，前后花费了二三十年的时间。③不仅如此，从人类开始产生"电视"概念的设想到电视机成功制造花费的时间更长。早在 1879 年出版的漫画和插图中就勾勒了人类关于电视的最初想象：一家人坐在客厅收看来自远方

① [美]Werner J. Severin and James W. Tank, Jr. 传播理论：起源、方法与应用[M]. 郭镇之主译. 北京：中国传媒大学出版社，2006：2.
② [美] 罗杰·费德勒. 媒介形态变化：认识新媒介 [M]. 明安香译. 北京：华夏出版社，2000：7.
③ 周晓普主编. 广播电视论 [M]. 北京：中国人民大学出版社，2014：26.

的"实况"广播新闻报道，通过类似于现在的电视会议系统与其他人相互交流。1884 年，鲍尔·尼普科夫研制出以他姓氏命名的、通过电流成像的"尼普科夫圆盘"，迈出了电视发明的一小步；1897 年，俄国科学家鲍里斯·罗辛（B.Rossing）用一个镜面鼓型扫描器和一个阴极射线管来显示图片，奠定了现代电视机的模型，直至 1924 年约翰·洛吉·贝尔德研制出世界上第一台电视。[1] 电视面世后，因为技术、市场、战争以及观念等多种交织的因素，并没有让它从一开始就迅猛发展。正如媒介史学家所说，新技术的出现并不是简单地在海边升起的金星那样已经完全成形并可随时投入使用，它们的功能也不能完全由其生产者预先设定。人类在采用新的工具时，也会对工具做出反应并将其应用于一些难以预料的目的。技术既是在社会、文化和历史关系中发展的——在美国则是在追求利润的资本主义体系中发展的，同时也是在性别、家庭、阶级和种族等结构中发展的。[2]

　　媒体的竞争和发展是一场没有硝烟的战争，时间是制胜的关键因素。新媒体短时间不会获得压倒性的胜利，旧媒介一定有能够喘息的机会，实际上为自身生存和发展赢得"时间窗口"。新媒介出现时，我们不要幻想它一路高歌猛进，更不要盲目期待它一夜之间建成"媒体帝国"，而旧媒介也不要顿时灰心丧气、哀嚎遍野，更不要认为它一夜之间就会"轰然倒塌"。面对变革，既不能惊慌失措，又不能抱残守缺；既不能自乱阵脚，也不能无所作为。我们要有足够的勇气、理性和耐心从容冷静地面对突如其来的变化，要以"时势造英雄"的豪情和担当拥抱媒介的变化和变革。这是因为，媒介系统的来回摇摆有利于创新思想的时代。新旧媒介意欲达成平衡，媒介的摆锤位于中间点，新媒介没有压倒旧媒介，那就是最好的时代。我们将焦点置于两种媒介之间，就能获得难能可贵的机会去绘制一种媒介对另一种媒介的影响，就能更好地究其底层结构，就能更好地了解媒介对我们的影响。[3]

---

[1] ［美］罗杰·费德勒. 媒介形态变化：认识新媒介 [M]. 明安香译. 北京：华夏出版社，2000：78-79.

[2] ［美］加里·R. 艾洁顿. 美国电视史 [M]. 李银波，等，译. 北京：中国人民大学出版社，2012：1.

[3] ［美］保罗·莱文森. 软利器：信息革命的自然历史和未来 [M]. 何道宽译. 上海：复旦大学出版社，2011：15.

（三）优势互补丰富融媒功能

所有媒介都不是孤立存在的，而是相互定义的，并且会在恰当的时候吸纳彼此的媒介属性，即所谓"媒介间的交互"。所以，任何一种新媒介，都诞生在旧媒介的基础上，但又不会让旧媒介马上消失。比如，电视的发明和兴起，没有使广播消失；相反，随着移动互联网的兴起，此前甚嚣尘上的"广播消亡论"又自动瓦解，因为汽车产业的蓬勃发展让车载广播有了新生命。

互联网电视是传统电视的有益补充。"网上播出和传统电视机构呈现一种既互补又竞争的关系，后者的生存方式是基于提供很多首轮播出的电视节目，而现在前者则可以拥有一大堆专供宽带播出的内容。"[①]互联网电视在给传统电视带来压力的同时，又在为电视发展注入新的活力和生命力。虽然，网络视频（诸如腾讯视频、优酷、爱奇艺）携带 PC（个人电脑）以其随时、随地、海量、免费、多屏、社交、移动、互动、个性之优长闪电式地"攻城掠地""安营扎寨"，移动视频捆绑智能手机以其时空便捷性钳制用户，不仅将时间、眼球带走，也将电视广告收入带走，更将传统电视的传播力和影响力带入不可预知的恐慌之中。然而从实质看，优酷、爱奇艺、腾讯等网络视频的操作模式基本上效仿国外 OTT 服务商，如 Netflix 商业模式，采取"互联网＋电视节目"的简单嫁接方式运营，即采取购买版权、PGC、UGC、自制、合作等方式积累海量点播内容。这种做法实际上成了传统电视的"二传手"。在丰富传统电视表现形式的同时，传统电视依然具有网络电视不可取代的优势。比如，手机不能完全取代有线电话，因为电池是新媒介的软肋。纸质书籍永远不会消失，也不会永远锁在抽屉里，与私人电脑、iPad 相比，图书成本较低、易于保管、不伤视力，阅读可以更有温度、质感，更能体现人的学识、涵养和形象，因为传统而适合老中青各个年龄层次，等等。

媒介符合真实世界的某一个方面或某种模式，那么这种媒介就极有可能存活下来，无论接踵而至的媒介是什么。当然，并不是必然存活下来，它取决于新媒介对旧媒介的"净利"。"媒介若要存活，它不仅要和前技

---

① [美]阿曼达·洛茨. 电视即将被革命[M]. 陶冶译. 北京：中国广播影视出版社，2015：143.

术模式相近，而且它得到的相似性必须是一种'净利'，在以前的媒介或同期的媒介基础上，它赢得了'净利'。"①例如，电视的互动性不能取代广播的流动性，广播"广而告之"的广泛性相对于电话的封闭性具有"净利"，即比较优势。同样，电视在私家车上的优势不及广播，蓝牙接入汽车使得广播相对手机电话而言并不具有压倒性优势。在比较优势和功能互补上，不同媒介选择共同演进和并存。这样我们发现：在依存渗透方面，传统媒体与新媒体此消彼长的"替代效应"在减弱，此长彼长的"融合效应"在增强，融合传播正在成为新时期广播电视发展的一个亮点。传统电视，已经由单一的接收终端转变为集电视节目接收、娱乐、通信、购物等多种功能于一体的视听媒体服务中心。

（四）媒体融合中的生态位竞争

生态竞争是媒体发展的外在动力，使得媒体不断地反映、再现和能动地反作用于真实世界。早前，人们从达尔文主义和生物有机体进化论中演绎了媒体进化的生态位理论。因为这种理论对于解释媒体竞争具有较强的说服力和启发性，致使生态位理论在传播学研究中一直是热点，并且成为基础理论研究不可回避的焦点。

生态位竞争优势衡量的是两个种群或产业对环境资源利用的优劣势地位和程度。②如果重叠程度很高，说明其竞争强度很大，更占优势地位的种群可能进一步抢占竞争对手的生态位空间。作为这种竞争的结果，如果一方对另一方生态位空间的夺取是部分的而不是全部，这就是"竞争替代"或"竞争置换"；如果完全抢占对方空间，则是"竞争排斥"。不过，这种现象极为少见。譬如，电视普及后导致广播、报纸、杂志的广告收入锐减，给后者造成了巨大生存压力，迫使后者开始向互联网接力发展，并开设微信公众号和官方微博账号；同样，互联网的普及，迫使电视逆转，从实现双轨制（电视有线网和电信网融合）到三网融合（有线网、电信网、互联网），再到四网并轨（有线网、电信网、互联网、移动网），直到最近，新锐电

---

①　[美] 保罗·莱文森. 莱文森精粹 [M]. 何道宽译. 北京：中国人民大学出版社，2007：34.

②　张明新. 媒体竞争分析：架构、方法与实践——一种生态位理论范式的研究 [M]. 武汉：华中科技大学出版社，2011：40.

视人披荆斩棘，开始坚定选择一条出路：发展单一的互联网电视。这是传统媒体在生态位竞争条件下的融合发展选择。

诚然，媒体生存并非遵循"丛林法则"，也非"你死我活"的斗争，而是"你中有我，我中有你"。因此，媒体人要以一种更加开放和兼容并包的心态虚心向他人学习，大胆假设、小心求证、博采众长、开拓创新，努力在激烈竞争中找准自身定位，发挥优势，赢得生存空间。

二、互联网背景下电视媒体融合发展的现状及趋势

（一）互联网背景下电视媒体融合发展的现状

就当前电视融合业务看，缺资金、缺技术、缺人才、缺监管应该是比较现实、突出、普遍的问题。资金是任何一个新媒体企业发展的核心能力，网络电视、IPTV、手机电视等新媒体都是"烧钱"的行业。服务器成本、带宽成本、版权成本、内容多屏分发、镜像站点建设等都需要大投入、大手笔。技术总在快速发展，更新迭代永不满足、永不停歇。技术是电视融合业务的引领，谁在技术上抢先一步，谁就在市场上更高一筹。我国发展互联网电视最缺的技术是必须购买国外的根服务器，带宽成本过高，此外是缺技术价值。截至目前，数字电视频道使用的音频编码、数字信号地面传输和CA系统标准尚未确定，致使硬件生产厂商、内容制作商、集成运营商以及地方有线网络部门在生产运营过程中常常处于无据可依的困境。此外，手机电视价值、CMMB价值以及国内IPTV业务价值均未出炉，无价可定、无据可循。

电视融合发展严重依赖人才建设，包括复合型人才、专业人才两类。复合型人才主要有两种：一类是既懂电视又懂新媒体，既懂投资又懂管理的高层次管理人才；另一类是能够运用多种技术工具的智能型记者编辑。专业人才主要包括金融、法务、技术人才。目前，我国大部分电视台实行的是事业体制下的用人体制，如何建立适应新媒体发展需要的新的人才机制任务十分迫切。以市场经济为杠杆的激励，培养和使用人才，如何突破体制内思维，打破"铁饭碗"的刚性需求，并帮助他们量身定做可行的职业规划和人生规划，拓宽其成长成才渠道亟待探索研究。电视融合是一项

规划治理的事业，行业监管和行政监管必不可少，缺资金、缺技术、缺人才和缺监管是共性问题，也是电视融合过程中一些表层的、现象性的问题，这些问题捆在一起对电视融合具有致命性的打击和阻碍，但是电视融合的问题、矛盾、掣肘远非这些。当一个电视传媒集团不缺资金、技术、人才、监管时，依然有些问题和矛盾需要我们去发现和挖掘，这些问题主要包括理念失衡、路径依赖、路径选择、非对称突破和整体协调等5类，需要逐一剖析、各个击破。

1. 新旧媒体基因下的理念更新

在"内容为王"价值理念的指引下，做好节目、生产精品、追求极致是流淌在传统电视人血液中的永久基因，并成了其判断一切节目好坏优劣的最高标准。正是这种基因传承，使得一代代电视人将电视视为文化、艺术和事业，并作为一生的追求去呵护和恪守，也使得电视自其诞生之日起在将近半个多世纪里、在众多媒体激烈竞争中独领风骚，始终保持活力和生命力。然而，在互联网时代和市场经济条件下，电视所处的社会情势正在发生着革命性的变化，电视从自上而下、自内而外的封闭控制模式正在朝平等参与、交互生成的开放平台转变，电视从以前的文化艺术"高地"日益走向市场化的文化产业"平原"，从过往的自娱自乐、顾影自怜的西施美人，走向用户选择、接受评判的邻居东施，使得电视的评判理念和评判标准正在发生多元化多层次的结构性变化。虽然在"内容为王""内容自觉"之外，电视人敏锐地捕捉到了市场的变化和环境的颠覆，并在节目生产、广告经营、节目购销、技术支持、系统平台等业务模块上，自觉不自觉地关注了技术、渠道和用户需求，但是远远没有将这三个要素提升到内容要素同等的位置去认知和考量，"内容为王"的惯性思维始终没有突破。这固然与广电的公益性政策有关，但在政策放开的某些领域，电视人办台办节目的非市场经济思维始终根深蒂固。"时代华纳"与"美国在线"曾试图联姻，但却以分手告终。众所周知，"时代华纳"是有着80多年历史的传媒大亨，建立并积累了深厚的文化底蕴，享有诚信之道和一大批忠实追随者，以内容生产和作风稳健著称。"美国在线"是一家互联网公司，其企业文化更注重以用户接入为导向，整个公司运作更倾向于灵活、迅速、互动。两个公司合并后，出于各自利益考虑，员工不是相互合作而是相互猜忌，结果导致两家分道扬镳，正所谓道不同不相为谋。无独有偶，2010年由湖南卫视和淘宝网共同出资1亿元成立的"快乐淘宝"，既拥有嗨淘网，还有名为《越淘越开心》的电视节目。创立者希望电视节目的收视率与网站的点击率双向带动，从而拉动网购与广告的双丰收和共赢。然而在具体操作中，效果并没有想象中美好，双方在文化理念上发生了巨大的分歧。淘宝作为电商认为，任何一个商家想推广一个新产品都可在电视上和网上做广告，而湖南卫视的媒体人则更看重如何把内容做得更好看更精彩，获取更高的节目收视率、树立更良好的品牌形象。由此可见，当传统电视媒体和互联网公司双方理念不在一个契合点上的时候，就算是强强联手，也完全可能遭遇滑铁卢，而实现真正的深度合作，必然要探索并解决诸多融合问题。

其实，在电视台内有一个古老的争论，那就是内容和发行究竟谁是"王"的问题。后电视时代，电视已不再是由电视网的管理人员们决定节目的线性细流，而是已经"膨胀"成了观众可以畅游其中的内容的海洋，只要他们愿意并且有能力，就可以直接为内容或服务买单，而实现这种灵活的、非线性的使用。[①] 后电视时代，从人们对电视的非线性观看需求看，观众希望获得各种各样的视频叙事方式，轮播、回放、DVD复制、互联网播放等形式都是观众的选项之一。在这种需求驱动下，开发、营销发行、用户需求、技术的价值和空间得以拓展和延伸，新的供需关系开始建立。电视人不仅要重视内容制作，而且要更加关注以前所忽视的营销发行、技术环节。从逆向思维看，电视人如果不关注和重视用户需求、技术开发、发行营销，不把内容制作当作一套完整的流水生产价值链整体推进的话，对任何一个环节的忽视或松动都可能导致其精心制作的专业内容在买方市场中滞销，从而丧失市场竞争能力。因此，电视人必须以内容走向与技术自觉、发行自觉并重的理念平衡木上。

2. 台网融合下的路径依赖

传统电视与新媒体的融合也存在路径依赖的问题，如同婴儿出生时对母亲有生理和心理依赖一样，新媒体从旧媒体中产生出来一下子也剪不断

---

① [美]阿曼达·洛茨. 电视即将被革命[M]. 陶冶译. 北京：中国广播影视出版社，2015：142.

脐带。"如果说数字革命范式是假定新媒体会取代旧媒体,那么正在凸显的融合范式则假定旧媒体和新媒体将以比先前更为复杂的方式展开互动。"①新媒体有它独特的属性和发展规律,其运作方式与传统媒体模式大相径庭。如果我们继续用"文科生"的思维去解决理工问题,可能花费的力气越大,反作用就会越强。近几年,在国家媒体融合政策的利好背景下,央视率先开展网络业务,拉开了具有中国特色的台网联动和台网融合的序幕。为应对新媒体对传统电视的冲击,许多地方台,如湖南卫视的芒果TV,上海文广的网络电视台、浙江广电的新蓝网以及凤凰卫视的全媒体集团,都积极探索新媒体融合发展战略。但是在这个融合过程中,新生网络电视严重依赖母体电视的品牌效应、站点设置、粉丝社群以及用户终端,特别是在人力资源配置、资金募集及投向、资产有形无形管理等方面,无法摆脱母体电视传媒集团的决策供给和制度安排,在归属感和荣誉感上依赖"老台",在个人职业规划、晋升、等级评定上也无法摆脱"老台"的培养、使用、监管和制约,等等。事实上,传统电视在时代切换的战略转型之际,都会遇到路径依赖的问题。在新领域是采取简单克隆传统电视之品牌,还是采取全新品牌突围,显然并不是唾手可得的游戏,而是必须在市场上肉搏打拼,并与观众和粉丝反复互动磨合,最终择定的艰难选择。比如,前几年微软公司推出的"必应"(BING)搜索引擎,企业进行新品牌突击,但在与谷歌、百度的竞争中,并没有取得预期的效果。国内电视融合理念使用最多的是台网融合方式,网络电视大多是做母体电视台节目的"二传手",克隆复制多,独立开发少。这虽然有整合"老台"既有资源的便利,但是却有牺牲网络台独立价值的负面掣肘,网络台作为社交网络的多功能开发步子迈得相对小些。传统电视节目线性播出生命周期与网络在线传播周期的错位,可能导致总体传播效果打折,独占性优质资源,反而可能造成资源浪费。这使得台网融合的新电视远不及纯粹的网络电视如爱奇艺、优酷、乐视那样更具知名度和竞争力。虽然目前网络电视已成为电视发展的重中之重,但一直面临内容同质化严重的问题,市场地位不高,非线性播出效果也不是很满意。因此,新生网络电视在通过"品牌克隆"借力传统电视传媒集团品

---

① [美]亨利·詹金斯. 融合文化:新媒体旧媒体的冲突地带[M]. 杜永明译. 北京:商务印书馆,2012:34.

牌价值,快速切入互联网新媒体领域之后,要进一步研究探索"品牌演进""品牌突进"和"独立品牌"的战略问题。

3. 技术战略中的路径选择

与路径依赖紧密相关的是路径选择问题,前者主要是指品牌战略问题,而路径选择则考虑的是技术战略问题。在电视媒体融合的技术战略选择过程中,电视人经历了一个从盲目选择到混沌不清,再到云雾初开的过程。之前,关于电视融合问题,人们谈论最多的是三网融合背景下的电视融合,即电视同时依赖广电网、电信网和互联网三家开发用户需求和市场份额,2015 年之后,移动网也进入了融合"俱乐部"。在"三网融合"背景下,电视的机顶盒业务、客厅 Wi-Fi、多频道种类、有偿频道、高清电视、电视影院等业务遍地开花,给家庭用户来带更加便捷高效和优质的服务。家庭用户在缴纳电话费的同时即绑定了一年的电视使用费,可享更多频道、分众频道和有偿频道服务。但是与此同时,客厅 Wi-Fi 的到来,使得手机屏、iPad 屏比电视屏的使用频率更高,人们看电视的行为不得不过渡到"听"电视的状态,并出现了"三分天下"的格局,许多时候,电视在家庭以及个人使用上被迫沦为"安静的美男子"。不仅如此,电视台使用电信网、移动网的接入技术,势必增加其运营成本,且在终端选择、技术合作、竞价协议上存在诸多烦琐环节,再加之电信、移动网在城市中的服务质量差别,使得电视台与它们的合作并没有人们想象得那样自然顺畅。基于这些实践和技术考量,越来越多的电视台融合倾向于选择互联网的融合形式,即单刀直入选择互联网电视。事实上,互联网作为一种高效优质、低廉快捷的传播技术必然成为电视融合的宠儿。正如前面我们所指出的,互联网电视、比特电视将是未来电视发展的新选择和新趋势。

4. 创新创业下的非对称突破

非对称战术最早用于军事领域,在互联网时代,电视深度融合也要选择这种技战术手段。非对称突破,也可称为单点突破,它是互联网成功企业的显著标志。单点突破被认为是年轻人创新创业的新入口,因为人们开始坚信:一项颠覆性的技术,它可能会改变一个行业的商业模式,甚至是命运。瞄准一种市场需求,准确选择新技术切口,是互联网企业成功的捷径。如谷歌的搜索引擎、亚马逊的电商业务、推特的社交平台,国内 BAT 企业腾讯的微信、阿里巴巴的电商、百度的搜索以及华为的通信业务都是在单点突破中寻求比较优势，并独树一帜。其中可圈可点的是微信，其"连接一切"的战略方针（即微信＋朋友圈＋转账＋手机充值、理财通、Q币充值、生活缴费、城市服务、信用卡还款、微信红包、AA收款、腾讯公益、第三方服务，包括滴滴出行、火车票、机票、酒店、58到家、美丽说、京东精选、电影院、分赛事和吃喝玩乐等）带动腾讯的商业模式全面突破。类似的像美图秀秀／美拍、今日头条、陌陌、滴滴打车／快车等软件在移动互联网背景下异军突起，广泛赢得市场，对博客、微博和微信形成了新的竞争力。当电视进军互联网行业后，也必然尽快形成"单点突破"的想象力，微电影、微视频、微电视开始了这种想象，但是远远没有达到微信的功能效果。目前，几乎所有的互联网电视都没有直播技术，下步可在这方面寻求突破。总之，面对互联网企业竞争的汹涌澎湃和暗潮涌动，电视人既然跨入了这个行当，就必然时刻孕育跨界思维，多几个不眠之夜、多几分好奇冲动、多几个单点突破。互联网电视发展任重道远，永远在路上。

5. 顶层设计下的整体协同

电视融合是一项系统工程，既涉及外部战略问题，又涉及内部协作问题。当然，电视台内部整体协同问题是一个必须引起高度关注的问题。总台与分台、新台与老台、部门与部门之间各自为战、各自为调的问题比较普遍，缺乏统一协调。以开设官方微博账号、微信公众号为例，上述单位基本上都有自己的官方微博账号和微信公众号，虽然种类繁多，异彩纷呈，但是每个账号犹如散落在大海中的一颗璀璨耀眼的珍珠，相互之间缺乏协同，难以组成名贵的项链，价值增量不足，无法体现整体优势和规模效应。

（二）互联网背景下电视媒体融合发展的趋势

数据化生存是电视的现实选择，电视实现互联网化是其发展的必然趋势。"互联网＋"背景下电视融合是全要素、全系统、全方位、多层次、宽领域的融合，牵涉到方方面面、里里外外。《光明日报》在提出"融媒体"的概念时，明确认为媒体融合要在理念、流程、技术、产品、渠道、人才、市场、资本等八个方面寻求突破。由此可见，媒体融合路途之艰、任务之重、责任之大。本书紧扣2016年新闻出版广电总局《关于进一步加快广播电视媒体与新兴媒体融合发展的意见》①（以下简称《融合意见》）作文本解读，认为电视融合发展的趋势必须实现理念、内容、平台、渠道、技术的突破和融合。

1. 深度融合是电视融合发展的基本理念

（1）深度融合是电视与新媒体融合的必然选项

融合的速度决定电视发展的长度，融合的深度决定电视的高度。当前，许多人对电视融合还停留在比较浅的层次，有的认为电视融合就是电视＋电信网＝IPTV，互联网＋电视＝互联网电视，机顶盒＋电视＝OTT TV；有的认为，电视台只要建立了自己的网站，就实现了台网融合，有了"三微一端"就走向了互联网化；还有的认为多开设几个微信公众号、多几次微博刷屏，互动电视就建起来了；等等。这些观点仅仅把电信网、移动化、互联网当作一个手段和营销渠道。深度融合的关键在于实现理念从"＋互联网到互联网＋"②的转变。"互联网＋"不再是一个渠道，而是一个主体。"互联网＋"的显著特征是实时、互动、多元、前卫、便捷、高效，本质上是一种全新的人际交往方式和数字化生存方式。如果以这些本质特征对标电视目前的发展状况，几乎不用细究细想，就可以得出结论：电视运用"互联网＋"思维还远远处在初始阶段。我们现在所谓的互联网电视，它在内容上仅仅只是把传统电视内容原原本本搬到手机屏、PC屏上而已，仅仅只是换了播放器而已。当然，也有观众在利用爱奇艺等新媒体观影时作出了互动评论等行为，但这些互动也还相当简单，互动是相对静止的，并没有对传媒产生支配性影响。譬如，早些年间观众追剧，有些观众实在不堪忍受就给湖南卫视的台长写信，反映播放电视剧时插入的广告时间过长，在当时此举受到鼓励。后来，广电总局下了禁令：一集电视剧之间不许插播广告。虽然最终满足了观众的观影需求，但是时间上已经远远滞后。反思这种行为，它们都是远离"互联网＋"思维的行为，决定其能否赢得观众、赢得市场的因素不是市场和观众本身，而是领导和政策，它的成功只会是一种小概率事件，而不会是常态事件。如何真正用互联网思维把电视与用

---

① 新闻出版广电总局关于进一步加快广播电视媒体与新兴媒体融合发展的意见 _ 国务院部门政务联播 _ 中国政府网 [EB/OL]. hhttp: //www.gov.cn/xin wen/2016−07/20/content_5093191.htm.

② 戴莉莉. 牢牢把握融合发展的关键环节 [N]. 人民日报，2017−02−19.

户连接起来，还需要树牢深度融合发展的理念，坚持把互联网思维灌注到制播、传播、服务、经营、管理和人才建设的全过程、全要素。因此，《融合意见》要求广电系统准确把握媒体融合发展这一大趋势，不断强化新旧媒体深度融合的紧迫感，用深度融合理念和思维统摄广播电视发展顶层设计和媒介资源科学配置，推动广播电视媒体与新兴媒体融为一体、合二为一。

（2）深度融合关键点在于促进整体协同

整体协同发展是锤炼人才队伍、理顺内外关系、顺畅运行机制、提升节目质量、形成团队合力、发挥整体优势的不可或缺的理念。整体协同发展，最关键的是要搞好顶层设计，打造好"中央厨房"。整体协调不够，内部管理协调不及时、不顺畅、不到位是电视融合的通病，尤其是内部媒介资源不能在统一云平台上及时存储、备份、使用和分发，致使资源闲置、浪费。为此，《融合意见》强调媒体融合发展必须坚持"三项原则"，其中第二条是坚持协同创新，即用深度融合的战略谋划，推动新旧媒体在内容创新、渠道拓展、平台运营、流程再造、组织重构、安全保障等诸多环节协同演进、一体发展，并通过双向驱动、并行并重、资源共享、此长彼长，推动各媒体从简单相加迈向深度相融的根本性转变。对此，《融合意见》在具体条款中作了进一步阐释。在制播环节，突显"一体化"和"协同管理"概念，即构建集采编、制作、存储、发布、安全管控、运营于一体的广播电视制播云平台，同时要求提升制播云平台"五种能力"、优化"六项功能"，其中"协同管理"是一种重要功能。协同管理是现代企业管理的一个重要方面，它是把各要素合理排列组合，使局部力量提升为整体力量以完成特定工作和任务的管理方式。协同管理系统、协同管理软件、虚拟协同管理在企事业单位甚至国家行政机关应用比较广泛。在新媒体融合背景下，原有按职能设置部门继而确定采编流程已经明显不适应新媒体"一次性采集、一次性制播、一次性分发、一次性传播"的快捷高效生产模式，看似流程和环节减少了，实际上协调的工作量更大了、协同管理的任务更重了、方式方法变得更加多样了、标准要求也更高了。此时，协同管理的中心任务是要在新老体制中找到利益结合点、回旋空间和平衡支点，因此当前广电台内部的协同管理基本上处在两头不讨好、左右为难的境地。不过，总体发展趋势是迫切需要打破"各自为阵、各自为战""画地为牢""各守一亩三分地"的既有运行模式，尽快在统一云平台上协同管理、协调工作、协作配合。在传播层面，要求充分利用有线、卫星、无线等广播电视网络资源，建设广播电视网络协同传播平台。这一规定，充分体现了《融合意见》对"创新、协调、绿色、开放、共享"五大发展理念的深刻把握，是对2015年国务院办公厅《三网融合推广方案》的再深化，它明确指出了有线、卫星、无线三网之间的协调配合问题。当下，广电网与电信网、互联网、移动网之间的合作还刚刚起步，涉及政策、法律、技术和人财物资源供给等多方面的问题和难题，只有一步一步协调、一环一环协作、一口一口"啃下"、一项一项落地，传统广电才能够从多方合作中寻求数字化生存。此外，《融合意见》还要求在服务体系建设上加快建立跨区域融合服务平台，以推动整个行业融合型服务业务协同并进；在经营体系建设上要求树立一体化营销理念，把增强媒体整体实力作为主要经营目标，推动各项经营性业务协同发展；在运行机制建设上强调建立融合协调机制，统一协调融合发展中的资源调度、流程对接等工作，等等，这充分体现整体协同理念贯穿于电视融合发展的各个阶段、各个环节。可以说，虽然协同协调工作不是中心工作但是其影响中心工作，不是全局却制约全局，必须引起高度重视和足够关注，否则将功亏一篑。

2. 内容融合是电视融合发展的内核灵魂

（1）内容永远是根本，融合发展必须坚持内容为王，以内容赢得优势

"内容是满足受众需求的'第一指标'，技术与渠道都是为了方便内容到达受众，但受众是否接受内容则却取决于内容能否满足受众需求。"[①]内容优势始终是电视区别于其他媒体的王牌，内容是电视发展的王道。《融合意见》强调融合发展必须坚持内容为王，充分发挥内容优势以博得发展优势。为坚持这一优势，《融合意见》设计了四条具体路径：第一，坚持内容为王，不断增强电视台的节目原创能力和节目集成能力，构建面向多渠道、多终端传播的节目资源体系。同时，要求树立精品意识，推广品牌

---

① 李康乐. 走出融合中的"迷思"[N]. 人民日报，2017-02-19.

战略，提升节目品质，重点加大对影视剧、综艺、文化益智、生活服务、社会公益等节目内容创作的生产投入。第二，强化"新闻立台"理念，改进和升级新闻采编，有效提升新闻发布的及时性和节目内容权威性，切实把握舆论引导主动权。第三，鼓励采取自主原创、联合制作、联合开发、委托制作等方式，创新节目模式和内容，汇聚种类多元的优质节目内容和版权资源，做大做强节目库资源；多渠道多方位开发节目版权的不同表现形态和呈现方式，为节目版权价值最大化创造条件；增强电视台在原创品牌节目中的主导权，让电视台真正做讲好中国故事的主力军，旗帜鲜明引领文化时代风尚。第四，综合利用互动、虚拟现实（VR）等新技术创新电视节目形态，不断激发用户参与节目创作热情，凝聚节目吸引力和感染力。从这四条路径看，内容融合与渠道融合、平台融合和技术融合密不可分，它寓于其中又有所不同、各有侧重。实现内容融合要把握节目集成、制播多元、品牌战略和版权保护等关键环节。

（2）节目集成是电视内容的"五脏六腑"

过往节目集成从选题、创意、采编、拍摄、制作、审编、播放全流程全环节是个闭环，而实现采编发流程再造是的融合发展的关键。节目集成有两条不可绕过的路径：一是流程再造；二是云端集成。关于流程再造，目前主要有两种方式：一种是优化既有流程，打破现有按职能设置部门的分割模式，实现"同一主体独立完成内容生产要求"的流程转变，即减少部门分工、扁平层级管理，凸显单一制播主体（如栏目组）独立自主完成作品的能力。换言之，实现垂直管理下的集权模式向扁平化管理下的分权赋权过渡。二是放弃整体流程再造，探索内容生产向移动端转移。云端集成是节目集成的最新创意方式，现在多数媒体均以打造"中央厨房"实现云端集成和控制。"中央厨房"是融媒体采编发的硬件基础和技术平台，是大脑和神经中枢，发挥着集中指挥、采编调度、高效协调、信息沟通的基本功能，有利于实现管理扁平化、功能集中化、产品全媒化。[①]打造"中央厨房"为建立制播云平台和"内容云"提供了统一的条件。"内容云"是所有专业内容生产者组成的一个动态体系，而不是内容本身。以"芒果云"

---

① 戴莉莉. 牢牢把握融合发展的关键环节 [N]. 人民日报，2017-02-19.

为例，它是湖南广电专业视频内容创作者的集合。"不管你是卫视员工、经视员工和是娱乐频道员工，在云平台上，你就是组成因子。统一创意，你可能需要考虑哪些内容更加符合线性播出规律，哪些内容符合点播，哪些内容用户有付费意愿，哪些内容适合大屏幕点播，哪些内容又符合移动手机端传播。……对创意导向作出调整，用户导向和消费场景成了创意导向。只要你的创意能够满足用户偏好，你在芒果ＴＶ上的内容频道就会产生定位，用户就会为你的内容买单。"[①]从这里可以看出，"内容云"实质上是个"创意云"，它是基于用户需求导向的创意集成，对遴选"金点子"、集智集策提供了平台和契机。

（3）制播体系是电视内容的"大动脉"

多数时候，广电系统实施的是制播分离策略，这导致中国电视产业链呈现出"哑铃型"的结构：上游集中了海量的内容提供商，下游则聚集了大量的终端硬件商，产业链中游受行业政策的监管，由内容服务牌照方和集成播控牌照方组成。随着新媒体融合趋势的加强，电视行业的中游迫切需要实施"卡位战略"，完成对行业上下游的整合与掌控。在这种背景下，制播体系必然成为一个多元复杂体。从制播主体看，主要有广电背景的国有传媒制播、非广电背景的国有传媒制播、民营影视制播、视频网站制播、国外传播公司制播等5种类型[②]；从制播形式看，主要有自主原创、联合制作、联合开发、委托制作等4种方式。制播主体和直播方式看似独立的个体，但实际上要实现价值引领和利益链接，必须强化融合思维，机构与机构对接融合、方式与手段融通融合。譬如湖南卫视和东方卫视，除新闻节目外，其他电视节目均由各自控股的传媒公司进行制作。这种运营模式是委托制作，主导动因是电视台特定的节目需求，其节目供给绝大多数仍然是一对一的关系，委托方——电视台拥有节目自主版权，集团与分公司之间的委托制作则存在融合对接的技术、版权和利益分割等方面的问题。无论制播由哪类主体完成，采取何种方式实现，原创、优质、主导、风尚都是它的价值诉求和发展方向。

---

① 张华立. N个问题中的三个怎么办 [J]. 做有时代记忆的媒体（湖南广电内刊），2015（06）：42.

② 孙平. 媒介融合驱动下的新型电视产业价值链 [J]. 当代传媒，2014（02）：64-65.

（4）品牌战略是电视台的核心战略，是电视台生存发展的"心脏"

通常直播和独播是电视台实施品牌战略的"杀手锏"。2014 年，湖南广电率先推出并实践"独播"策略，在电视和互联网领域迅速成为最富话题性质的标志性事件。借助独播策略，自 2014 年 5 月起连续 4 个月，芒果TV 的百度搜索指数始终高位运行，并跻身主流视听服务平台，虽然指数逊色于"优酷""爱奇艺""腾讯视频"，但相对于其他传统电视台的互联网台指数已经高出了很多。可以说，在激烈的竞争中，独播战术使芒果TV杀出了一条"血路"。芒果ＴＶ独播战术启示我们：只要坚持，念念不忘必有"回响"；品牌战略不在高处，推向用户必得"救赎"。坚持品牌战略，必须始终站在内容创新的最前沿和桥头堡。内容创新是品牌战略的题中应有之义，只有内容不断推陈创新，品牌战略才能够得以长久坚持、保持。如观众耳熟能详的央视的《大国工匠》《出彩中国人》《开讲啦》《舌尖上的中国》《朗读者》等，湖南台的《绝对忠诚》《快乐大本营》《爸爸去哪儿了》《我是歌手》《乘风破浪的姐姐》，江苏卫视的《非诚勿扰》、浙江卫视的《中国好声音》《王牌对王牌》《奔跑吧，兄弟》都凸显了品牌战略，成了电视人在异常艰难困苦的环境中坚守初心的温暖理由。需要指出的是，大型优质综艺节目使电视台焕发着时尚的活力，而电视剧和新闻始终是电视区别于其他媒体的比较优势——"新闻立台""剧集立身"是电视的左膀右臂，笔者将在技术融合部分做出阐述。

（5）版权是电视内容的"盾牌"和"护身符"

在"三网融合"背景下，从外部看，多元制播模式、"一屏多发"传播模式、直播策略、独播战术、信息安全保护以及卫星电视和地面频道之间的分工合作都给版权保护工作留下了"后门"，这亟须电视台对版权保护工作做出周密细致的规划，明确界定合作双方乃至多方的权利、义务和责任。从版权自身看，它由著作权、专利权和商标权组成，在内容生产的各个环节可能引发权利归属问题，尤其是在流程再造、流程优化和云端集中的过程中，个人创意与他人创意、个人创意和单位创意之间很可能交叉重叠。如何区分界定，是一个技术性很强的问题，需要做到精确区分、精细明责、精准归位。此外，《融合意见》还专门提及开发节目版权的不同表现形态和呈现方式，为节目版权价值最大化奠定了基础。这既针对同台的"多屏分发"，又针对版权在国内外的营销转让，还包括版权面向下游产业链的延伸，如版权在光碟录像市场的销售，等等。虽然版权保护的问题有很多，方式手段也不尽相同，但是有一点可以肯定：版权问题越来越重要，尤其是在互联网背景下，已经到了非保护不可的地步。若要完成电视融合发展的"大业"，必须将其纳入重要的议事日程，否则就会导致重要媒介资源浪费，给电视发展带来无法想象的后果，甚至是重创。

3. 平台融合是电视融合发展的关键逻辑

所谓平台融合，就是坚持以用户为基本导向，将不同用户入口形成的用户平台有效地连接起来，并将不同的用户数据库有效地打通，形成一个更大的、普遍联系的平台。[①]这样，才能在一个大平台上聚集用户、发展用户，同时也能够根据平台属性去培育和占有用户。构建用户平台，将有效助力传统电视在激烈的业态竞争中实现价值补偿和价值增值。如何深刻认识自身的定位、公信力和影响力，创新手段和条件聚合用户资源，如何利用大数据对用户的特定需求和偏好进行及时研判和掌控，这些都是传统媒体转型、走融合发展道路必须直面的。换句话说，就是必须在了解用户、吸引用户、抓住用户和掌握用户上下足功夫，要通过有效的用户入口黏住用户。

当下，国内诸多的传统广电集团正在通过互联网建设用户平台，重点是建立用户入口（即开发客户端，如新闻客户端），试图汇集海量用户，建立用户数据库，实现用户数据的采集、挖掘、研判、预警、分析和应用。判断用户平台融合是否成功有两个关键因素：是否拥有基于互联网的用户入口，是否具备对大数据进行整合、整理、分析和应用的系统能力。所谓用户入口，是指基于互联网连接的、能够将用户吸引到互联网平台上的各种技术应用，最常用的就是各种应用软件。诸如微信通过即时通信的"朋友圈"聚合用户，并在各类 App 应用上推广电子政务和电子商务，实现了与用户的即时互动，提升了增值服务。此外，"今日头条"基于手机屏、PC 屏等移动端的信息分发汇集了大量的用户。目前，绝大多数传统媒体包括电视转型发展都在用户入口建设方面下足了功夫，"三微一端"（微博、微信、微视频和客户端）的建立就是鲜明例证。不过，通过建立用户入口

---

① 人民日报编. 融合坐标——中国媒体融合发展年度报告（2015）[M]. 北京：人民日报出版社，2015：20.

平台汇集海量用户只是有效搭建用户平台的第一步。第二步最为关键，就是要大力培育对用户大数据的处理能力，即对各类用户数据进行采集、整合、分析，并在此基础上掌握用户的需求、偏好和习惯，以便及时生产出符合用户"胃口"的内容。大数据处理尤其必要，它是以供给侧掌握用户、赢得市场的主导逻辑。

根据《融合意见》的战略指导，实际上我们可以分三步理解云平台，也可以将其形象地理解为循序渐进的"三级平台"——一体化云平台、对内分类安全平台、对外服务分发平台。一体化云平台是前提和基础，起着核心和统帅作用；对内分类安全平台是深化和细化，是对一体化云平台的再建设、再完善；对外服务分发平台是延伸和拓展，是将云平台从静态呈现推向动态运行的关键步骤。

从实用的角度看，建立基于用户需求的一体化云平台，对外至少要搭建内容 IP 开放平台、广告开放平台、社交协同平台、游戏开放平台、电商开放平台和流量开放平台；对内要建立类似于《人民日报》"中央厨房"的技术平台体系，包括智能化制作平台、新媒体发布管理平台、传播效果评估平台、内部用户管理平台和互联网用户管理平台。时代在变，思维和方法也需要不断更新、创新。全面、自觉的平台融合的理想目标应该是基于同一技术支撑平台，通过将用户沉淀、激活、保留，节目生产、分发、交易，版权授权、经营、开发，广告创意、竞价、销售，应用开发、下载、联运，流量导入、派发、出售，将多屏分发、联动互动等融合性业务集体纳入开放平台，使一切内部工作流程和媒介资都在统一平台集成共享，一切外部商业经营运作都在统一平台按指令展开，一切用户信息和资源都在统一平台呈现汇集。

4. 渠道融合是电视融合发展的主要延伸

内容生产后，推送至平台和渠道至关重要。通常人们将平台和渠道混为一谈，在表述习惯上视为同义的反复，但严格地讲，平台和渠道既有联系又有区别。平台是因，渠道是果；平台是前提，渠道是平台的延伸和表现形式。相对而言，平台属于电视的制播体系，渠道属于电视的传播范畴。互联网背景下，渠道可以理解为"网络＋终端"，在实际运营中，还包括连接生产经营者和用户之间的接入平台。其中网络是信息得以传播的经常性"管道"，终端是内容末端得以展现的设备和端口。所谓渠道融合，就是要运用广电网、电信网、移动网和互联网将媒体生产部门的媒介信息传播到用户终端。目前，渠道融合的最高形式是渠道的互联网化，发展互联网用户是电视融合的主渠道。

在我国，电视渠道融合伴随互联网的发展而不断加快和深入。起初，在电视的鼎盛时期，广电系统对互联网的认识和理解仅仅停留在将互联网看作一个传播渠道的层面上，并未萌生与互联网展开竞争的意识自觉。当互联网技术，特别是视频网站如雨后春笋般涌现时，用户越来越喜欢触网触屏，电视观众被分流，电视很快成为"没落的贵族"或被打入"冷宫"。为应对这种挑战，电视台开始寻求数字化生存方式，从拍摄到后期制作，从存储到播出方式均朝着数字化方向发展，有的电视台为实现流程再造干脆直接建立新媒体平台。自中国网络电视台率先开播以来，台网融合的步伐迅速升温加速，中央和地方台大多建立了自己的网络电视台。为规范办台秩序，广电总局实施牌照许可制度，共发放了 29 张网络电视台牌照、7 张 OTT 牌照。作为网络电视台的延伸，移动端 App 承担了传播渠道的角色。归纳起来，电视传播的渠道主要有：传统电视屏、互联网电视、IPTV、机顶盒＋电视（OTT TV）、移动端 App（如 PC 屏、手机屏）等 5 类。这些传播渠道普遍存在的问题如下。第一，互联网电视与母体电视的内容完全相同，只是内容多加了一个传播渠道而已，用户体验相对较差。第二，互联网电视和移动端 App 内容依托母体电视的多屏分发，在时间上不能做到同步播放，存在时间差的问题，例如移动端 App 播放的电视剧总是比传统电视台播放的剧集晚两到四集。第三，移动端 App 由于流量问题，用户激活度还不是很高，竞争力还比较弱。第四，OTT TV 是一个烧钱的"游戏"，不是说办就能办好的，需要大量的人力、财力、物力和技术支撑。由此可见，当前的平台融合简单相加、简单对接的问题很普遍，但是不管怎么说，渠道还是建立起来了，有些重要卡点还是被打通了。

当前，渠道融合的基本方向和任务是：推动传统广电网络从广电专网向互联互通的 IT 架构转变，从单纯的内容制作单元改造升级为内容制作、运营、分发的智能型一体化平台，核心是建立网络数据中心和智能分发网络，提供云服务，形成"一云多屏、多屏互动"的传播体系。关于下一步渠道到底如何融合，大致有四方面构想。第一是渠道融合的技术基础，即通过"三网融合""四网融合"甚至"N网融合"，或者是4G、5G网络的泛在实现电视传播效果互动、智能的跨界跨屏生长。第二是渠道融合的内容基础，要在统一云平台下提供更多更好的网络视听节目服务。第三是渠道数量拓展的问题。电视渠道融合不能仅仅局限于目前传统电视屏、互联网电视、IPTV、机顶盒＋电视（OTT TV）和移动端App等5类渠道，还要充满想象、激发创意地多开发、多拓展，如考虑挖掘和开发微博、微信、陌陌直播等社交软件的视频传播功能；再如美图秀秀、QQ表情、脸萌是否可以承载电视内容，为传播渠道插上想象的翅膀。第四是针对当前移动端App社交互动性较弱的问题，通过推动节目制播与社交网络平台的双向互动以丰富用户体验和增强平台黏性。对此，有学者指出："在渠道建设上，应继续深耕移动传播平台建设，使媒体与受众、受众与受众之间建立多元、直接和实时的链接。"[①]

5. 技术融合是电视融合发展的动力支撑

技术融合贯穿电视融合的各个环节，如果没有技术发展，电视融合几乎不可能实现。应该说，广播电视和通信媒体融合技术是创意产业形成的关键要素。近几年商业融合平台基于内容、平台、网络和终端形成了一个商业系统，它的最大优势是使一种资源融合多用，让不同类型的媒体融合技术在价值链上经过规划、生产和分配以扩展和延长内容的生命周期。可以说，技术驱动是电视融合发展的主导逻辑。人类正处在机械化1.0、电子化2.0、信息化3.0和智能化4.0的"四化"叠加的大数据时代，这为电视的转型突破、"浴火重生""凤凰涅槃"带来了绝佳机遇和严峻挑战。《融合意见》也对技术融合提出了明确的目标、要求、标准和路径。以新闻生产制作为线索，我们可以梳理出新闻发现与采集、内容编辑与制作、内容分发与经营等三个环节，这三个环节加速互联化、社交化、移动化和智能化重构，才能提升新媒体时代主流电视的新闻价值和魅力。

（1）新闻的发现和采集必须"权力下放"和"端口前移"

传统广电网时代，实行的是自上而下的控制，新闻大多数是"热线新

---

① 戴莉莉. 牢牢把握融合发展的关键环节 [N]. 人民日报，2017-02-19.

闻""预约新闻",时政新闻和新闻发布会形式占据了新闻的绝大多数版面,很多新闻都可能是"二手新闻""二传新闻",甚至新闻有时就是旧闻。这样的新闻虽然在一定范围内具有实证性、真实性、权威性,但是趣味性、吸引性和及时性不够,容易引起精神松弛和审美疲劳,很难赢得观众,特别是年轻观众。连锁反应是,因为对这类新闻不感兴趣,使得他们认为电视本身也很无趣,有价值的节目都被他们"pass"了。

（2）机器化、智能化和社交化正在成为新闻内容编辑和制作的主力趋势

无人机正在新闻一线工作,它们正在危险区域和人类难以到达和观察的地方承担着急难险重任务。机器人写作已经不是什么新闻了,新华社"快笔小新"已经可以写体育赛事的中英文稿件和财经信息稿件,而且速度快、效果好,编辑和发稿人都很认可。机器人之所以能够写作新闻,是基于模式识别、自然语言生成技术的进步。大数据的应用正在使一切"问号"变成"感叹号"。VR（虚拟现实）的启动,很快就要成为新闻报道的宠儿了,游戏、可穿戴技术与新闻融合,使全景视频、互动参与、沉浸式观看成为可能,新闻不仅能够提供视觉、听觉效果,而且还可能开发味觉、嗅觉和触觉,身临其境不再是梦想。人工智能正在以你想不到的速度影响着人们的思维方式和生活方式。

（3）满足用户偏好、"投其所好"成为新闻内容分发和经营的时尚选择

"在用户关系上,应利用大数据等技术进行用户偏好分析,调整内容生产和传播策略,提供个性化新闻服务。"[①]从新闻采集发现、生产制作、分发经营等三个环节正在发生的技术革命看,电视实现技术融合必须培养和树立大数据思维,以用户需求偏好为风向标,在构建网络聚合平台的前提下,积极开发新软件、应用新技术、参与新合作,切实以革命的姿态、奋斗的精神投入这种大融合、大变革之中。

---

① 戴莉莉. 牢牢把握融合发展的关键环节 [N]. 人民日报,2017-02-19.

三、基于受众满意度的互联网电视产品运营现状分析

（一）围绕互联网电视内容的业界竞态

互联网电视作为"三网融合"的先行者，展现出了蓬勃的发展动力。广电方、通信方和互联网三方都围绕互联网电视张开了怀抱，尽管各自的优势地位不太一样，融合之路也并不顺畅，但这并未影响互联网电视的发展进程。从纷扰的三方博弈中，剥离出围绕互联网电视内容传播的业界竞态，能够帮助我们更好地了解互联网电视内容传播的现状。

从互联网电视行业的多年实践来看，"平台＋内容＋终端"的方式成为未来互联网电视乃至整个视频行业的主流。主要参与者包括内容提供商、集成平台牌照方、网络运营商和终端厂商。互联网电视内容传播的关键就是参与各方对软硬件的合理性布局，而真正起重要作用的是围绕互联网电视内容传播的三方博弈。

其一，内容依然是互联网电视的核心竞争力。传统电视行业中，争夺焦点主要是内容，靠内容来吸引受众。对于互联网电视的各方而言，内容同样重要，可通过自制节目和购买版权的形式获得更多优质资源，吸引更多的用户。

其二，未来的互联网电视市场，其内容传播的终端硬件与内容自身同样重要。硬件的销量决定了内容提供方与用户的接触范围，终端的规模直接表现为其在互联网电视市场的占有率。

1. 广电方——内容生产者的力保

伴随着媒介的不断融合，原有的广播电视传播渠道之间的藩篱被彻底打破。从互联网电视的制播体系来看，传统意义上的生产、播出一体化的媒体组织不复存在，拥有了大规模内容和广泛渠道的传统广电媒体和大型传媒集团组织出现分化，逐步向内容拥有和终端占有两大领域转型。

"内容拥有"一直是传统广电媒体和大型传媒集团的竞争优势所在。一方面，传统广电媒体凭借原有的生产优势进一步提升基于媒介融合环境的内容生产规模，而另一方面，渠道扩张要求内容规模化，庞大的信息需求若只靠自身系统的生产能力显然是不够的，传统广播电视集团应以其强大的资本优势来进行内容买入。这两方面最终归结到对内容版权的拥有，

这也是传统广电集团在未来互联网电视业界竞争时的一大战略方向。拥有更多的内容版权,其竞争优势也会更加明显。在互联网电视融合的产业链中,最重要的一环就是"内容集成"。传统广电集团的一个重要角色就是规模化内容版权的"内容集成商"。在实践环节,国家广电总局也将视听节目集成牌照颁给了广电集团及其旗下子公司。可见,广电方在政策层面拥有得天独厚的优势,这是其在互联网电视市场的重要砝码。

中央和地方的两级平台建设共同构成了 IPTV 的集成播控总平台。中央播控总平台由"爱上电视"传媒公司进行独家运营,总平台内容含量十分丰富。相较而言,IPTV 集成播控分平台建设更加注重平台的地方特色。中视网络与地方性广播电视台各司其职,联合推动分平台的构建工作。在节目内容上,除了提供常规的广播电视业务外,地方平台也十分重视提高服务能力,尤其是因地制宜地提供民生信息、社区服务、在线通信等互动增值服务。

"终端占有"是广电方在需求与受众的接触规模最大化过程中终端的拓展过程。凭借自身强大的资本实力,其终端占有的方式分两类:一是通过合并现有的终端,与自身内容优势相结合;二是在原有用户规模上,投资并开发新终端。对于广电方来说,介入终端融合是其在网络电视纵向融合方面的举措。占有更多的终端,也就掌握了与受众的更广泛接触,竞争优势会愈加明显。

在互联网电视的融合竞争中,广电方若实现了"内容拥有"和"终端占有"就可从两端发力,通过汇聚的作用将自身优势凸显,引领市场朝着寡头垄断的方向发展。当然这也是广电方在互联网电视战略部署方面的理想状态,并非我们想看到的市场格局。欣欣向荣的互联网电视市场需要各方力量的参与合作、制衡、发展。

2. 通信方——管道传输者的不甘

为提升综合竞争力,积极应对传统业务市场的萎缩以及新的网络经济增长点,中国电信、中国联通、中国移动三大运营商都把企业的发展方向对准了宽带业务和增值业务,可见通信方并不甘心仅扮演管道传输者的角色,希望能够建立综合平台,参与到内容和应用的开发、提供中去。这样的想法无可厚非,但是反观现实,我们可以从广电方与通信方在 IPTV 的竞争中探究通信方的真正发力点。

长久以来，广电方和通信方各自通过手中牌照互相牵制，电信运营商必须借由与广电方的合作才能参与互联网电视业务。依照"三网融合"的政策，两方以合作的形式布局 IPTV 业务，并形成了"以广电为主导、合作共赢"的运作体系，IPTV 运营体系必须兼顾广电行业与电信行业的总体利益。中央地方广播电视方以及电信运营方依据各自的业务和行业优势，对IPTV 的发展进行了拓展和延伸。

事实上，对网络电视影响最大的是内容生产集成方与电信运营商的融合。电信运营商要发挥自身渠道优势，占据互联网电视产业的一席之地，从而扩大宽带服务更为广阔的市场与前景。因此，通信方若想在互联网电视的博弈中取得更大的主动权，应当在保持自身互联网电视传播渠道优势的基础上，牢牢把控用户计费，同时在增值通信业务上下文章。

（1）保持自身互联网电视传播渠道优势

网络电视的传输必须通过宽带网络。虽然广电方的有线电视网络公司也在加快广电网络的双向改造，力争建设与电信宽带网络功能相当的现代化广播电视网络，但是通信方仍处于垄断地位，因此，通信方一直是作为管道传输者参与互联网电视的融合。从具体传播渠道来看，IPTV 是通过设立的专用网络通道进行传输，该通道需要电信运营商进行新的架构，用户使用并不影响家庭的普通宽带网速。而新兴的互联网电视（OTT TV）则是直接占用家庭通用宽带，对家庭宽带的带宽和网速都有着较高要求，需要电信运营商配合"宽带中国"战略，在保障网络平稳运营的前提下大幅提升网速等网络运营条件。

（2）掌控用户资源，做好定制化服务

电信企业拥有自己的核心资源——IDC（互联网数据中心）和互联网宽带出口资源，在 IPTV 业务中实际也掌握了付费用户的信息。国务院办公厅2015 年印发的 65 号文显示，广电方仍旧是网络电视内容掌控的主导力量，亮点在于电信运营商对节目源提供和用户界面的电子节目指南方案有了一定的自主权。这是电信运营商的一大契机，也是其实现用户定制化服务的直接窗口和途径。通过用户计费慢慢积累用户数据和资源，做好大数据分析下的定制化服务是通信方实现长远发展的不二选择。当条件愈发成熟的时候，运营商就可以掌握更多的主动权，摆脱管道传输者的既定形象。

（3）提供多样化增值业务，增加用户黏性

运营商应当在以往的增值业务中深度发掘，为用户提供多样化增值业务。应主要遵循三大原则：其一，用户体验优先原则。任何增值业务的开发与完善都应遵循该原则，用户体验感的好坏，决定了该增值业务的后续发展空间，也是市场决定的结果。其二，可管可控的开放原则。互联网时代带来的受众的媒介接受方式一直就是开放而自由的，网络电视的互联网"基因"也决定了这一特性。运营商应当把握好开放与管控的平衡，才能确保用户对值增服务的随心所欲。其三，隐私保护原则。网络电视用户在使用这些增值业务时，涉及用户的个人工作、生活等许多个人信息，尤其是不少业务开发都是以家庭为中心而展开的，个人信息的保密性显得尤为重要。运营商应当完善相关技术保护，切实把用户的个人信息保护放在第一位，才能在用户与运营商之间确立牢固、稳定的信任关系。

相信伴随着技术手段的提升，运营商会在良好的收视体验与服务价值上做文章。随着 IPTV 产业链的逐步完善和形成，电信运营商的优势在于拥有较丰富的 IPTV 运营经验，为后期的网络电视拓展打下良好基础。从运营商的角度来看，发展模式大致可以分为三种：电信运营商终端定制模式，以电信运营商为主导的多屏融合运作模式，承担管道传输的发展模式。当前通信方推出的电视机顶盒，拥有"IPTV+OTT"双模技术，在观看节目直播的同时可兼容互联网盒子的功能。所以说，现阶段在内容源方面的拓展有所缺乏，技术的保障却为其日后赶超互联网盒子打下了基础，再加上捆绑销售的价格优势，在目前广电总局的政策背景下，从长期发展来看，互联网企业仅通过 OTT TV 来争夺市场，显然棋差一招。

3. 互联网——政策的夹缝中生存

互联网企业在网络电视的竞争格局中，展现出了巨大的市场活力，拥有广阔的发展前景，在 OTT TV 上的优势尤为明显。

（1）"自制元年"后时代

在线视频现在主要有两个来源：互联网企业（优酷、爱奇艺、腾讯等）和广电企业（百视通、CNTV、华数、南方传媒等七家）。2014 年，主流视频网站迎来了"自制元年"，不少有实力的视频网站纷纷投巨资拍摄网络自制剧，同时也涌现出一批叫好又叫座的自制剧作品。网络自制剧呈现出两大特点：一是网络自制剧涵盖的种类众多，科幻、穿越、诙谐喜剧都是网络剧的主打；二是网络自制剧制作团队的逐步专业化，知名演员、导演和编剧的加入都加速了这一进程，也为网剧的质量做了担保，"地摊儿风的网络剧开始起范儿了"。

自2012年起，互联网企业就纷纷将目光投向电视屏幕。乐视、爱奇艺、优酷等视频网站就接二连三地推出自己的电视盒子，抢占电视终端市场，不断在多屏合一和互动性上进行尝试和探寻。伴随着"网络剧自制元年"的东风，互联网企业在网络电视内容的拓展上呈现出求专业、重合作和多渠道的特点。为了与广电方竞争，获取更多的优质版权，互联网企业也砸重金来购买影视公司的内容版权，通过投资的方式来扩充"版图"。

（2）资本结盟中的电商发力

互联网电视战略层面上，互联网企业强大的开放性使其在资本结盟合作上大有可为；阿里收购"优酷""土豆"，搜狐视频收购56网，小米与顺为资本投资"爱奇艺"和"优酷"，强强联合，不断完善产品布局。网络视频方利用互联网的便利，与电商、支付行业开展合作，将视频与购物相结合，实现业务融合，用户可以在同一场景内实现网上购物和视频观看。如果说电信运营商推出的增值服务的亮点在于通信业务，那么互联网企业则在电商、支付等具有互联网"基因"的方向上下足了功夫。

（3）全产业链构建

除了内容层面的厚积薄发，2013年的硬件风潮也成为一大看点。视频网站与硬件厂商推出的互联网电视一体机、"盒子"产品，试图打造"互动平台＋内容应用＋智能终端"的全产业链运作体系。其中规模较大的视频互联网企业直接布局包含内容到终端的网络电视全产业链。全产业链的形态构建为互联网企业在后期实现营利打下了基础。

综上所述，在媒体融合的背景下，广电方、通信方和互联网等三方围绕互联网电视形成了既竞争又融合的态势，有力地促进了互联网电视的发展进程。从互联网电视行业的实践来看，"平台＋内容＋终端"的方式必将成为未来互联网电视乃至整个视频行业的主流，而主要参与者还包括内容生产商、集成平台商、电信运营商和终端生产商。互联网电视内容传播的关键就是参与各方对软硬件的合理性布局，而真正起重要作用的是围绕互联网电视内容传播的三方博弈。于是，形成了以下发展特点。其一，内容依然是互联网电视的核心竞争力。传统电视行业中，争夺焦点主要是内容，靠内容来吸引受众。对于互联网电视的各方来说内容同样重要，可以通过自制节目和购买版权的形式获得更多优质资源，吸引更多的用户流量。其二，未来的互联网电视市场其内容传播的终端硬件与内容本身同样重要。硬件的销量决定了内容提供方与用户的接触范围，终端的规模直接表现为其在互联网电视市场的占有率。

（二）媒介融合环境下互联网电视内容的传播之困

1. 内容生产之困

（1）照搬传统节目，同质现象突出

互联网电视当前最大的卖点在于其丰富的视频资源，核心业务还是对各电视频道的转播。一方面，传统电视台自身的节目就已经深陷同质化泥淖之中，互联网电视对传统电视的照搬，也必然导致内容同质化后果。如果不是对特定节目的重播需要，这样的互联网电视从根本上吸引不了新的用户群体。即使是拥有原创节目或者是自设频道的互联网电视平台，在内容生产环节也主要体现出了产量过剩而雷同率高的特点，缺乏内容创新的内在动力是互联网电视影视内容同质化的重要诱因。另一方面，由于政策层面的束缚，我国的互联网电视由拥有互联网内容服务牌照的广电机构负责提供，播出平台由获得集成业务牌照的机构负责监控。而内容输出终端企业有且只能同一家集成业务牌照商合作。当前所有的互联网电视内容都是在和固定的几家牌照商合作，难免陷入内容同质化的局面之中。

（2）内容来源多样，质量良莠不齐

广电总局陆续出台了有关互联网电视内容服务和集成业务两方面的规范文件，对互联网电视采取了"内容生产＋集成业务"的双牌照模式。

发展至目前，虽然按照广电总局的要求，一台合规的互联网电视必须接入广电所属的七家牌照方中的一家，有且仅可有一家作为独有的在线视频服务提供方。这种接入方式是在终端硬件生产过程中内置的，且不能卸载。互联网方的服务集成是违反广电总局有关规定的，但是受市场导向的影响，

电视厂商对通过海量优质内容来提高用户购买力这件事还是欢迎的，所以通常默许内容聚合软件、浏览器程序或用户自行安装 App 的方式，将责任推卸给用户。

同样，互联网电视的互动性特征所带来的用户自制内容的发布，也是互联网电视未来发展的重要内容源，但对于这部分内容的开放程度设定和监管制度却是缺失的。网络的开放要求更高端的技术保护，由于技术的限制而被传播的内容也导致了互联网电视质量的良莠不齐，亟待更加完善的播控平台及进一步的监管措施。

2. 内容传播之困

（1）侵权行为频发，版权保护困难

版权问题一向是互联网的法律热点问题，网络电视同样也面临着这个问题。无论是已经走上正轨的 IPTV，抑或是正在兴起的 OTT TV，侵权行为一直频发，版权保护难度较大。

相较而言，互联网电视的"盒子"市场则显得更加混乱。各类互联网盒子产品如雨后春笋般层出不穷，然而却也有黑白之分。"白"盒子包括小米盒子、乐视盒子、天猫魔盒这一类有牌照的"正规军"，"黑"盒子则指大量内容山寨的"杂牌军"。2013 年，国内互联网电视机顶盒的出货量达到千万级别，而与牌照方合作的却不足五分之一。"黑"盒子在软件上无授权，在硬件方面没有保障。"黑"盒子的侵权是毋庸置疑的，而"白"盒子的问题则主要体现在版权分类上。目前的视频内容根据不同播放终端设立不同的版权，例如根据电脑、电视或手机端口播放同样内容就分属不同的版权。换言之，一家互联网公司虽拥有电脑端的视频版权，但假若其将该授权内容在电视端口播放就产生了侵权行为。所以说，"盒子"的出现混淆了版权归属，当前用户通过"盒子"观看的视频内容大都来自视频网站，非电视端所有。

互联网电视涉及的版权问题主要体现在两个方面。第一，内容来源的多样，使版权难以得到保障，这是准入原则在技术层面的难题。当互联网电视内容置于平台上时，就在与盗版作斗争。这种威胁或源于用户，或者来自其他互联网电视方。这对于互联网电视节目内容的创新具有致命的打击。第二，获得视频内容版权后，播放平台的界定问题：虽然获得了视频内容的网络播放权，却嫁接到电视端来播放，就是明知故犯的侵权行为了。

（2）资源整合度低，资本控制严重

互联网电视既带来了传播途径的创新，又提升了收视份额，形成了一个信息共享的平台，这对于大多数用户而言是前所未有的享受。通过"三网融合"，将流失的观众重新寻回，提升了人们的参与度，这一点是数字电视所不能及的。然而随着实践进程的加深，我们逐渐发现了互联网电视在资源整合上的问题，本应共享"蛋糕"的局面还是变成了三网各自单打独斗。数字广播电视网通过牌照，将内容播控的主动权掌握在自己手中，服务的内容主要由专业机构提供，趋于精品化。互联网的不少内容来源于用户，凌乱而匮乏，即便是劲头强劲的移动视频内容制作与传播也很有限。电信运营商则在宽带提速和增值服务上做文章。各自为战的局势与"三网融合"所带来的受众对传播内容呈巨大需求状态是背道而驰的——受众对于网络电视内容的需求，包括信息、影视作品、广告、动漫、商务等各方面。由此可见，互联网电视内容传播及行业整合离预期依旧存在很大差距，主要原因可以归结为网络融合三方强劲的资本控制和行业利益分配不均。

3. 内容接收之困

（1）受众认知度低，习惯难以培养

接收互联网电视内容涉及传者和受者两方，他们对各自的定位和理解决定了传播到达的实际效果。现阶段互联网电视内容接收存在较大差异也源于双方认知度的不统一，用户规模和收视习惯的培养也是一个长期的过程。

首先，互联网电视参与各方对用户定位的模糊性，即受众指向模糊。电视用户与网民差异巨大。对比来看，电视更能引起家庭的关注，而电脑的使用方式决定了它个人媒体的特性，受众更加分众化。互联网电视受众集两种特性于一身，因此，互联网电视的受众群体需要重新定位。

其次，互联网电视用户尚未规模化，用户习惯和黏性的培养是需要耐心的，主要问题在于从电视用户到网络电视用户的角色转变尚未完成。一方面，传统电视的收视模式是"我播你看"，受众处在被动接收者的地位，长期以来也习惯了这种被动的收看模式。互联网电视的技术革新，使用户在掌握收视主动权的同时，真正成为参与者。用户需要主动进行视频的点播和搜索，实时参与节目的投票、游戏等互动环节，并颠覆性地成为互联网电视的内容生产者和发布者。这种权力的赋予，强调受众的主动性，且对受众的媒介素养提出了更高的要求，需要使用习惯的长期培养。另一方面，互联网电视电脑端的收视方式带有浓厚的个人色彩——当人们在电脑上看电视时，表现出的状态比较私人化，鲜有陪伴，注意力不集中，伴随行为很多。而当互联网电视走向客厅，成为家庭公共电器时，电视端相对于个人电脑的大屏幕使得收看互联网电视变为多人共享，这是否是电脑端互联网电视用户乐意看到的？这是值得我们思考的问题。互联网电视不太适合有伴随行为的传播活动，如果不能获得网民的认可，其互联网化的方向就会遇到巨大阻碍，互联网电视的收视规模也会变得极为有限。

（2）传输质量不高，用户体验较差

当前互联网电视技术尚未成熟，视频流畅度、信号强度等诸多技术难题的存在，一定程度上制约了互联网电视的发展，需多部门联合协调解决。

其一，缺少统一的技术标准。互联网电视缺少统一的技术标准和格式，为互联网电视的内容生产、传输以及接收等带来难度，使得用户对内容规模的接受程度大大减小或延时播出。

其二，播放内容的清晰度欠佳。大部分"盒子"都会标榜"高清"甚至是"超清"，而实际上互联网电视内容的清晰度仅与普通电视信号相当，效果差强人意。

其三，出现延迟、缓存现象。号称"零等待"这点无论是从技术角度来看还是从现实情况来看都是不现实的。互联网电视毕竟是通过网络进行传输的，对家庭宽带的要求较高，即使是在电脑端进行及时观看也尚未实现真正的"零等待"。不仅未能实现"零等待"，多数互联网电视在连接和缓存阶段的等待时间较长，不能实现自由切换，每切换一次频道就意味着重新缓冲。这些技术难题若得不到及时有效的解决，将使互联网电视的用户体验大打折扣，影响其发展进程。

（三）互联网电视内容传播的趋势

1. 社交化：从内容走向关系

互联网电视从根本上说是电视与网络的联姻，呈现的内容更多地表现为互联网化。互联网的特征表现为去中心化，帮助用户在固有社会角色之外找到以兴趣等元素构成的"社区群落"。这就要求互联网电视从以内容服务为核心向以关系为核心逐渐过渡。互联网电视在内容生产、传播和接收层面遇到的各种瓶颈，会随着其从内容到关系的过渡而被打破。只有将场景和关系融入互联网电视的内容传播的思维中去，才能找到互联网电视媒体的未来发展之路。

互联网电视的社交化应当分为虚拟社交化和真实社区化两个层面。虚拟社交化是从互联网电视的网络属性方面来探讨的。对于互联网电视的内容发展，虚拟关系的建立其实可以从传统电视媒体的转型之路上找到些许线索。随着"互联网+"战略的提出，互联网应用被深深地嵌入人们生活的各种场景和各个层面中，传统电视媒体也顺应这股潮流，通过打造与自身配套的App完成用户在移动端与节目的实时互动。湖南卫视就率先推出了移动社交应用"呼啦"，成为传统电视媒体切入社会化媒体的有益尝试。以"呼啦"为例，在其游戏专区配套了湖南卫视各档节目的专属游戏，在增强用户与电视互动性的同时，也将收视同档节目的观众聚合起来。"呼啦"以公会的形式聚集了具有相同收视习惯和兴趣的用户，达成了人们之间的多向互动和消息推送，这就是社会关系链传播的直接体现。同样的，互联网电视相较于传统电视，与生俱来所带有的互联网"基因"，更不应将收视用户只当作被消费的群体，而应在互联互通中追求优质体验，从而让消费者产生主动的感性消费。

真实社区化则是考虑以家庭为单位，将互联网电视内容按照地区属性进行定向分发。未来的互联网电视将真实地连接起家庭、社区、地方甚至国家。互联网电视社区化也已有了先行者，譬如2014年江苏苏州就推出了"社区云媒体综合服务管理信息平台"。基于海量的用户，通过真实的社区关系实现用户的分类，能够更好地提升用户黏性。这也是实现民生咨询信息化的重要平台，符合国家便利民生的政策号召。打造交互界面，重聚社区群落，嵌入用户生活场景，是互联网电视内容关系化的必然趋势，也为网络电视的发展提供了更多的可能性。

2. 专业化：从共性走向个性

互联网电视内容制作是建立在网络与电视二者之上的，网络视频的内容一直给人以业余、低端的印象，而传统电视节目则在专业化的道路上逐渐趋同。互联网电视内容制作应对二者的制作手段兼容并蓄，内容的权威性可交由市场决定。随着政策的进一步收紧，互联网电视的参与方对内容资源的把控能力不断缩减，为了获得进一步的发展空间，内容制作的发展方向也经历了从专业化制作（PGC）到用户自制（UGC），再到UGC专业化的转化进程，总体趋势是从共性脱离到个性的过程。

专业的内容生产是指经由传统广电业者按照几乎与电视节目无异的方式进行制作，但在内容的传播层面，却必须按照互联网的传播特性进行调整。其所具有的特征包括内容个性化、视角多元化、传播民主化、社会关系虚拟化。之所以说专业化会成为互联网电视内容传播的一大趋势源于以下原因。

首先是人才优势。专业人员不断涌入网络视频的内容生产领域，使得专业化转型得到了更大的支撑，也会孕育出互联网电视内容制作的一方沃土。从原凤凰中文台的刘春加盟搜狐视频、广电高管郝舫加盟乐视网，到央视名嘴马东跳槽爱奇艺、高晓松个人工作室的成立，这些无一不体现出视频行业的发展方向：即优质独播内容、内容自制与UGC专业化。互联网电视在内容资源上也应朝着这三大方向发展和转变。

其次是技术手段。互联网电视专业化内容生产源于数字技术的发展。互联网电视内容的后期制作通过各单机系统组合成一系列完善的电视节目制作流程，便于开展后期创作和网络终端的输出，这使得相近内容的关联性更高，也对互联网电视内容专业化提出了更高的要求。

最后就是市场即受众这一重要因素。随着对互联网电视市场的划分，以家庭为互联网电视播出的单位更加受到参与各方的追捧。对于家庭属性和各家庭成员喜好和需求点的精确划分与内容分发，是未来互联网电视专业化从共性到个性的主要目标。把握总体受众的兴趣的同时，要注意通过"部落"形式，将特定人群聚合，最终达到统一投放，形成"传播到达"的内容传播宗旨。加大内容制作的专业化力度，从而降低对广电方版权内容的依赖是互联网电视内容差异化竞争的要求，也可做到对成本的有效控制。

3. 多元化：从影视走向增值服务

发展初期的互联网电视内容传播实质上就是对传统电视影视节目内容

的照搬，只是在技术手段上进行了相应的数字化转换和清晰度提升。无论从用户对互联网电视内容的内在需求，还是外部政策大环境来说，互联网电视内容传播的未来趋势必将走向多元化——以原有的影视节目为基础，不断拓展类似"App+"新模式的增值业务。目前 App 聚合应用软件的加入，使得互联网电视在未来不仅满足手机端的各类应用方向，还可以拓展更多领域的增值服务，包括：电商购物、在线教育、在线游戏、在线通信等我们所能想到的各类个人服务及政府、银行、酒店等各类相关行业应用。

一种增值服务，在这样一个信息爆炸的时代，随着用户关注点的转移，必然经过"推广—热门—衰退"的自然规律，被更新的服务所取代。只有对用户群的兴趣点保持高度的敏感，才能随时随地拿出有吸引力的增值产品。由此可见，互联网电视内容传播的多元化态势，即"影视＋增值服务"的模式是可以预见的，其前景还是相当可观的。

当互联网电视发展到成熟期时，互联网电视平台上的应用软件开始增多，云服务的模式也可以实现，因此"杀手级"的应用也开始出现。在增值服务剧增的背景下，增值业务将爆发出无限的活力。移动互联网实验室分析认为，OTT TV"杀手级"应该出现在与沟通相关的应用层面，类似OTT TV 平台的"微信"之类应用将成为互联网电视的"杀手级"应用。然而无论互联网电视内容未来发展到多么多元化，用户体验还是最为重要的核心。

4. 共享化：从单屏走向多屏

根据 2012 年谷歌的一项全球调查显示，民众 90% 的媒体消费行为是在电视、电脑、iPad 和手机这四个屏幕上产生的，同一用户大多拥有多重身份。电视时间被分流了的受众实则并未放弃电视屏幕，而且随着互联网电视的积极探索，其受众已迎来互动互联的精彩多屏世界。在这个多屏时代，互联网电视的显示终端可以是电视机、个人电脑及手持设备，而不仅仅局限在"电视"这个直接含义之中。随着多屏协同发展，互联网电视渐成未来客厅娱乐的中心，从 PC 端向手机、平板电脑等移动端产品的使用比例在不断上升。自 2013 年以来，许多参与方，特别是互联网方不断推出相关产品，助力客厅"生态"的布局，互联网电视成为各方布局客厅全新生态圈的重要一环。电视、电脑与移动终端的最大不同在于其固定性。当电视机发展到 4 K 大屏时代，虽然在硬件清晰度和尺寸上不断下功夫，却不能改变其作为固定端点的事实。开拓笔记本电脑、iPad 和手机端的同步接入，实现真正意义上的内容共享，是互联网电视进一步发展的趋势和必然要求。从单屏到多屏的共享互动将开启互联网电视的新型内容运营模式。

第四章 国内外优秀互联网电视媒体

发展的经验借鉴

尽管互联网电视是新兴产业，但它的发展有其规律性和媒体属性，这种规律性始终贯穿互联网电视的发展历程。通过对国内外优秀互联网电视发展状况的研究，正确认识和对待现状，把握好发展方向，学习国内外先进的互联网电视媒体管理方式、运营机制，吸收先进发展经验，能够提高我国的发展水平，拓宽国际视野，进一步提升竞争力。

本章主要介绍以美国、英国、日本为代表的发达国家互联网电视业务发展的经验与启示，以及国内以湖南卫视、浙江卫视、东方卫视和江苏卫视为代表的优秀电视媒体发展的运营模式，为互联网电视的传播发展提供借鉴。

一、发达国家互联网电视业务发展的经验

（一）美国 CNN 的多媒体融合变革

1. 价值主张促使网络电视媒体融合

美国是世界上最早实行数字化改革的国家，早在 20 世纪 80 年代美国政府就开始大力推进媒体的数字化发展。在长达四十多年的时间里，美国传统媒体转型商业化可谓功成名就，就连互联网产业一时间都无法盖其风头。20 世纪末，美国微软率先出手，以破纪录的 4.5 亿美元巨资换购了硅谷网络电视开发公司。可见即便是互联网技术全球领先的 IT 巨人，也始终盯住数字电视这块大"蛋糕"。在随后的数十年中，互联网 PC 端和网络电视均取得了巨大成功，以 IPTV 网络电视为代表的信息技术在全世界逐渐普

及开来，全时直播的出现正式开启了现代数字电视网络化的时代序幕，这也证明了微软数十年来的慧眼独具。如海湾战争爆发后，CNN 专门开辟了全天候的专题报道模式，使得美国传统媒体完成了以内容为核心的转型，而其他诸如 abc、CBS、Fox、NBC 和 CW 均效仿 CNN，将美国推向了全数字电视时代。

2. 客户细分催生移动社交媒体融合

随着 Facebook 在美国的一炮走红，激发了美国人对于社交新媒体开发的极大动力，短短数年间，Twitter、YouTube、Instagram 等兼具社交和媒体两大功能的新媒体形式的出现，使得年轻受众猛然转移。不断创新的 CNN 敢为人先，大胆尝试与新媒体进行融合，顺理成章地成为全球完全摆脱传统媒体商业模式的新媒体，这与其雄厚的受众和资金基础保障是分不开的。早在 21 世纪初，CNN 便开始布局互联网建设、移动设备上播放视频和互联网化电视等多个未来项目，而新社交媒体的出现又恰巧实现了 CNN 全面进行的资源互补和整合，其在政治和经济方面的资讯和新闻节目的开发水平可谓登峰造极，其电视媒体界大佬的地位至今无人能够替代。美国 CNN 的新媒体战略方案具体可以总结为"三点多面"的全方位传播覆盖，具体而言，即通过线上互动、电视网播出和线下服务的"三点"，以新媒体、电视、广播、杂志、手机、报纸为"多面"的全方位覆盖，从而实现其快捷、有序、高效的新闻传播渠道构建。

（二）英国 BBC 的新媒体及时转型

1. 网络社交渠道与资源整合

英国广播公司（BBC）是全球最老牌的传统媒体，迄今已有近百年的历史。在这百年的历史长河中，BBC 始终能够走在新闻媒体的第一线，尽管其拥有国营企业的身份，但在广播电视领域里，BBC 则依靠着敏锐的嗅觉和大胆的风格始终占据着全球最新传播科技的制高点。由于其结构完善、体制独立、受社会监管的诸多特征，其发展始终走在社会民众需求的前面。即便是新媒体，也很难说完全不受 BBC 组织结构和工作机制的启发和影响。对于互联网科技，BBC 始终报以开放的态度，从长远角度看待两者合作的未来空间，这基于 BBC 常年奔波奋战在一线的科技类新闻报道。与美国

CNN 相似，BBC 同样早在 20 世纪就已经完成了互联网媒体的布局和改革，通过利用其良好的节目口碑，从而将自己在传统媒体上的影响力顺理成章地过渡至互联网当中，其自身也迅速地完成了节目的延伸和补充。而英国作为全世界评论和社交历史最悠久的国家，BBC 在与社交媒体的融合可以说毫不意外，如 2007 年，BBC 斥资数亿英镑巨资打造全节目的社交服务活动，这种线上直播互动的模式甚至比美国的历史还要悠久，这也是 BBC 为何能够经久不衰的重要原因。

2. 即时分享型互动平台打造价值传递

BBC 开放的直播互动式平台一经推出便大受英国民众好评，这一模式被后来的各类新媒体平台纷纷效法采用，可谓开创了整个直播行业的先河。这一平台的出现成功地使 BBC 由过去保守、严谨的媒体路线瞬间转型为贴近普通民众、十分接地气的大众化媒体。BBC 的核心频道依然以严肃的风格播出各类时事和政经类新闻，但一旦收看 BBC 其他的节目，则不难发现其画风突变，甚至有的频道还专门以俏皮、讽刺和搞笑风格为频道基调。随着 Facebook、Twitter 的融入，BBC 成功地将受众群体留在了电视机前，即便是最追求时髦的年轻人，也能够轻松地在 BBC 上找到自己喜爱的节目。不得不承认，BBC 凭借这超强的创新和适应能力，成为世界上首屈一指的电视媒体。

（三）日本广播电视与通信的融合

20 世纪 90 年代后，日本逐渐走向多媒体时代，而快速普及的数字技术不仅带来了广播电视的多频道化、高画质化、高性能化，还使广播电视与通信系统、计算机等能共享信号，互联互通，从而使广播电视与其他信息媒体之间的协作与融合成为可能，特别是源自互联网的在线服务、双向数据传输等这些新的业务形式无限地扩大了传统的广播电视的边界。广播电视与通信 ① 之间互联互通的融合进程也开始加速。

---

① 在日本，广义的通信包括邮政、电信、计算机、广播电视等领域，但由于广播电视资源的稀缺性及其作为大众媒介的影响力，对广播电视实施了较为严格的规制，因而往往将其从广义的通信领域中划分出来，从而通信往往是指狭义的范畴，即主要包括前三者。因此，广播电视与通信的融合就是广播电视网与通信（电信、计算机）网的融合，类似于我国的"三网融合"——笔者注

1. 广播电视与通信融合的主要进程

根据日本原有的法律，广播电视业与通信业是相互分割的，在各自内部广播电视实行了制播分离，而通信线路上的内容与基础设施也是分营的。在这种情况下，广播电视业与通信业的融合最初只能表现在相互协作上。从传输线路看，两者早在 20 世纪 50 年代就开始了相互利用，如 NHK 曾在 1953 年 1 月独自建设了东京—名古屋—大阪之间的微波线路，但在日本电信电话公社 1954 年开通微波线路后，NHK 于 1954 年 5 月放弃自建线路，转而利用日本电信电话公社的线路进行广播电视信号的传输。

20 世纪 70 年代末、80 年代初，新媒体的盛行促进了广播电视与通信之间的协作，两者之间的融合出现了第一个高峰，CAPTAIN（文字图形信息网络）就是广播电视与通信融合的一个产物。

随着对有线电视规制的放松、互联网的发展以及利用通信卫星播送广播电视节目的开始，日本广播电视与通信融合的第二个高峰出现在 20 世纪 90 年代中期。1995 年 1 月，住友商事与美国 TCI 公司共同成立了日本首个有线电视 MSO（Multiple System Operator，拥有多家有线电视台的综合性运营企业），而由伊藤忠商事、东芝公司与美国 TIME WARNER、USWEST 四家公司共同出资的 TITUS Communications 也在同月设立。两公司于 1997 年开始提供固定电话服务，后又提供高速互联网接入服务，有线电视业开始介入电信以及互联网的运营，同时电视台也开始在互联网上播送影像、声音与数据。1996 年 8 月 30 日至 9 月 1 日，神奈川电视台在互联网上播送了职业棒球赛，1998 年 11 月 TBS 在《筑紫哲也 NEWS23》中播送美国总统在 TBS 演播室的访谈节目"克林顿总统与市民直接对话"时，同时通过互联网播送带有日语和英语字幕的视频，其 2 小时内的访问量达到 77000 次。到了 2000 年 2 月，通过互联网播送声音或视频新闻的民放电视台达到 44 个。[①] 随着互联网宽带建设的开展，通过通信光纤线路传输电视节目的电视台也在增加。

为了应对广播电视与通信融合发展的新趋势，日本邮政省在 1994 年 7 月召开了"关于面向 21 世纪的广播电视与通信融合的恳谈会"。根据该恳

---

① 日本放送协会. 20 世纪放送史（下）[M]. 东京：日本放送出版协会，2001：510.

谈会 1996 年 6 月最终报告的结论，邮政省接着在 1996 年 10 月设置了"广播电视与通信的融合与展开恳谈会"，于 1998 年 5 月提出了报告书《信息通信的多方面展开与赛博（syber）社会》，认为广播电视与通信的融合表现为 4 种类型：互联网广播之类广播电视与通信中间领域服务的"服务的融合"、利用有线电视网提供电话服务之类的在同一条传输线路上进行广播电视与通信传送的"传输线路的融合"、有线电视经营者提供通信服务之类的"事业体的融合"、将电视机用作互联网终端之类的"终端的融合"。报告书同时指出，由于上述融合类型既有关联又有区别，应对的方式也不同，因此在理解"融合"的概念时首先要明确所处的角度。而广播电视与通信的融合只是信息通信多样化的部分表现，应该从更深、更广的角度来认识两者的融合，要打破一直以来的仅局限于制度层面的研究，根据社会经济活动的实际状态来进行研究。

在邮政省"关于广播电视与通信融合时代的信息通信政策恳谈会"于 2000 年 12 月发表的"广播电视与通信融合服务的健全发展"报告中，对上述 4 种融合类型作了进一步的明确界定，认为由于数字化和传输线路的宽带化，在服务的融合中出现了像电子公告板、网页信息发送、互联网广播等"具有公然性的通信"，以及像数据广播那样的"具有特定性的广播电视"的中间地带服务，而这些服务带来了互联网的有害信息以及对他人的中伤等问题。这些问题无法通过原来的对通信秘密的保护和广播电视节目准则的确立等措施来解决，因此，需要制定新的规则和提升信息发送方的道德伦理水准。报告提出了对正在进行传输线路融合的通信卫星数字播送、有线电视播放等的软件与硬件分离的制度进行完善，对开发最先进的广播电视与通信融合服务的支援的制度进行完善，以及流通中的违法与有害信息的应对等政府应该迅速采取的对策。在此基础上，总务省向第 151 次国会提出了"电子通信业务利用广播法""关于促进广播电视与通信融合技术的开发的法律案"等草案，这些法律草案在 2001 年 6 月 1 日获国会通过。

2001 年 11 月开始实施的"关于促进广播电视与通信融合技术的开发的法律"，通过对开发广播电视与通信融合基础技术的民间经营者给予助成金、完善这些经营者共用的电子通信系统等，以加快推进广播电视与通信融合服务的开发。而从 2002 年 1 月开始实施的"电子通信业务利用广播法"，在将利用电子通信业务从事广播电视制度化的同时，放宽了对通信卫星广播和有线电视的进入规制，有利于从业者的多样化和提供丰富多彩的节目。2003年3月，获得"有线业务利用广播事业者"第1号的软银旗下的BB有线（BB Cable）公司开始了名为"BBTV"的IP播送服务，同年12月，KDDI也开始利用光纤配送影像的服务"光Plus TV"。

　　地面数字电视的全面转移在加速广播电视数字化的同时，也将广播电视与通信的融合推向了一个新的发展阶段。从技术上看，广播电视与通信的融合已不存在障碍，但由于著作权等的限制，利用通信设施传送广播电视节目却有诸多限制（如需要事前获得许可才能播放）。对此，2005年12月，时任总务大臣的竹中平藏在会见记者时谈到："要进入这样一个阶段，即从国民的角度看，广播电视和通信之间是无缝的，让国民能真切体会到广播电视与通信的融合。"①（即竹中谈话）为了探讨下一步的行动方向，2006年1月，日本政府设立了作为总务大臣咨询机构的"关于广播电视与通信的现状与发展恳谈会"（即"竹中恳"），"竹中恳"在进行了14次会议的研讨后，于2006年6月6日提交了最终报告。该报告从普通使用者、竞争力强化与事业多样化、软实力强化等三个视角出发，在对融合与协作的迟缓、不充分的竞争等现状进行分析的基础上，提出了广播电视与通信未来的发展方向，即在2010年初实现在全国任何地方都能使用低价的宽带，而要实现这一愿景，则需要在推进融合所需的环境整备、促进通信事业的进一步竞争、促进广播电视事业的自由展开、NHK的彻底改革等方面着手采取措施。其中在融合环境的整备方面，几乎与"竹中恳"同时，以片山虎之助参议院干事长为主席的自民党电子通信调查会——"广播电视与通信高度化小委员会"也展开了相关的研讨并提出了最终报告。两个报告的结论以"关于广播电视与通信发展的政府与执政党一致意见"的方式进行统合，成为内阁府经济财政咨询顾问会议7月7日发表的"关于经济财政运营与结构改革的基本方针2006"的内容之一。另外，文化厅的文化审议会著作权分会，也在进行对广播电视与通信融合有着很大影响的著作权问题的研讨，其他各种相关团体及经营者也对广播电视与通信融合问题进行

---

① NHK放送文化研究所. NHK年2011[M]. 东京：NHK出版，2011：23.

了大量的研讨或者对研讨结果发表意见。2007 年 1 月，修订后的著作权法开始实施，IP 广播获得了与有线广播同等的权利，即重播地面数字电视节目不需事前许可。

在进行理论研讨的同时，广播电视与通信的融合实践也在进行。地面数字电视开播后，在传送行政信息方面开始探索地面数字电视的数据播送与互联网联动的服务。2004 年 2 月 1 日至 3 月 14 日，岐阜市进行了这一实证实验，即把行政机关的信息暂存在数据服务器中，然后把这些信息的概要目录传送到电视台，再通过电视台的数据播送将其传送到居民家中的数字电视机上。当选择数据播送画面上的行政信息按钮时，就会转移到列举行政新信息、地区信息控制系统以及相关设施信息等的画面上。再从中选择需要了解的信息按钮，就可以通过互联网显示存储在数据服务器中的详细信息。这样就可以跟从计算机互联网上获得信息一样，通过电视机也可以获得所需的详细信息、进行使用设施等的服务申请。实验结果表明，参加实验的 151 个家庭中，每天访问的平均家庭数为 23 个，而且只有高龄老人的家庭每天的利用率达到 22.6%，其利用率远远高于没有高龄老人的家庭。这就意味着，电视的亲近感与易操作性可能有利于消除数字鸿沟。

2005 年，视频点播服务 VOD（Video On Demand）成为各电视台的热点，NHK 和富士电视台在 7 月、日本电视台在 10 月、TBS 在 11 月相继开通了视频点播服务；2006 年 4 月 1 日，"One seg"手机电视播送正式开始；2006 年 7 月，由松下电器、索尼、So-net（索尼为最大股东）、夏普、东芝、日立共同出资组建了"TV Portal Service"公司（2007 年 9 月改名为"Actvila"公司），并于 2007 年 2 月推出了"Actvila"互联网视频内容服务；2008 年 3 月，NTT plala 开始提供名为"光 TV"的 VOD 服务；2008 年 12 月，NHK 开始提供名为"NOD"的服务，与 VOD 不同的是，NOD 可以事后补看电视台播放过的节目。

到 2011 年 3 月底，除电视台外的 VOD 服务提供商有 14 家，其中 Actvila 的用户累计接收设备数约为 303 万台，NTT plala"光 TV"的会员数约为 141 万。而根据 NHK 放送文化研究所 2011 年 1 月的调查，居民中拥有并接入使用网络电视机的比例仅为 5%，拥有但未接入使用的网络电视机的比例为 9%，暂未拥有但准备使用的比例为 12%。

作为主要的融合性服务提供商，NTT plala 的"光 TV"拥有 80 个以上的电视频道、2 万部以上的录像、1.8 万首以上的卡拉 OK 曲目，还提供电视购物服务，也可以使用智能手机和平板电脑作为终端。2013 年 7 月 31 日开始，"光 TV"增加了面向个人电脑的 VOD 服务。

地面数字电视转移完成后，空余出来的电波资源为包括广播电视与通信在内的更大范围的媒介融合提供了更多的有利条件。

广播电视与通信融合的另一产物——智能电视也在 2012 年掀起了一阵热潮：3 月，NTT 西日本开始提供"光 Box+"服务；6 月，NTT 东日本开始"光 Box2"服务；11 月，KDDI 也开始了"Smart TV Box"服务。2013 年 2~3 月，NTT、KDDI、软银相继开始了通过插入电视机 HDMI 端口的棒型终端提供的影像服务。

此外，日本电视在 2012 年 3 月开始试播社交视听服务"Joi NTV"，这是使用数字电视的数据播送画面，将电视节目与社交网站 Facebook 联动的服务，经过多次实证实验，于 7 月 20 日开始向全国网络提供正式服务。为使其服务更好地向社交媒体扩展，其服务名称也由带有浓厚日本电视色彩的"Joi NTV"改为更广泛适用的"Join TV"。

2. 融合的法律体系

在 2005 年底的竹中谈话以及"竹中恳"最终报告书提交后，日本政府研究建立广播电视和通信融合、协作的新法律体系的工作开始提速。为此，2006 年 8 月 1 日，总务省在信息通信政策局设置了"广播电视与通信法制企画室"，并在总务省信息通信审议会信息通信政策部下设了"关于广播电视与通信的综合法律体系研究会"，对法律体系框架进行研讨。而在总务省 2006 年 9 月公布的"关于广播电视与通信领域的改革工程计划"中，在融合相关方面提出了通过研究会的报告、信息通信审议会的询问与答复，在 2010 年定期国会上提出法案的目标。

"关于广播电视与通信的综合法律体系研究会"在 2007 年 12 月提出了最终报告书。报告书提出了把通信和广播电视领域现有的九个法律（《广播法》《有线广播法》《有线电视广播法》《电子通信业务利用广播法》《电波法》《有线电子通信法》《电子通信事业法》《有线广播电话法》《NTT 法》）整合为一个法律（暂名为《信息通信法》），变原来的纵向法律体系为横向法律体系的设想，将这一新的体系分为传输基础设施（包括传输服务与传输设备）、平台、内容三个层面。

在此基础上，2008年2月，为深入研讨广播电视与通信的融合与协作的具体制度，总务省就"广播电视与通信的综合法律体系的现状与发展"向信息通信审议会提出了咨询，为此，信息通信审议会信息通信政策分会成立了"关于广播电视与通信的综合法律体系研究委员会"，并于6月发布了征求意见稿，然后于12月提出了"关于广播电视与通信的综合法律体系研究议事日程"，最终于2009年8月26日提交了对这一咨询问题的答复。

最终的答复对新法律体系的层次作了进一步的明确，原来的"平台"被改为"传输服务"，即三个层面分别为传输设备、提供传输设备供他人通信之用的传输服务、通过传输设备传送的内容，而把原有相关法律整合成一个新法律的想法也被抛弃，转而根据不同的层面来制定相应的法律。在传输设备层面，原有的相关法律有《电波法》《有线电子通信法》，在新的法律体系中这两个法律基本维持原状；在传输服务层面，原有的相关法律包括《有线广播电话法》《电子通信事业法》《NTT法》等，在新的法律体系中，以原《电子通信事业法》为核心进行修订，废除《有线广播电话法》，而《NTT法》则暂不纳入新法律体系；在内容层面，原有的法律包括《广播法》《有线广播法》《有线电视广播法》《电子通信业务利用广播法》《电子通信业务提供商责任限制法》《青少年互联网环境完善法》等，在新的法律体系中，保留了原有的广播电视（放送）的概念，以原《广播法》为核心，统合与广播电视相关的部法律以形成新的《广播法》，而《电子通信业务提供商责任限制法》《青少年互联网环境完善法》等不纳入本次修订的新法律体系中。

2009年9月，日本政权交替，民主党政府成立后，有关广播电视与通信法规融合的总体方向未变，但具体内容发生了一些变化，增加了有关大众媒介集中排除原则和NHK经营委员会构成的内容。2010年3月5日，总务省向第174次国会（定期）提出了以广播电视相关四法的一体化为主体的《广播法》等修正案。几经周折，这个体现了广播电视与通信法律体系60年来最大变化的修订案最终在第176次国会（临时）上获得通过，2010年12月3日正式颁布，2011年6月30日正式实施，广播电视与通信的融合在法律上获得了体现。新的法律体系由《广播法》《电子通信事业法》《电波法》《有线电子通信法》等 4 部法律组成。

3. 融合实践

伴随着广播电视与通信的融合进程，出现了各种融合的服务形式，这里选择 IPTV（交互电视）和 One seg（手机电视）进行简单介绍。

（1）IPTV

IPTV 有广义与狭义之分，狭义的 IPTV 仅指采用 IP 组播技术所提供的服务，而广义的 IPTV 则还包括 VOD 服务。这里使用的是狭义的 IPTV 概念。

2002 年 1 月日本开始实施的"电子通信业务利用广播法"，改原来的相关许可或执照制度为注册制度，使利用通信经营者的传输线路进行的有线电视和通信卫星电视的播放服务变得更容易，也使得利用 IP 组播技术的 IPTV 服务开始出现。

2002 年 7 月，软银集团旗下的 BB 有线公司进行了电子通信业务利用广播法所规定的注册，获得"有线业务利用广播事业者"第 1 号注册资格，并于 2003 年 3 月开始提供名为"BBTV"的多频道服务和 VOD 服务，成为日本最早提供 IPTV 服务的公司，也是世界上继英国 KIT、Video Networks 以及意大利 FASTWEB 公司后第四个提供 IPTV 服务的公司。如果仅从多频道的角度看，则比意大利 FASTWEB 公司提前了 8 个月，为世界第三。[①]BBTV 也成为"Yahoo！BB"系列的一个新成员，而由于 BBTV 与同一集团提供的 ADSL、FTTH 服务使用的是同一条传输线路，因此 BBTV 用户需要先接入该集团的互联网。

2003 年 10 月 KDDI 公司进行了注册，并从 12 月开始提供多频道服务和 VOD 服务，其服务名称为"光 Plus TV"；2004 年 6 月，由 Jupiter programming、Secom、东北新社、日本经济新闻社 4 家公司共同设立的 On Line TV 公司注册，7 月开始提供"4th MEDIA"服务；2005 年 5 月，由伊藤忠商事和 Skyperfect communication 共同出资的 I-Cast 注册，6 月开始提供"On Demand TV"服务。

之后，KDDI 公司的"光 Plus TV"在 2006 年 6 月改为"光 one TV"，

---

① 本间祐次. IPTV 通信・放送融合サービスの大本命（M）. 東京：株式会社ニューメディア，2007：115-116.

2010年1月再次改名为"au光TV";而OnlineTV公司的"4th MEDIA"、I-Cast公司的"On Demand TV"服务均于2008年7月31日结束,其用户从2008年3月开始陆续转移到NTT plala的"光TV"服务。至此,NTT、KDDI、软银(SOFTBANK)三大通信运营商主宰了日本的IPTV市场。

但是,IPTV在日本的发展并不顺利。2007年3月,IPTV的家庭用户数约为17.2万,2007年12月增加到了约24.3万,但2008年3月却减少到了23.3万。究其原因,通信运营商对新领域的不熟悉导致其缺乏与有线电视运营商进行有效竞争的能力,同时Actvila、Gya O等使用普通互联网提供影像服务的经营者也抢走了部分消费者。NTT的加入给IPTV的发展注入了动力,而2007年12月通过、2008年4月实施的修订《广播法》则给广播电视经营者带来了新的发展机遇,以致有研究者认为日本将出现"IPTV革命"。2008年5月起,NTT开始在东京和大阪提供地面数字电视的重播服务,NHK也从12月起提供"NOD"服务,IPTV的内容得到加强。另一方面,非通信系的IPTV运营者Cool-revo公司从2008年4月开始以在日外国人为市场提供IPTV服务,而同年11月,USEN公司的VOD服务"Gya O NEXT"增加了多频道服务,也开始了IP组播播送。因此,从2008年6月开始,IPTV用户逐渐回升,到年底增加到了54.9万户。[①]但从总体上看,IPTV发展仍不尽如人意,到2010年6月其用户数也只有69.5万。[②]

另外,2008年5月,以NTT、KDDI、软银三大通信商为中心,有NHK、民间放送联盟、索尼、松下、夏普、东芝、日立等参加的"中间社团法人IPTV论坛"(后改为一般社团法人)成立,这是一个致力于推进IPTV技术规格标准化的团体,由庆应义塾大学的村井纯教授担任理事长。

2012年初,BBTV可提供的频道服务包括6个电影频道、7个电视剧频道、4个动画频道、3个音乐频道、4个体育频道、11个娱乐频道、4个纪录片频道、4个娱乐与教养频道、2个购物频道,费用则为机顶盒租金加频道包费用。机顶盒租金为每月1260日元,频道包分两种:在2个免费频道基础上,精

---

① 本間祐次. IPTVの概要と最新動向(J). 映像情報メディア学会誌,2009,63(5):582-583.

② 佐野貴子. 海外における次世代IPTV事業の新展開及び政策動向等について(EB/OL).(2011-7-3)[2011-11-15] http://www.soumu.go.jp/iicp/chousakenkyu/seika/hAppyou.html.

选 19 个频道为每月 1480 日元，36 个频道为每月 2390 日元；"au 光 TV"可提供的服务有每月 1539 日元、37 个频道的基础频道包，每月 665 元、4 个频道的音乐频道包，以及 12 个自选频。"光 TV"可提供的服务更为丰富，电视频道超过 80 个，其中包括 11 个电影频道、8 个电视剧频道、6 个体育频道、5 个音乐频道、7 个动画与儿童频道、4 个韩流与华流频道、18 个娱乐频道、3 个纪录片频道、3 个电视购物频道、9 个兴趣与教养频道、3 个新闻频道、2 个外语频道、7 个成人频道，有每月从 1050 日元至 3675 日元不等的各种费用套餐可供选择。

（2）One seg

"One seg"是以手机等移动接收终端为信号接收对象的地面数字电视播送服务，2006 年 4 月 1 日正式开始。

日本地面数字电视采用的是 ISDB-T 标准，一个频段（Segment）的带域宽度约为 429KHz，而一个频道（Channel）的带域宽度约为 5.75MHz，即一个频道被分成 13 个频段，"One seg"就是利用 13 个频段中的一个来进行信号传输的，所以又称"1Seg"（1 频段），其他 12 个频段用来播放利用地面数字电视接收机进行接收的数字电视节目。

2006 年 4 月 1 日，民间放送联盟在东京、名古屋、大阪三市，NHK 在 29 个都府县开始了"One seg"的节目播送，可以接收的设备包括手机、笔记本电脑、便携式 DVD 播放器、车载设备、专用终端等。"One seg"播送的画面分成两个部分，上半部为电视画面，下半部为相关数据信息。

2008 年 3 月以前，由于按规定每个电视台有同时播送同一节目的义务，"One seg"所播送的内容是与其他 12 个频段播送的完全相同的节目，从 2008 年 4 月 1 日起，修订后的广播法解除了同时播送的义务，部分电视台的"One seg"开始播送与 12 个频段不同的、专门为"One seg"制作的电视节目。

"One seg"服务受到了普遍的欢迎。从搭载"One seg"接收装置的手机上市情况看，到 2008 年 7 月末，累计已上市 3970 万台，这一数字基本与同年 8 月末的数字电视专用接收机的累计上市数相同。[①] 从 2008 年

---

① 高瀬徹朗.〔ワンセグケータイ〕を振り返る（J）.NEW MEDIA, 2008（12）：74.

到 2011 年，搭载"One seg"接收装置的手机每年的上市量均超过 2000 万台[①]，到 2011 年 6 月，搭载"One seg"接收装置的手机累计上市量达到 1.08639 亿台。而在电通总研每年发布的"话题与注目商品"排行榜中，搭载"One seg"接收装置的手机 2006 年排名第 10 位，2007 年和 2008 年均排名第 6 位。[②]

根据 NHK 放送研究所进行的"全国接触者率调查"，7 岁以上的国民中拥有"One seg"接收设备的比率从 2007 年 11 月的 10.3% 增加到 2011 年 11 月的 49.1%[③]；而根据其历年的"数字电视调查"，16 岁以上国民中收看"One seg"的比例也从 2007 年的 7% 增加到了 2010 年的 38%，收看节目的类型从高到低依次是体育（22%）、时事新闻与评论（21%）、综艺与搞笑（15%）、电视剧（14%）、天气预报（10%）等[④]。

二、我国优秀电视媒体发展的运营模式借鉴

（一）湖南卫视

湖南卫视作为我国第一家上星省级卫视，是全国范围内首个以集团化运营并试水数字电视的卫视。其通过早年在节目制作、集成播控、IPTV 试点、手机电视等内容上的成功尝试，使其一跃成为全国所有电视台争相模仿的对象。

1. 电视台构架

湖南卫视总编室下设 6 个科，承担着全台宣传管理、节目运作、频道播出、品牌推广管理、自办节目动态化管理等重要职能，可以说是湖南卫视的大脑中枢系统。

---

① EITA. 移动電話国内出荷実績（EB/OL）.[2012-1-10] http：//www.jeita.or.jp/japanese/stat/cellular/2011/index.htm.

② 電通総研.『話題注目商品』（2006、2007、2008）（EB/OL）. [2012-1-10] http：//www.dentsu.co.jp/dii/news/index.html.

③ NHK 放送研究所. 全国接触者率调查（2007–2011）（R/OL）.[2012-1-14] http：//www.nhk.or.jp/bunken/yoron/broadcast/index.html.

④ 小島博，ほか.浸透するタイムシフト，広がる動画視聴~「デジタル放送調査 2010」からパート I ~（J）.放送研究と調査，2011，（3）：4-6.

2. 价值主张

频道定位方面，湖南卫视抓住了民众精神方面的娱乐化和生活化需求，尝试在借鉴日韩等娱乐节目的基础上创作以自由、欢乐、轻松为主体的节目内容，新风格迅速"俘获"了大量受众。卫视大胆启用了多名海归学子担任节目制作人，使得其栏目运作和开发能力一流，且通过与港媒、海外媒体的互动合作，使得其创新资源层出不穷，数十年以来始终广受好评。

3. 客户细分

湖南卫视定位 15 至 34 岁的 80 后中青年群体，男女平均收视分钟差距很大，在五大卫视中女性最高，男性最低。这一群体大多经历互联网大发展的时代，具备更强的接受能力、更自由的生活态度，对于娱乐和文化产品有特殊的需求偏好。因此在卫视一经节目更新就受到全国范围内广泛的群体关注，其收视率一度超越央视诸频道。目前来看，尽管在娱乐开发深度上受限，但由于之前积累的忠诚用户和对其他综艺类节目的不断尝试，仍是青年一代收看电视节目的不二之选，且与娱乐圈的高度融合以及话题内容的参与始终没有脱离青年群体的关注点，这是湖南卫视赖以成名的核心战略，凸显了其对于青少年和年轻女性的定位。

4. 收入与收视

目前，湖南卫视除了在我国播出以外，还通过与其他国家地区的卫视联合跨境实现信号同步，其在日本、澳大利亚、新加坡、中国香港等多地都可以即时收看直播。据 CSM 索福瑞公布的收视率排行显示，2017 年，湖南卫视在省级卫视收视率排行榜、晚间黄金时段收视率排行榜、后黄金时段收视率排行榜中均列第一，收视率分别为 0.408%、1.434%、1.069%。其市场份额也持续数年高居榜首，2017 年营收达到 125 亿，创下我国省级电台改革后的最高峰。在我国三十多家省级卫视中，湖南卫视无疑是经营得比较成功的一家，它所取得的成绩就在于它独特的商业模式，包括内容制作、渠道开发、盈利创新和品牌构建等四个方面。

（二）浙江卫视

1. 电视台架构

浙江卫视 6 大中心（节目、新闻、营销、管理、技术中心，及总编室）

的部门主任，每季度都要签订目标责任状，达标程度与奖金挂钩。

2. 价值主张

浙江卫视是在我国率先尝试真人秀类节目的卫视之一。与湖南卫视的娱乐风格不同，浙江卫视开拓的是全民无门槛娱乐性、普通人追梦的公益性、充满生活气息的家庭性节目，这些节目的特质是观众和节目参与者在参与或者观看节目的时候都能够找到共鸣和参与感。此外，浙江卫视充分利用了明星效应，每位明星都有自己的粉丝，他们都是忠实的观众。因此，浙江卫视活用了这一原则，在各类节目频频邀请明星参与，带来较高的收视率。

3. 客户细分

浙江卫视的定位同样也偏向年轻群体，但其覆盖受众面更广，其"中国蓝"的口号也凸显出其目标定位是"普罗众生"，但目前看有所偏差，更偏向年轻群体，主打以真人秀节目为核心的经营思路，旨在挑战湖南独霸省级卫视收视宝座。浙江卫视的经营思路相对简单，其主要是通过照搬国外真人秀节目，以加盟或合作的方式在国内进行"国产化"翻拍，如《中国好声音》《跑男》等节目均是直接引用国外电视台的原版制作，受益于原版节目较为成熟的机制和已经完成市场检验的出色效果。浙江台在上述节目中同样收获了大批国内忠实粉丝，形成以大牌明星云集的真人秀制作工厂。

4. 收入与收视

浙江卫视同湖南卫视之间的创收竞赛此起彼伏，2017年度创收达到103亿元。据统计栏目播出的9个多星期，一共吸引了1.2亿电视观众和将近4亿的互联网用户。2019年《中国好声音》的冠名费用超过2.5亿，创造了中国单笔冠名费用之最。

（三）东方卫视

1. 电视台架构

上海电视台目前已经完全采取集团化运营。同所有电视台不同的是，上海电视台作为电视新闻中心和广播新闻中心二元架构的核心职能管理部门，统筹管理上海东方传媒集团有限公司。上海电视台不参与直接的节目制作，而是作为下属百事通新媒体股份有限公司、上海第一财经传媒有限公司、上海东方传媒娱乐有限公司、上海东方购物有限公司、上海炫动传播股份有限公司这五家公司的领导层。

由于已经完全实现企业化转型，东方卫视作为上海东方传媒娱乐有限公司下属的一个部门，只按照集团总部的要求，在其直接管理者上海东方传媒的年度计划中负责节目编排工作，其等同于其他电视台的总编室，但不干涉其他部门的任何工作。这么做虽然弱化了卫视中心的职能，但却能够集中精力科学合理地安排节目档，使整体效率更高。

2. 价值主张

在"限娱令"的影响下，各家卫视都在调整自身的节目编排和制作，2014 年，东方卫视推出的《笑傲江湖》意外占据收视率榜首，从而坚定了东方卫视做喜剧的决心。2015 年初，以德云社全班底出征的《欢乐喜剧人》更是获得了全国的一致好评，并创造了 3.4% 的收视率高峰，基本确定了东方卫视的喜剧节目基调。

东方卫视主打喜剧的战略定位在 2014 年以前同浙江卫视类似，也是以真人秀为主要节目的综艺活动，但当时的竞争力始终不如湖南、浙江两大卫视的真人秀节目，随后，东方卫视开始向喜剧方向转型，最早邀请北京的相声演员王自健担纲节目，后取得良好的效果，这促使东方卫视开始用心布局喜剧产业链，以《笑傲江湖》《欢乐喜剧人》等为代表的新型喜剧综艺席卷国内喜剧市场，成功打造了差异化竞争节目链，从而成为国内顶级的以喜剧为核心内容的省级卫视。

3. 客户细分

东方卫视女性受众贡献的收视时间更多，男性贡献的少；25 至 34 岁、35 至 44 岁人群平均收视时间更高，其受众定位于"时尚并且具有更强消费意识的都市人群"，对广告商吸引力强。但受众构成在年龄方面偏大，现调整喜剧核心内容的差异化竞争方式，吸引了大批的年轻观众，受众群体更加丰富。

4. 收入与收视

以喜剧为核心的节目基调制作，使其黄金时段广告收入也随之上升，2017 年，核心时段 15 秒广告费用为 21.3 万，超过了浙江卫视，仅次于江苏卫视。2019 年 1 月，《欢乐喜剧人》第四季上线两周时优酷线上播放量破亿，微博主话题阅读量 17.6 亿，讨论量 164 万，出色的业绩使其已经成为东方卫视的核心节目，实现了口碑收视双丰收。

（四）江苏卫视

1. 电视台架构

江苏卫视总编室在 2010 年时合并过一次，公共服务部原来是放在各个部门的，但因为节目制作需要频道内部可以流程化的运行，所以后来把它统一到了综合部。江苏卫视从集约化角度考虑，服化道、舞美、制片放在一个部门统筹使用以避免重复和浪费。摄像也是全部统一到制作部，有利于业务的交流，水平好坏可以比较，每个栏目可以自主选择摄像，有了竞争。

2. 价值主张

2014 年后，江苏卫视开始尝试向益智类节目转型，其中《最强大脑》和《一站到底》是江苏卫视益智类节目的兄弟档。江苏卫视运用自己在大型活动中的经验，成功地将国产益智类节目开发到极致，并吸引了海外媒体的关注。两档节目播出之后，获得了广大观众的一致好评，也引发了一场智力竞技的热潮。

3. 客户细分

江苏卫视在 2015 年之前的定位始终是以情感类节目为基调的节目制作与开发，其中最成功的非《非诚勿扰》莫属，至今仍是我国情感类节目收视的巅峰，无人能超越，并在此基础上搭配以婚姻感情和亲子关系为辅的全系列情感类节目，将受众成功定位在 30 岁以上、有结婚需求或是已经成立家庭的中老年群体。2015 年以后，江苏卫视也在尝试二次转型，利用原有的受众群体开发全民益智节目，成为全国范围内的唯一，虽然其节目形式完全改变，但受众群体已然稳固。整体来说，江苏卫视男女性别差距不大，受众的年龄、学历跨度较广，主要受众偏向成熟稳重的年龄层。

4. 收入与收视

江苏卫视是全国最早进行运营改革的电视台之一，通过早年积累的丰富的电视媒体运营经验，始终位于我国电视媒体的前列。在湖南卫视率先改制后，江苏卫视也随即做出反应，为了实现差异化经营，江苏卫视采取了同湖南卫视完全不同的策略，即在原有的节目基础上改进一系列情感节目，并借鉴了国外以益智节目为核心的差异化战略。从结果来看，2014 至 2017 年，江苏卫视的收视率和收入保持稳定增长态势，广告收入方面，江苏省黄金档 15 秒广告连年位居全国第一，全国 Top 50 节目中江苏每年都占据五分之一，十分稳定，突显了江苏卫视稳扎稳打的商业模式。

三、国内外优秀电视媒体商业模式给我国互联网电视发展的启示

（一）发挥电视媒体的社交价值

英美等国很早就借助互联网做出调整，从而使得其内容更具针对性，营造的节目效果更强，当引入社交媒体在线直播平台后，原有的节目已经不单纯作为节目而播出，更代表这一种文化、一种价值观，让不同的观众在社交平台的交流中碰撞出激烈的火花。这是社交媒体的价值所在，也是在迅速调整市场转型之后所取得的重大成就。

（二）频道品牌客户细分

从国内优秀电视媒体的成果可以看出，几乎每个卫视都有自己的频道品牌：湖南卫视是以亲民娱乐节目作为频道品牌；浙江卫视是以大型电视真人秀节目作为频道品牌；江苏卫视以情感益智节目作为自己的频道品牌；东方卫视以喜剧作为频道品牌。因此，定位的明确对于整个电视频道的推广和影响力的打造起着关键的作用。只有进行准确定位，确定好品牌的内涵，才能形成稳定的品牌影响力。

（三）高效的资源整合

省级卫视服务面对全国范围内的受众。因此，传统电视媒体的"自创自审自播"的机制早已无法满足民众多方位的大量信息需求，从四大卫视近 10 年的节目开发和制作情况来看，几乎每两年就要更新自己的节目单，通过节目的不断推陈出新来使观众保持新鲜感。这与其率先尝试市场化的机制改革有着直接的关系，以往固化死板的运营机制大大抑制了节目的创新性。因此，城市地方卫视应打破这种机制，实行以市场化为核心的体制并以此开发节目，将更多新鲜的血液融进电视节目的制作中。

（四）新媒体平台的渠道打造

新社交媒体的出现让以往单向的电视媒体信息传播方式变得更加广阔，以新浪微博、微信等大众化社交中心对电视媒体起到的评价、监督、关注和推广的平台，这使得电视媒体更要依靠内容"硬核"才能赢得更高的收视率，且新媒体生成的数据信息，对电视节目的制作和推出也起到了相当的影响作用。这一现象对于整个电视界而言，属于里程碑式的突破。新媒体时代，从节目组到管理层都在尝试用新媒体开展品牌营销。如东方卫视2012年首播的《甄嬛传》、2015年由湖南卫视首播的《古剑奇谭》《花千骨》等，均借助新浪微博的热搜得以迅速推广，使相当部分观众从手机和电脑回归电视来追剧，都是依靠在微博上制造出巨大声势，在上亿次的阅读和讨论背后隐藏着巨大的机遇。

第五章　互联网电视业务受众满意度实证案例分析——以 JD 互联网电视业务为例

本章以 JD 互联网电视业务和我国对农电视服务节目的优化策略为例，进行互联网电视业务受众满意度实证分析，以期为互联网电视传播发展提供参考。

一、基于受众满意度的 JD 互联网电视业务个案实证分析

随着信息化时代的快速发展，"互联网 +"和"三网融合"作为新传播方式得到大力推广。JD 移动作为一家传统的通信运营商，在固网业务（宽带）正处于起步阶段、视频广播业务从未涉足的不利情况下，如何围绕互联网电视业务快速提升企业竞争力、如何提升移动互联网电视业的用户满意度问题等成为其面临的重要问题。为了深入了解当前 JD 移动互联网电视业务存在的问题，本章将对公司移动互联网业务用户进行满意度调查，进一步明确用户的满意度高低以及影响用户满意度的相关因素，从而为提升其用户满意度提供依据。

由于移动互联网电视业务对于广大普通用户来说是近几年才推广的一项新业务，这和中国移动传统的语音业务、短信业务、飞信业务已经被大众熟知的概念完全不同，大部分客户对移动互联网电视这个概念是陌生的。即使已经开通移动互联网电视业务的人，对该业务也不是太理解，普通老百姓只知道装移动宽带送电视信号这个概念。所以，调查内容不能太复杂，因此本次调查采用单一评测体系。对于 JD 移动互联网电视业务来说，业务的顺利推动需要两方面因素的共同配合，需要强大的硬件力量支持，还需

要合理的软件力量支持，因此，要了解用户的满意度也要从硬件满意度和软件满意度两个方面开展。满意度测评体系包含用户整体满意度、硬件因素满意度和软件因素满意度。硬件因素的满意度主要是指 JD 移动互联网电视业务的硬件设施是否完善；软件因素的满意度范围相对广泛，主要是指服务态度、柜面事务处理速度、人员素质、业务创新、投诉解决及处理等。

由于篇幅所限，笔者对调研过程不展开叙述，重点强调调研结果和存在的主要问题及影响因素。

（一）调研结果分析

1. 整体满意度调研结果

调查结果显示，有 65% 的用户表示对当前 JD 移动互联网电视业务基本满意；有 26% 的用户表示对 HB 移动互联网电视业务表示满意；仅有 9% 的用户表示对当前的业务不满意。

2. 硬件满意度调研结果分析

（1）基站硬件设施

调查结果显示，有 68% 的用户表示，当前 JD 移动互联网电视业务的基站硬件设施不够完善，无法支撑现有的业务活动，业务进行过程中总是会遇到这样或者那样的问题，包括机顶盒问题、电视机问题、遥控器问题，等等，对基站硬件设施不满意；有 32% 的用户表示不满意。

（2）网络信号问题

调查结果显示，有 39% 的被调查对象反映，在使用移动互联网电视业务过程中，偶尔遇到过播放卡顿的情况；有 36% 的调查对象表示，使用移动互联网电视业务的过程中信号总是很差，经常卡顿；有 35% 的用户表示信号整体还可以。

3. 软件满意度调研结果分析

（1）人员素质、服务和态度方面

调查结果显示，有 62% 的调查对象认为当前 JD 移动互联网电视业务的人员服务工作不到位，对此表示不满意；仅有 12% 的调查对象表示满意；36% 的调查对象表示无所谓，平常没有较多接触。

（2）业务创新或增值服务方面

调查结果显示，有 58% 的调查对象认为当前 JD 移动互联网电视业务当前的增值服务过多，影响用户正常的生活服务；有 32% 的调查对象表示对这些增值服务不关注；仅有 10% 的调查对象表示，他们日常生活中会经常用到这些增值服务，这些增值服务比较有意义。

（3）柜面人员处理速度

调查结果显示，有 73% 的调查对象认为当前 JD 移动互联网电视业务柜面的素质不高，技能水平不到位，并不能帮助他们顺利、快速地解决各种难题；有 22% 的调查对象表示柜面人员处理速度还可以；仅有 5% 的调查对象表示，移动互联网电视业务柜面人员处理较快，相对及时，能发挥相应作用。

（4）投诉处理到位与否

调查结果显示，有 48% 的调查对象认为当前 JD 移动互联网电视业务人员在处理投诉方面还不够及时，不能快速地切入问题，并有效地推动问题尽快解决；有 32% 的调查对象表示业务人员在处理投诉方面基本到位，能够快速应答，但是解决问题方面的时效性还不够；有 20% 的用户表示业务人员在投诉处理方面机动灵活，对他们的服务满意。

（二）调研发现的主要问题

综合上述调查结果，JD 移动互联网电视业务的开展过程中存在不少问题。

1. 硬件设施不完善

在电视业务的硬件资源方面又表现为两方面：第一，基站设备不完善。当前电视业务多采用 4G 网络，由于 4G 技术采用更高频段，基站间距离将更近，基站数量将更多，而目前 JD 移动互联网电视业务发展过程中基站数量还远远不够，影响各方面的工作。第二，电视网络信号传输依赖的设备类型复杂，层次较多。不同层级的设备存在较大的差异，给维护工作带来了困难。每一级设备的损坏，都会影响同级和下级的传输信号的质量，从而产生各种的问题。除了因设备损坏造成的信号问题外，由于设备性能差导致轻微问题的数量会更多一些，比如由于个别的放大器损坏会造成用户电视机上的噪点产生，这种质量问题虽不会导致用户无法使用，但从服务体验的角度来看给用户带来了很大的影响。另外，电视信号的干扰源更多，定位困难。电视信号的整体传输过程中，既包括数字信号的传输，也包括数字信号和模拟信号之间的转换，这会导致两种信号类型的干扰源都会对信号的实际效果产生影响，从而导致互联网电视业务使用中产生众多问题。当问题产生的时候，由于产生问题的因素较为复杂，需对各网元逐一排查，定位也更加困难，进而延长了维修所需的时间，最终导致了用户满意度的下降。

2. 软件设施不完善

这主要体现在人员服务、业务增值、投诉处理、柜面人员处理速度、竞争优势等方面。第一，调查发现，JD 移动互联网电视业务的人员总体素质不高、对工作的态度也不是很端正，工作技术不高，无法顺利解决各种难题。第二，业务创新不够，增值业务虽然较多，但是与市场存在很多重合之处，无更多新颖性。第三，柜面处理速度不高。很多调查者反映，当前 JD 移动互联网电视业务的人员柜面处理速度基本达标，但是还有待于进一步提升。第四，投诉处理不到位。这引起很多消费者的不满。

（三）JD 移动互联网电视业务用户满意度影响因素分析

通过调查问卷，可以发现影响 JD 移动网络电视项目使用者满意度的因素主要有两个方面，即硬件因素、软件因素。当前 JD 移动互联网电视业务的基站硬件设施不完善，网络信号不好，是使用者在硬件方面最不满意的因素；而人员服务态度、增值服务、柜面处理、投诉处理等因素是使用者在软件方面最不满意的因素。

1. 硬件因素

第一，基站硬件设施方面。当前 JD 移动互联网电视业务的基站硬件设施不够完善，无法支撑现有的业务活动，业务进行过程中总是会遇到这样或者那样的问题，包括机顶盒问题、电视机问题、遥控器问题。

第二，网络信号问题。由于各方面因素的影响，JD 移动互联网电视业务使用过程中总是存在信号不强的问题，影响观看者的感受。网络信号强与弱是影响互联网电视业务满意度的最根本因素，唯有当网络信号极强才可以提高顾客的满意度。

2. 服务质量因素

服务质量的好与坏直接对顾客的满意度起到很大的作用，而且该因素也是顾客评测 JD 移动服务水平的关键指标。

第一，客户引导工作不足。在客户办理互联网电视业务和装机过程中，现场引导和培训不足，造成客户买了不会用或不能熟练使用，这是客户服务的一个缺失。

第二，无足够人力财力保障。部分县级单位由于人手紧缺等因素，造成无法及时提供上门解决或远程培训等，移动互联网电视业务的投诉反馈时间比其他业务都长。

第三，投诉管控能力不足。网络投诉可以不断促进服务质量的提升，然而在现实中，顾客往往对投诉解决的速度及结果都不太满意。

第四，网络宣传力度较弱。顾客满意作为网络服务的根本目标，获得顾客的认同是促使 JD 移动不断前进的推动力，网络推广是增强顾客感知的高效渠道。近些年来 JD 移动都是通过手机信息或是户外广告来进行推广，而通过树立品牌进行推广的活动极少。

（四）JD 移动互联网电视业务用户满意度提升策略

移动互联网电视业务的增长速度是当前移动公司业务增长数量最快的业务之一，虽然移动公司的宽带盒子同其他各种盒子厂家相比，起步较晚，但是基于移动宽带的基础用户数量，依托中国移动的优质服务理念，用了三年时间，JD 移动互联网电视业务已经在互联网电视业务中占据了重要地位。移动互联网业务的扩展和 JD 移动对于用户服务的重视密不可分。

1. 完善硬件基础设施

通过前文分析可以看出，当前影响 JD 移动互联网电视业务发展的主要硬件因素有两个：第一，基站设施不完善；第二，网络信号不强。笔者将从这两个方面出发，提出相应的措施。

（1）增加 4G 基站，提升客户互联网电视业务体验

第一，更新基站硬件设备。根据调研发现，部分区县的一些基站设备，是从 3G 时代直接平移过来升级成 4G 的。所以造成同一个设备同时承担着

2G、3G、4G 信号服务。如果是 3G 或 2G 信号，设备完全可以满足要求，如果是 4G 信号覆盖，设备就显示出其落后性来了。因此笔者建议以国家推行 5G 服务为契机，各县市应该及时把基站设备统计梳理，把早在 2008 年 3G 时代采购的基站设备及时报废、更换为新设备，以满足当地移动宽带和互联网电视业务需求。

第二，完善基站。对覆盖问题的处理办法有多种，其中关键的办法是设立基站，而设立基站的第一个步骤是选定站址。由于互联网加速了更新换代的脚步，如果运营商拥有自己的基站站址，便掌握了网络覆盖的最重要资源。随着生活水平的提高，人们保护自己免受辐射污染的想法逐渐增强，同时数字通信网络发展范围不断增大，站址资源的重要性日渐凸显。但在过去的几年中，因为站址的选定没到达预定范围，使得城市的局部地区出现了覆盖盲点。为了优化网络品质，提升服务对象的满意指数，应依据网络发展计划加速执行基站建设，尤其是各个地市和县域规模的不断扩大，对移动互联网信号覆盖提出了新的要求。应以区县级分公司为单位，在全省范围内举办站址选择和建设的专项竞赛，采用合理的奖惩措施充分调动下辖区县分公司的工作积极性，把信号覆盖弱点、信号覆盖盲点逐步消灭。

第三，优化室内分站。手机用户使用最多的网络模式是室内模式，通过对客户满意指数的调查得知，家庭是用户使用网络最频繁的地点。这就是说，优化室内站点是提高用户使用手机上网的满意度的关键区域。

（2）加强网络规划

网络规划是影响会联网电视业务发展的首要环节，对互联网电视业务的发展起主导作用的就是规划的原则和结果。JD 公司将移动信号强度不够的城市居民相对集中地区、新开发城区，以及移动网络信号间断、信号覆盖弱的区域一同归纳到网络发展计划中，对以上区域的网络弱覆盖问题进行统一解决；与城市规划和住宅监管行政机构联系获得城市开发规划，并且和各个开发商紧密联系，在新的开发区、住宅区建设过程中积极介入，布局自己的服务基站或网络节点，才可以更好地获得业务覆盖优势。现存于 JD 移动互联网电视中的信号弱、干扰多的主要原因就是在已有社区的网络部署过程中，由于小区环境和已有通信缆线布局的制约，往往不得不采用对于现有设备进行扩建的方式来进行移动互联网电视的接入。由于对已有线路承担状况的不了解和新用户的快速扩张，会导致资源的提供能力和资源的使用需求不匹配的现象，从而出现种种问题。在未来，JD 移动应当致力于统一标准的建立，在网络布局中进行信号传输能力和使用用户量的整体规划，使得资源投入与资源利用水平更加一致，完成网络布局的优化。

2. 完善软件设施，提升服务质量

（1）提升业务人员工作技能

由于互联网电视业务是一个新生事物，处理投诉业务的人员要求具备较高的专业技能，但是县公司的一线网络人员和市场人员所掌握的互联网电视业务知识并未达到所在岗位的标准，造成其工作效率不高，客户体验不佳。针对上述问题，在提高投诉处理人员自身的网络知识水平方面应开展如下工作。

①开办培训班。主要对公司市场部投诉受理人员和县公司投诉处理人员，开展专业知识学习、典型案例分析、投诉技能训练等方面的培训。培训结束后组织考试，考试合格者方可上岗。

②将投诉处理方法标准化，建立投诉处理数据库。当客服接到投诉电话的时候，可以通过数据库查找解决方法，完成一些基础问题的处理。采用这种方式能够快速响应客户诉求并初步解决客户的问题。网络部负责网络投诉预处理及标准化手册的编制工作，并将手册分为家庭宽带、集团专线、WIFI 及基础通信等小类。建立客户投诉处理流程及标准，可以使投诉预处理人员和一线投诉处理人员按照规范的要求有条不紊地开展工作。客户投诉处理流程及标准应包括故障分析、实际情况、解决过程、处理方法。

（2）优化增值服务

在以往的电视业务及运营商提供的网络业务的运营方面，能够提供的增值服务的模式受到了传统思维的制约，这种制约导致了电视业务的提供者——广电集团和网络业务提供者——三大运营商都没有提供良好的增值业务。从电视业务的角度来说，传统思维的制约主要在于电视业务提供者及消费者都形成了按月交费，无差异化的使用模式。新用户自然而然地办理电视业务也给电视业务提供者造成了"新用户会源源不断产生"的错觉，从而导致其忽视企业服务的价值。从网络业务的角度来看，运营商占有通信网络的核心资源，是最有提供增值服务潜力的企业，但是在用户的争夺过程中，对于用户数量增长的单一评价指标导致企业业务发展的偏差，没有在增值服务方面投入大量的资源和精力。

基于移动互联网电视的服务性质和服务特征，可以发掘以下增值服务的要点。首先，可以通过提供的视频的质量的级别来提供增值服务，如可以提供普通、清晰、高清等不同的视频质量，对应不同顾客的需求，从而扩宽自己适应的用户的群体。其次，可以通过提供不同种类的视频来打造增值服务，如可以提供一些高价值的或者特殊的其他渠道难以获得的资源的视频用作增值业务的销售。最后，可以针对特定年龄和爱好的用户，提供专业化的视频，对于具体种类的资源进行集中，帮助这类用户获取资源，从而为他们提供增值服务。通过增值服务的提供，可以使移动互联网电视的节目更加丰富，从而吸引更多的用户。

在 4G 网络快速发展的时期，借助 4G 网络新用户加入的机会，可以对移动互联网电视进行推广及宣传。在高速发展用户的同时，必须注重用户的体验，从而使这批用户选择移动互联网电视的原因从价格因素转变为服务质量因素，促进用户的留存。移动互联网电视和移动公司提供的其他通信业务的结合销售，也能够促使从整体角度分析用户的信息获取方式和用户对于信息获取的需求，从而更有效地把握用户的心理，完成产品的改进。

（3）丰富产品形态

另外，为了更好地提升用户使用感知，同时有效降低业务成本，在发展移动互联网电视业务的同时，还应该积极丰富 OTT 业务，即互联网公司推广的电视业务。当前 JD 移动互联网电视业务是由一级播控、二级播控、运营商三者组成的合作业务，因参与方较多，网络及硬件投入也随之增加，且各方之间的业务组网较为复杂，故障隐患也同步增加。

因 OTT 是基于互联网的视频业务，由业务由运营商和牌照方两者组成，合作方式较为单一。如果网络传输及各网元硬件投入较现有业务降低 30%，可有效压缩业务发展成本，极大降低业务的故障隐患，最终实现用户满意度的提升，所以 JD 移动在现有业务基础上可丰富 OTT 业务，做到一个产品两种形态，不断推动电视业务的持续发展，使用户获得更好的业务体验。

我国数字电视的未来和互联网是密不可分的，现阶段 JD 移动互联网电视业务处于发展初期，还存在各种各样的问题。但是挑战总是和机遇并存的，企业也需不断创新，持续丰富产品形态，在与合作方的各个环节上充分发挥自己的优势，就一定能找到降低成本与提升满意度的平衡点，实现多方共赢。

（4）加强投诉管控

投诉处理人员的技术水平不高在投诉管控问题中居首位。一线投诉处理人员通常由客户管理人员和投诉受理人员组成，他们或者没有系统地学习过网络知识，或者掌握的网络知识比较零散、片面。投诉受理人员解决客户诉求的执行力不足，同时对县公司解决投诉的时间未做清楚明白的规定，工作人员不能及时解答客户咨询的问题，也没有妥善处理客户的投诉，使客户心生抱怨、产生不良情绪。应采用以诉求为主要形式的投诉预警，不仅能大幅度减少投诉量，还能提高客户在投诉处理过程中的满意度。由于网络诉求工作开始时间短，相关制度还不够完善，所以明确投诉处理的流程和标准，能使区县公司担任诉求处理工作的人员清楚了解该岗位的职责及要求，从而大大提高其工作效率。

解决投诉问题时，整个处理诉求过程的效率直接受到区县公司处理诉求效率的影响，所以，各区县公司应对诉求处理工作做出明确规定，要求工作人及时、妥善地处理客户的诉求，使客户满意度上升，并大幅度减少投诉量。一个完整的诉求处理流程包括受理诉求、现场处理、问题解决等三个步骤，整个流程必须遵守"当天解决原则"，如果当天没有解决，责任中心主任应该向部门经理和分公司总经理进行汇报，超过两天仍没有解决就应向分管副总报告。如果通过外呼无法与诉求用户取得联系，应借助其他渠道，直至联系上诉求用户。

（5）建立网络信息交流平台

根据调查结果显示，公司市场部负责接受投诉的人员与下属区县公司负责解决投诉的人员之间没有保持有效交流。负责接受投诉的人员没有按时跟踪网络设施管理的进程，致使无法及时将维护结果传递给客户，同时负责解决投诉的人员对问题调研不足，对地区情况把握不准，导致网络维护找不到重点，使诉求处理的时效没有得到真正提高。

应每个月由网络部组织市公司和县公司开展一次用户体验分析会，与会人员由市场部的投诉受理人员、网络部相关专业投诉处理人员、用户体验组成员及区县网络维护人员组成。会议主要讨论前一个月区县公司在解决客户投诉和恢复网络故障等工作中的不足，本月客户集中反映的问题，以及客户在问题解决过程中的感受和要求。负责网络维护的工作人员汇报所管辖地区的网络运行情况，上一阶段的工作内容和下一阶段的工作安排，同时答复或说明网络问题，并预先统一解释内容。在分析会上，市公司应做到当场解答县公司的网络维护人员所提问题，对于不能够在现场给予解答的，在会议结束后，市公司必须在 1 至 7 天内给出答复。

通过每月召开一次投诉分析会，网络投诉的受理和处理工作建立了良好的沟通，并建立了服务交流平台、完善了民主监督制度，有效地缓解了工作压力，使投诉解决的效率大大提高。

（6）展开互联网电视业务品牌宣传

基础电信业务服务的首要目的是提升客户的满意度，客户的肯定是企业赖以生存和发展的根本，提升客户对产品的了解能促进客户对产品产生好感。互联网具有传播广泛的优点，可以作为移动互联网电视的宣传媒介。增加互联网宣传，既可以利用短信传播终端检查常识，以帮助客户自主处理网络问题从而减少投诉量，又可以利用宣扬移动网络的优势，公布互联网电视业务处理专线号码，在提高网络问题处理效率的同时起到提升客户满意度目的。

在互联网开展业务的基础上，还能够更加有效地获取用户的服务需求，通过充分了解，可以为用户提供更加精准的服务。通过互联网的品牌宣传还有并行性的优势，可以同时对多位客户进行服务，利用智能问题解答系统，可以满足多用户同时的咨询需要，从而提升了相关服务的实时性，提高移动互联网电视业务的服务水平。

二、基于新型农村产业发展的新需求看我国对农电视服务节目的优化策略案例分析

（一）新媒体环境下农民对信息传播的需求变化

农民对信息传播的需求变化主要取决于社会因素、个人因素以及媒介接触和使用的硬软件条件等三个方面。在新型城镇化的发展进程中，由于城乡差异的缩小，农民作为媒介的使用者，他的身份也发生了相应的变化。伴随着农村信息化程度的提升，尤其是基于手机等移动终端，农民的媒介接触行为趋于简单、日常，农民对媒体的使用行为和使用动机也发生了变化。从学理层面上看，农民对信息需求的变化都是对"使用与满足"理论的新突破，也是理论在媒体融合环境下的升级。就电视对农服务节目而言，是否真正理解农民对信息传播的需求并且能否满足这种需求的新变化，将直接影响农民未来对该媒介的使用与期待，也直接影响节目传播效果的实现。

1. 电视对农服务须适应农民不断增长的信息需求

农民关注的信息与他的生态空间、生存状况密切相关，农民最主要的关注点是与其生活生产密切相关的信息。农民对传统农业生产信息的需求已经不局限于表面的、浅显的传统种植养殖技术，也不再满足于一般介绍性的信息，而是更高层次的、在基础种植养殖之上的风险防御信息及更深层次的市场需求渠道和价格信息。如何抵御种养殖风险，如何产生经济效益，更持续的经济利益如何实现，是当下农民对信息提出的要求——内容更深、质量更高、强度更大。

以种植中药材的安徽省亳州市姜屯村为例。传统上，姜屯村村民以种植中药材为主要经济来源，但是近年来，由于进城务工人员增加，留守农民以中老年为主，从事传统种植的村民减少，部分留守村民，尤其是相对年轻的群体转向中药材交易。当地农民的生产生活情况已经发生改变，这种改变带来的直接影响就是其对信息需求的变化。随着当地产业经济形态的变化，农民对农业技术的需求已经走向更高层次——从较为基础的传统种植养殖转向更专业的病害防治及与市场密切挂钩的产销价格资讯。

传统的对农电视传播思维是自上而下的，认为农民理所应当关注与当

地产业密切相关的种殖养殖信息，忽视了农民生存情况已经发生改变，对传统农业信息的需求也相应发生改变的事实。同时，农民对信息的需求已经不再停留于简单的被动接受层面，基层农民已经适应了电视媒体营造的媒介环境，对电视互动产生了较为明确的需求。

相对于传统技术对生产生活的影响，农民已经意识并开始关注国家政策、地方政策，而大众传媒的权威力和传播的通俗性，使其成为农民获取相关政策的重要渠道。目前与农民生产生活密切相关的政策解读的宣传力度是不够的，地方电视台对农服务节目应主动提供更深度、更广泛的政策信息和城乡规划，如农村大病医保政策、当地乡村经济发展布局等，还要注意及时、准确地提供农业生活生产之外的、有利于农民参与市场经济的信息，如对农村创业的扶持政策、农村小额信贷信息、乡村旅游开发等。地方电视台要紧扣本地的生活和"生财之道"，根据不同地区的独特情况提供相应信息，积极开拓互动渠道，为农村群体提供更精准的服务。

有奖互动只是一种物质刺激的形式，农民愿意参与电视互动行为的背后，反映的是农村受众对电视娱乐互动的直接需求。当前，地方对农电视节目对农民形象的传播力度、对农民群众的参与力度是不够的，大部分节目还停留在较为传统的信息传输层面，虽然有些对农电视节目在走进农村、深入农民方面已经做出了一些诸如文艺下乡之类的活动，但还远远不够。当下的农民已经不满足于被动接收信息，而是希望能以更积极主动的姿态投入到电视节目的生产中去，投入到自身形象的建设和传播中去。

广告可以让农民在不经意间接收相关信息。针对当地的农作物疾病防治、种子供给及对房屋装修、超市减价等市场信息的需求，联合提供房屋租赁、超市百货、农作物疾病防治等商家和机构进行对农服务的商业化拓展，都有较大的空间。

对基层传统农民而言，与其密切相关的生态空间和生存状况是其关注信息的首要决定因素，其次是满足情感或娱乐的需求。地方电视对农服务节目很大程度上还在延续传统的输出理念，应把握农民在新的传播环境下信息需求的新变化，为其提供进一步的增值服务。

2. 主动传播需求有待满足

浙中山区的磐安县曾经是贫困县，现在县委、县政府将休闲养生旅游确立为"一号产业"重点发展。管头村、马塘村、陈界村都在大力发展乡村旅游。在年轻人涌入大城市、多数农村成为空心村的中国农村现状之下，新兴产业形态下的管头村、马塘村、陈界村显现出不一般的生机与活力。乡村旅游带动更多城里人走进磐安乡村，使当地人的生产经营方式发生变化，足不出户就可以实现财富梦想，因此，更多年轻人返乡创业。新兴产业变化给磐安乡村带来变化，更使当地农民对对农电视产生了新需求。

农村用户对新媒体的消费使用习惯与城市人群已无差异，使用新媒体的动机之一同样是为了满足社会交往、信息获取、情感等多样化需求。在农村新型旅游产业推动之下，村民对新媒体的需求更为积极主动，需要更多城里人"走进来"——旅游休闲，微信朋友圈成为低成本运作的独立的自媒体营销平台。农民的媒体使用行为都是为了其需求的满足，而这种主动传播的需求是基于新型产业而形成的。

以磐安电视台对农节目为例。磐安电视台以新闻立台，新农村建设、环境整治都是其报道重点。磐安是华东最大的中药材市场，每年的药交会、药博会也是报道重点。新闻虽然具有导向性，但对农节目的核心着眼点还是落实在服务上。这种服务包括农业新技术、新模式的推广，如磐安台曾报道过香菇新型烘干机，播出后受到农民的欢迎；还包括针对农户的需求，电视台帮助农户进行阶段性的销售。磐安的农业经济发达，磐安台服务农民要做的就是"有求必应，上下联动"，其中对于新型乡村旅游产业的发展，主要还是以专题新闻报道为主。

（二）国家级对农节目——央视《致富经》的创新探索

当下的新媒体样式重新营造了传播语境，现代受众的收视兴趣在新的传播语境下又发生了新的改变。在媒体融合环境下，《致富经》的节目在满足现代受众的视听需求时，又进行了一些与时俱进的改变和创新。

1. 满足目标受众刚性需求的同时，放大节目奇趣点和可视性

《致富经》以事实为基础讲述了创业人物的创业故事，故事化叙事的手法和技巧已经成熟，并具有一定的品牌性特点。

节目的叙事具有鲜明的故事化特点，叙事聚焦于致富人物对身边商机的把握、创业实战的经验和创新做法，将节目的聚焦重点提升到"创富励志"

的精神层面。节目的叙事思维多采用单线渐进的结构，以主人公如何创业致富为线索，进行故事化叙事。叙事视角采取第一、第三人称结合、内外视角变换的叙事方式，第一人称主人公真实讲述，第三人称旁白贯穿全片，运用交代背景、补充画面信息、渲染气氛等方式对故事进行阐述，同时强化记者在第一现场的发现，使得故事呈现立体、真实、丰富。内容上分为节目预告、主持人导言、解说词、采访、主人公结语、主持人结语等几大部分。编导"讲故事"的能力很强，从标题到导语，到节目进行，一直不间断抛出一些悬念，通过悬念营造出波澜起伏的情节，形成张弛有度的叙事节奏，增强故事的生动性和可看性。

以 2018 年 8 月 2 日播出的"虾塘有了它，水上水下都赚钱"为例。该片讲述了山东小伙孟凡佳虾塘养蚂蚱，水上水下都赚钱的故事，以首播 0.44 的收视率成为 2018 年《致富经》收视冠军。整个故事的叙述，通过大量悬念的营造和财富的强化展现了主人公的创业过程。孟凡佳创业的主体是水产养殖，但节目不是从他如何养虾致富入手，而是关注他在养殖过程中与众不同的手法，抓住其"虾塘养蚂蚱"这一新奇特的做法如何给他的创业带来财富进行展开。在盐碱地改造的虾塘容易滋生芦苇，严重阻挡了风对虾塘的溶解氧作用，对主人公的财富计划形成阻碍。要想除掉芦苇，主人公先后采用割草、养羊除草的办法都不成功，在意外发现蚂蚱能吃草后，便开始了试验养殖。而试验养殖的过程也非一帆风顺，经历买蚂蚱卵上当、蚂蚱棚的建设不成功等后，终于总结出经验，并靠独特的销售手段卖蚂蚱赚取了水上财富。同时，将蚂蚱粪泼洒到虾塘，促进有益菌繁殖，使得虾产量增加、个头增大，带来水下财富的升级，最后实现了"水上水下都赚钱"这一别具新意的创业故事。

在强化"财富"这一概念上，节目注重用数字说话，并在数字的可视性上做出尝试，直观地放大财富亮点，以营造引人入胜的财富效果。其中有一段描述："2016 年孟凡佳建了 40 个大棚养蚂蚱，一个大棚 65 平方米，养到第三茬，孟凡佳发现每平方米的饱和产量在 3 斤左右，一斤蚂蚱 200 来只，一个大棚最多能容下 40000 只左右。到了年底，40 个大棚一共收了 16000 斤蚂蚱，孟凡佳以 20 元一斤的价格卖给贩子，赚了 30 万。"这一段话中通过 9 个有效数字直观地展现了主人公财富上的进展。

在记者的现场体验式报道时，往往也要抓住节目的财富属性。比如"'阿臭'的香生意"中有一段记者现场跟着主人公一起开木头的互动环节。

解说词：开木头是个技术活，要是位置没选好，或者稍有偏差，把宝贝给切坏了，那就什么都是白搭。

记者沈子莉：现在有吗？

蔡亲信：还没到。

解说词：为了这块黑色的东西，蔡亲信花 5000 元钱买这根木头究竟值吗？

记者沈子莉：现在能有多少钱？

蔡亲信：我先看一下。

解说词：到底能不能赚到钱，还要看这木头里能砸出多少宝贝。

蔡亲信：越来越多。

记者在现场善于进行体验式报道，如该片中记者简短的两个问题"现在有吗？""现在能有多少钱？"都是围绕着财富的观点，抛出悬念。

《致富经》目标受众的最核心诉求，是节目能够提供"有用""权威"的创业经验，能讲述启迪智慧、更新观念、与时俱进的创富故事。节目一直也在致力于通过讲述以人为核心的创业故事。在当前的媒体环境中，《致富经》除了围绕"创业"和"致富"展开故事性的叙述，还努力在电视表现上增强知识性和趣味性，满足观众的硬性收视兴趣，使节目具备一定的娱乐休闲性质。

《致富经》是记录式的拍摄手法，不过分注重镜头的美感。近景、远景、特写是最为常用的镜头，善于捕捉人物的面部表情、眼神等细节的特写镜头及交代环境、表现情绪和写意的空镜头，同时运用大量现场同期声和现场声贯穿故事。为了加强镜头的现场感和可视性，对于人眼不太能看到的特殊视角和观众日常生活中不熟悉的种养殖科普知识，在节目中有意识地放大，使得节目更直观、更好看、更具有视觉上的可视性。

如"虾塘有了它，水上水下都赚钱"中对蚂蚱蜕壳、蚂蚱打斗等微观镜头的展现，既有趣味性又兼具科普性质；在蚂蚱棚里使用移动镜头感受到蚂蚱漫天飞舞的奇妙，让人大饱眼福。在"白天不值钱，晚上一网值百万"中编导强调了创业者养殖黄鱼与众不同的举措——往鱼嘴里塞冰等镜头配合内容进行强化。"进了神秘小房间,一斤卖出 100 元"用动画和特写展示了主人公为竹鼠设计的运动场和竹鼠运动的萌态。通过普通人难见的角度展现、致富过程中具有科普性质的内容呈现,节目在满足目标受众对"创业""致富"硬性需求的基础上,注意增强节目的趣味性、休闲性和科普性。

节目中还插入轻松休闲的内容,如拍摄动物的各种萌态、烹饪黄鱼、竹鼠美食等画面,使节目的可视性更强,在不影响创业故事的叙事主线的情况下,兼具动物世界、美食节目等休闲属性。

2. 电视端与网端两端发力,差异化服务于不同端口的受众

《致富经》栏目制片人刘栋栋在采访中表示,《致富经》的电视受众想看的就是创业和致富,关注大农业领域,受众中传统农民群体并不多。传统农民和新农民对节目存在不同的信息需求,基层农村的农民受众群体要求内容更务实,是经验的借鉴、技术、市场分析,而更偏向城市、更与城市结合的"新农民"受众,更想励志,两种群体对信息的需求不同。电视层面上就是通过普适性的创业故事寻求两者对内容需求的结合。《致富经》栏目的内容抓的是大农业领域下"创业""致富"两个关键词,在稳住内容的基础上用"故事""悬念""励志"进行展现,内容的呈现形式都是基于电视节目对节目目标受众需求的把握。

(1)电视端的普适性原则与东中西区域观众需求的满足

《致富经》通过展现涉农领域创业者的创业故事,侧面展现了"三农"经济的走向。电视端是国家级宣传平台,要面向大众,所以节目要有普适性,不只是关注区域、关注产业。寻找普适性,这是节目电视端输出的初衷,也是《致富经》栏目对节目受众需求的把握。那么,普适性原则是否能满足东中西不同地区观众的需求的呢?我们首先从节目体量上对东中西不同地区的报道进行量化梳理。通过对《致富经》2018 年播出的 228 期节目进行梳理,除去特别节目、重播节目及四集海外创业者节目:20181127"藏在非洲丛林里的狂野财富"(赞比亚)、20181128"中国小伙澳大利亚掘金记"(澳大利亚)、20181129"枪声背后的财富传奇"(俄罗斯)、20181130"湄公河中国商人在行动"(泰国),常规节目共计 206 期。笔者对这 206 期节目报道的省份进行了统计。

在 206 期常规节目中，有六集节目为多人物多叙事组合，包括：20180105 "大学毕业干啥能赚百万"（湖南／湖北）、20180112 "黑洞里大湖底隐藏的神秘财富"（贵州／四川）、20180119 "隆冬季节巧赚钱，两个爷们儿有高招"（黑龙江／海南）、20180126 "无臂男富家女非凡的爱情与财富"（重庆／吉林）、20180920 "三个女人一台戏，稀奇招法卖千万"（北京／云南／海南）、20180921 "鱼虾玩出新花样，丰收年里好赚钱"（浙江／山东），后两集节目涉及 2 至 3 个省份，其他节目都是以一个典型人物的创业进行叙事，主要涉及一个报道省份。

依据地理位置和经济发展水平的差异，我国最早在 1986 年把全国经济带划分为东中西部三个区域。为了促进中部崛起和东北振兴，2011 年，根据《中共中央、国务院关于促进中部地区崛起的若干意见》《国务院发布关于西部大开发若干政策措施的实施意见》以及党的十六大报告的精神，提出新的经济区域划分方法、将我国区域经济划分为东部、中部、西部和东北四大地区。

根据国家经济带的划分标准，东部地区包括北京、天津、河北、辽宁、上海、江苏、浙江、福建、山东、广东、海南 11 个省（市）；中部地区包括山西、吉林、黑龙江、安徽、江西、河南、湖北、湖南 8 个省；西部地区包括内蒙古、广西、重庆、四川、贵州、云南、西藏、陕西、甘肃、青海、宁夏、新疆 12 个省（市、自治区）。通过统计，东中西部节目报道的比重分别为 41.80%、22.30%、35.80%，东部地区上海的报道量为 0，排名前三位的广东、海南、浙江三省的报道总量占东部 11 省的将近一半（46.81%）；中部八省呈现较为明显的报道弱势，整体份额仅有东部的 53.4%；西部报道主体为云南、四川、贵州、广西四省，四省占西部 12 省份比重的 66.80%。

节目平台要求节目只能定位于普适性的宣传，而不考虑实际东中西部具体产业的传播，电视端观众的主要目的是娱乐和消遣。要满足一般性受众的收视兴趣，首先必须强调故事化，而在故事化过程中，"情感""好看""励志"是依次需要强调的是三个要点。虽然节目平台属性对节目内容提出普世化要求，但是从具体传播实践中，东中西部报道量的差异又将带来一定的需求满足的差异。于是，节目通过"创业中国系列"等聚焦某些地区的具体产业，进行节目主导的地域宣传，尽可能地平衡这种矛盾。当然，节目的创作宗旨仍旧是寻找创业中的励志故事。从 2012 年起《致富经》栏目陆续播出了"创业中国——江苏篇""创业中国——江西篇""创业中国——浙江人物""创业中国——河南人物""创业中国——广西人物""创业中国——辽宁人物"等系列节目。以 2013 年 10 月 28 日起播出的"创业中国——辽宁人物"系列为例，十期节目讲述了十位来自辽宁的创业先锋人物的财富故事，创业行业类型除了传统种植养殖外，还有园林设计、塑料包装产业，对辽宁的创业环境进行了集中式、大力度的传播，从所选产业类型上也突破了传统《致富经》养殖、种植等传统农业领域的内容倾向，全面反映了辽宁作为东北老工业基地进行产业转型的振兴之路。

在不同区域、不同产业背景下，受众对电视的需求也是不一样的。同样的季节，同样的产品，在不同地区创业有不一样的适用度，不同区域的观众对节目的品位和爱好也有差异，即使电视追求普适性原则，讲述人的故事，但是对信息接受的终端观众而言，故事所发生的区域和背景、闯市场的项目选择、创业的实战经验都是观众想要观看《致富经》的重要内容，而这些故事在国家级平台上展示的背后，离不开具体的地域背景和产业发展。如何依托电视平台做好进一步差异化、针对性的传播，满足更广泛涉农群体的需求，是电视媒体需要进一步考虑的。

（2）网端："跑马圈地"与错位发展，强化励志的情感需求

传播学中"受众本位论"颇受推崇，对对农服务节目而言，就是依据农村受众的需求和兴趣点进行节目内容和形式的编排。在电视端，《致富经》通过讲述普适性故事满足观众的需求，而在网端，节目则通过更碎片化的传播方式，更直接地与网端的主体受众建立了联系。

2016 年下半年开始，《致富经》新媒体传播结构大幅调整。通过"跑马圈地"的方式占领新媒体平台，目前节目内容在微信、微博、今日头条、企鹅号、凤凰号、一点资讯、网易号、百家号、迅雷等移动端分发。抢占先机——多网络平台发布的占领方式和针对性内容分发，使得节目积累了约 140 万微信粉丝，160 万微博粉丝，线上 300 万 + 的粉丝量。

《致富经》微信粉丝性别比例中男性占 74.31%，是女性的近 2.9 倍。《致富经》对线上受众做过受众调研，在采访中，栏目新媒体主编王斐向笔者

表示，节目线上观众呈现出以下三大特点。

第一，25 至 45 岁人群占 60%~70%，男性占 70% 以上，高中以上学历偏多。

第二，城乡与农村用户基本对等，农村 40% 多，城乡结合 50% 多。

第三，年收入 5 万至 10 万元为主。

可以说，《致富经》线上主体受众是"四不"的男性群体，即不老、不土、不低、不穷。从 CCTV-7 首播目标受众数据中我们可以发现，CCTV-7 的受众呈现男女、城乡基本均衡，男性、乡村稍多，45 岁以上年龄段，收视人口老龄化倾向明显，受教育程度偏低的特点。对《致富经》节目而言，电视端用户以中老年男性为主，且老龄化趋势呈现出加剧倾向。电视端受众与网端受众形成较大的差异，而目前，两个端口的受众互动回流形式并不明显。

网络与电视端受众的差异化不只是因为节目内容、定位的差异，更多的是基于不同平台的属性。《致富经》节目针对线上用户的需求，采用二次生产、节目拆条、内容整合的方式进行线上内容和形式的调整，采用"强化励志"表现突出文章的励志性，运用多图文、碎片化及短视频的传播形态，同时语言表达使用更为年轻、通俗的表达体系，从与受众情感契合度高的角度着手，对网端受众进行了重新创作与针对性输出。

如 2018 年获得 10 万 + 点击率的微信推文"借 5 万创业，他凭老婆一句话卖了 300 万！"（电视端原标题为"借 5 万元起家　靠老婆一招　年卖 300 万"）中，开篇就结合了城镇化的热点和年轻人对城市向往的共同情绪——"很多农村长大的孩子有一个愿望：离开农村，去城市工作和生活。因为城市意味着更高的工资，更多的选择，更广的天空，总之，它代表更好的生活。可是刘强这个农村娃却不这么干，他在念了那么多年书，好不容易去城市后，放弃了十多万的年薪，在人们的嘲笑中毅然辞职，回农村老家养猪，并且以借来的 5 万元起家，5 年时间，年销售额达到 300 万元！他是怎么做到的？"结尾再次提炼并强化了该故事的励志点："其实无论城市和农村，创业路上，你在哪不重要，你是谁、你想做什么才更重要。"励志内容的强化了引发网友的共鸣，有网友评论：聪明人创造机会，庸人坐等机会；别太在意外面的生活，只要注重自己的方向就行了。做什么都是快乐的!

除了对节目故事励志化的创作指导,《致富经》网络推广中还提供了节目之外的创业"干货",延展了相关政策、热点新闻事件等内容以增强节目的热点紧密度,增强了粉丝的互动兴趣。

在时事盘点的推文"一泡尿,让8000家店关门?一篇文,让20亿广告打了水漂?"中,网友"光"评论:只有强大才是王道,无论是国家还是我们自己;网友"Wanderer"评论:"三农"也抵抗不住世界变局的诱惑!时局在变……我们也应该行动起来!自强不息!2019年是"猪"年,栏目在微信端每周推出一个区域养猪的话题,进行区域化传播。

在未来发展中,《致富经》节目也将加大移动终端的力度,通过二次生产、节目拆条、线上整合,如增加线上声音类节目、知识类节目,三种方式共同发力。

在新媒体端,《致富经》已经有了一些尝试且取得了一定的成效,但是目前手机端与电视端受众不回流现象严重,传统优势农业节目如何进入手机终端实现移动优先,仍是值得探索的问题。

3. 经济效益和社会效益博弈背后的媒体使命担当

《致富经》栏目隶属中国农业电影电视中心,归农业农村部管辖,在2019年8月1日单独成立农业频道之前,中心下属所有栏目收支均归农业农村部管。

央视电视端的统计是央视索福瑞进行全国布点兼顾城乡的收视率考量,对节目的评价体系目前仍以收视率为主要参考标准,而收视率的好坏不仅直接影响广告创收,也直接影响了编导的收入。因此,对一个老牌对农节目而言,社会效益与经济效益仍然需要博弈。

在社会效益与经济效益的平衡中,《致富经》节目有很强烈的主体意识和媒体责任,在主流宣传报道方面,通过特殊的报道角度和报道内容发挥了央级主流媒体的使用感和责任担当。为配合国家的扶贫政策,更好地服务国家的脱贫攻坚战略,栏目组拍摄了一系列扶贫节目。从收视率角度看,这些节目财富属性弱,创业"干货"少,收视率不会太好,但节目紧紧围绕党和国家"三农"工作大局,通过栏目内部的鼓励奖励措施支持编导更好地投入拍摄。

改革开放四十周年之际，《致富经》拍摄制作了五集致敬改革开放四十周年的系列纪录片《了不起，中国农民》，以创业者的视角，通过人物创业故事展现了改革开放四十年来中国农民的巨变、中国农村的巨变。尽管该系列纪录片赢得了较高的业内口碑，荣获了中央电视总台 2018 年度优秀节目二等奖，但仍然摆脱不了电视端收视低迷的问题。

第六章　基于受众满意度的互联网电视业务竞争战略实践路径——以 S 省移动公司为例

2013 年 8 月，国务院发布了"宽带中国"战略实施方案，宽带首次成为国家战略性公共基础设施。宽带业务对运营商而言是一项成本高、收益少、周期长的业务，运营商需要不断加大对宽带的投资使之不断提速。运营商在满足用户基本上网需求后，需要开拓以高清视频为代表的互联网电视业务对其宽带业务进行增值，提振宽带业务营收。中国电信、中国联通具有先天的固网优势，已提前布局互联网电视业务，中国移动作为新进入者，如何定位互联网电视业务并制定相应发展战略成为当前迫切需要解决的问题。本章以 S 省移动互联网电视业务为分析对象，在对互联网电视市场和 S 省移动公司简单介绍后，对 S 省移动互联网电视业务外部环境分析和内部资源能力进行分析；然后在此基础上，提出了 S 省移动公司互联网电视业务竞争战略；最后，对实施和保障这一竞争战略提出了建议。在"三网融合"的大环境下以及运营商收入增幅不断下降的大趋势下，S 省移动公司发展互联网电视业务不仅能使公司宽带业务收入稳定增长，还能大大提升用户黏性，增强公司未来在数字家庭服务领域的竞争力。为了发展好互联网电视业务，S 省移动公司应采取差异化的竞争战略，并且重点关注内容差异化和服务差异化，这样才能提高受众满意度，吸引和留住用户。同时，在差异化战略的基础上，S 省移动公司应重点关注产品运营和技术能力的培养，围绕技术进行规划和实施，保证互联网电视的用户体验。

一、S 省移动公司及互联网电视业务现状

（一）公司概况

S 省移动公司隶属于中国移动通信集团公司。公司主要经营移动话音、数据、IP 电话和多媒体业务。S 省移动公司当前的网络基站总数量有 3 万多个，在全省 20 户以上的自然村实现了百分之百覆盖，收入规模排在移动省级公司的第八位，高于地方经济在全国的排名。网络客户的总数有 3000 万户，占到了全省 70% 的客户份额，也是全省主要的通信运营商。

S 省移动公司的主要业务包含三大块。首先是移动业务，主要通过 GSM 制式的 2G 网络、TD–SCDMA 制式的 3G 网络以及 TD–LTE 制式的 4G 网络向公众提供移动通信服务，移动业务目前又主要包含语音业务、短信业务和流量业务。其次是固话及有线宽带业务，依托国家"网络强国"战略，S 省移动公司以"高起点、高品质、高价值"为目标发展有线宽带业务，在速率上主推 50M 以上的高速接入，在质量上打造优质品牌，致力于为客户提供更佳品质的有线宽带产品。通过固网语音网络，S 省移动公司也为公众提供本地电话、国内长途、国际及港澳台长途等多种固定电话业务。最后是集团客户业务，产品包括基础集团通信产品，如集团 V 网、集团短信，以及为不同行业定制的信息化解决方案，如政务通、车务通、校讯通、警务通等。

（二）互联网电视业务现状

1. 互联网电视业务介绍

互联网电视业务是 S 省移动公司面向宽带用户提供的视频业务解决方案。宽带用户可通过互联网电视机顶盒，点播互联网电视牌照方提供的电影、电视剧、综艺、体育等高清节目，通过电视机观看；为家庭用户提供有品质保障的家庭信息娱乐，比如高清互联网视频、丰富的应用、游戏、家庭内部多媒体的共享、多屏分享，等等。

为了进一步应对 IPTV 竞争，助力宽带业务发展，打造智慧家庭，抢占家庭入口，丰富 S 省移动公司的宽带产品体系，拓展市场份额，S 省移动公司已经进行了两期互联网电视平台建设。

S省移动公司的互联网电视业务主要有以下三大功能。

（1）电视精选

互联网电视业务提供的"电视精选"功能提供央视、卫视、地方台准直播、轮播节目。与传统电视的信号传输方式不同，互联网电视所有内容通过互联网传送，借助智能机顶盒在电视上观看。

（2）电视看点

"电视看点"是指客户通过互联网电视业务选取固定时间范围内的电视节目进行回看，回看过程中可以进行播放、暂停、快进、快退、选时播放、停止等操作。

"电视看点"内容：提供电视频道热门电视节目的回看功能。

"电视看点"时间范围：可实现对7天内（含当天）电视节目内容的回看点播。

（3）点播功能

互联网电视业务包含视频点播的栏目有：电影、电视剧、综艺、动漫、教育、音乐、生活、纪实、纪录片、体育、少儿、戏曲等。

视频点播搜索：在互联网电视首界面与电影、电视剧、综艺、动漫、教育、音乐、生活、纪实、纪录片、体育、少儿、戏曲等栏目的节目列表中，均具有搜索功能。客户可在"搜索栏"中输入所要观看的节目名称（汉语拼音首字母），然后点击搜索按钮，可完成搜索并观看节目。

视频点播筛选：在电影、电视剧、综艺、动漫、教育、音乐、生活、纪实、纪录片、体育、少儿、戏曲的节目列表中，均可通过类型、地区、年份等关键字对节目进行分类，客户可根据所关注的节目分类筛选并选择观看。

2. S省移动公司互联网电视业务发展现状

（1）S省移动公司对标全国其他省份的发展情况

①S省移动公司目前的宽带市场份额已达到了23.34%，排在全国第11位，处于集团中上游水平。

②S省移动公司目前互联网电视的渗透率为7.9%，排在全国第17位，处于集团中游水平。

③对标兄弟省份和竞争对手：在家庭宽带、互联网电视的用户规模上与先进省份差距较大，如，在宽带用户总数上，四川电信拥有1076万户，

浙江移动拥有 684 万户，S 省移动公司仅有 226 万户；在互联电视用户数量上，四川电信拥有 861 万户，浙江移动拥有 128 万户，而 S 省移动公司仅有 17.8 万户；S 省移动公司不支持三屏融合。

（2）省内竞争态势

①家庭宽带（以下简称家宽）

"固移捆绑"竞争是家庭市场竞争的主要形式，发展家宽及其增值产品对发展保有手机客户发挥着重要作用。家宽市场发展较好的兄弟省公司在收入增长、手机客户市场保有及拓展等方面均受益。

S 省互联网普及率位居全国第四，S 省家庭用户数为 1360 万，宽带用户 1053 万，市场普及率达 77.4%，2021 年年底家宽市场预计普及率达到 84%，家宽市场竞争激烈。

S 省电信公司深耕家宽市场十多年，占市场份额 67.8%，处于行业的绝对领先地位。

S 省联通公司份额仅 11.9%，而 S 省移动公司的到达份额保持持续增长态势，由 2018 年 18.9% 提升至 2020 年的 23.34%。

②互联网电视

S 省三家运营商的宽带总用户 1053 万，互联网电视用户 150 万（渗透率 14.2%），虽有一定差距，但发展潜力较大（如表 6-1）。

表6-1　S省内三家运营商家宽及互联网用户数

三家运营商	当前宽带用户规模／（万户）	互联网电视用户规模／（万户）	互联网电视用户渗透率／（%）
S 省移动	226	17.8	7.90%
S 省联通	121	19	15.70%
S 省电信	706	113	16%

3. S 省移动公司当前存在的问题

（1）家庭宽带发展

① S 省区域家庭宽带行业普及率为 77.4%，未来市场仍存在一定的发展空间。

② S 省移动公司的市场份额仍保持持续增长，由 2018 年 18.9% 提升到 2020 年 23.34%。宽带发展将带动互联网电视的同步增长。

③S省移动部分地市分公司家庭宽带市场份额占比较高，宽带市场份额与运营收入份额趋势基本一致。

（2）互联网电视业务

①S省区域互联网电视普及率为11%，低于家宽的行业普及率，且随着三网融合的持续推进，互联网电视将迎来重要的发展机遇期。

②S省三家运营商的宽带总用户1053万，互联网电视用户150万（渗透率14.2%），发展潜力较大。

③S省移动公司从2013年开始发展互联网电视，到2020年6月，总用户数仅仅17.8万，渗透率仅7.9%，需要进一步发力。

面对S省联通公司和S省电信公司的ITV业务激烈竞争，如何找准互联网电视业务的发展定位，制定业务发展战略实现可持续发展，是摆在S省移动公司经营者面前最现实，也是最迫切的问题。

二、S省互联网电视业务影响因素分析

（一）研究理论与模型介绍

对新技术采用和推广以及以新技术为基础的产品、服务相关的研究理论，在不同的领域都应用得非常活跃。通过分析用户复杂的接受过程来说明技术的采用和普及的代表性理论有：创新扩散理论（Diffusion of Innovation Theory，以下简称DTT）；期望价值理论（Expected-Value Theory，以下简称EVT）；理性行为理论（Theory of Reasoned Action，以下简称TRA）；补充TRA的计划行为理论（Theory of Planned Behavior，以下简称TPB）和技术接受模型（Technology Acceptance Model，以下简称TAM），以及扩展TAM的整合技术接受模型（United Theory of Acceptance and Use of Technology，以下简称UTAUT），KANO模型（东京理工大学教授狩野纪昭提出的用户满意度测量模型）等。其中，TAM被认为是研究新技术接受过程最通用的理论。直到现在，许多研究者还在扩展TAM的使用范围，以适应快速变化的技术和随之而来的消费者需求的变化，以提高其解释能力。

1. 技术接受模型

技术接受模型是美国学者弗雷德（Fred D. Davis）于 1986 年根据阿塞克（Ajzen I）和什拜因 Fishbein M）提出的计划行动理论（TRA）设计的。TRA 模式验证了态度、意图乃至信念和行动之间的关系，并引出了关注技术采用、有用性和易用性、意图、态度等关系的 TAM（图 6-1）。这在分析用户选择创新产品或服务的消费行为等的各种研究中被广泛使用，不仅从组织维度，也有消费者维度。TAM 模型中最重要量的因素感知有用性（Perceived Usefulness，以下简称 PU）和感知的易用性（Perceived Ease of Use，以下简称 PEOU）。这与创新扩散理论（DIT）提出的"相对优势"和"复杂性"，以及整合型技术接受模型（UTAUT）中的"绩效期望"和"努力期望"是相通的概念。其中，感知有用性（PU）意为"相信通过使用新技术可以提高自己工作绩效的程度"，感知易用性（PEOU）意为"相信在使用新的技术方面不需要太多努力的程度"。这意味着，用户在使用新技术时，相信通过使用就可以获得对工作或者其他方面有帮助的提升，以及并不会太难的操作和使用方法，将会对新技术的产品和服务产生一种友好的使用态度，最终对使用意图产生积极影响。在分析用户的媒体使用和消费行为模式时，感知有用性和感知易用性是否是合适指标的验证研究，已经被许多研究者证实；并且，研究者们根据研究对象的独特性，在 TAM 的基础上，不断开发出扩展的、整合的技术接受模型，并加入了各种测量变量。

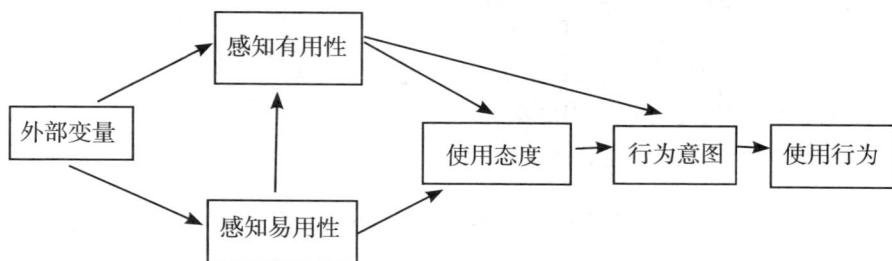

图6-1 技术接受模型（TAM）

这种技术接受模型虽然相对简单，但以其出色的说服力被运用到各种效果研究中。然而，在一些研究中，感知易用性和感知有用性之间的影响，以及对使用满意度和使用意图的影响并不一致，通过排除态度因素之后是可应用的,然后为了提高研究结果的说服力,通过加入影响使用技术的因素。

TAM 的简明性是其最大的优点, 说明对技术接受的态度和行为, 不过随着研究对象和环境的变化, 扩展了很多因素。据 2021 年 6 月发布的《2021中国网络视听发展研究报告》显示, 截至 2020 年 12 月, 我国网络视听用户达到 9.44 亿, 网民使用率 95.4%。智能电视进一步普及, 激活率高达78%。OTT 和 IPTV 的市场份额为 745.6 亿元,同比增长 23.5%。其中 OTT内容生产平台爱奇艺、优酷、腾讯视频、芒果 TV, 以及视频弹幕平台哔哩哔哩的总体市场占额近 9 成, 市场集中度进一步提升。近五成用户为网络视频节目付费, 优质内容和免广告是促使用户付费的主要原因;网络电影是吸引用户付费的主要类型, 近半数用户选择连续包月, 有两成用户选择超前点播。业内人士对未来一年网络视听行业发展保持乐观。[①]

2. 信息系统成功模型和质量因素

信息系统成功模型(Information System Success Model), 简称为 IS成功模型, 提出了系统质量(system quality)、信息质量(information quality)、信息系统的使用(use)、使用满意(user satisfaction)、个人影响(individual impact)、组织影响(organizational impact)等信息系统成功的六个维度,并呈现了彼此的影响关系(图 6-2)。

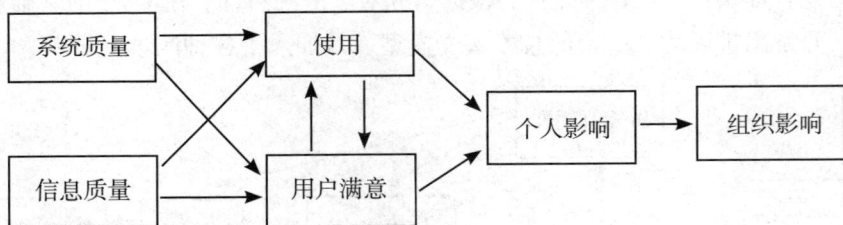

图6-2 Delone&Mclean信息系统成功模型

一般认为, 系统质量是信息系统的主要成功因素, 是信息系统成果评价的要素之一。也就是说, 从信息系统的技术层面, 将其量化为访问便利性、系统功能性、系统使用熟练度、系统菜单操作容易性、系统可靠性、系统

---

① 《2021 中国网络视听发展研究报告》正式发布(附报告全文)_ZNDS 资讯 [EB/OL]. https://news.znds.com/article/54323.html.

反应时间等，还提出增加服务质量的测量要素。其后，澳大利亚学者赛登（Seddon P.B.）在 1997 的研究中认为 D&M 模型有缺陷，他将系统质量定义为"所有用户接触系统本身是否发生连贯性或缺陷相关关系"。同时，他将模型中的"使用"调整为"感知有用性"，并认为系统使用不仅对个人和组织产生影响，对整个社会的影响也要纳入其中。

信息质量主要是确认生产的信息是否有关联性或准确性，因此，对信息质量成果测定中包含的测定要素应包括准确性、精密性、及时性、满足性、现实性、理解可能性、简洁性等。信息质量测定是指用户根据各自的使用系统，测定的项目应有所不同，并测定用户处于商业性决策时，系统如何提供辅助性帮助。也就是说，信息质量不是评价系统性能的质量，而是把焦点放在信息系统的结果——系统外部质量上。另外，相关研究还提出，要从用户的角度测定质量，这样才符合研究者的目的，信息质量的测定应包含用户的满意度。

用户满意是用来判断信息系统是否有用或信息系统接受是否成功的衡量因素。通过信息系统模型的相关研究发现，用户满意与用户对信息系统的使用态度存在相关性。同时，用户满意可以用信息的满意来衡量，信息满意可以是用户满意中的先行因素或替代衡量因素。

随着媒体技术的发展，视频内容消费形态正进入快速变革期。原本通过传统媒体单向接受消费内容的受众，变成了可以通过移动设备随时随地获取自己想要的内容的用户。智能终端设备引发的媒体环境变化，不仅打破了内容消费的界限，也打破了内容制作的界限，受众进化为积极的用户。在用户使用形态多样化、需求分散的背景下，运用使用与满足理论为基础的媒体研究，往往在媒体使用行为中分析用户的消费形态或使用动机。目前国内对 OTT 互联网电视的研究多数关注于技术应用、政策规制以及传播策略等内容，也有以具体的 OTT 内容服务平台如"爱优腾"为案例进行分析的。笔者认为，国内目前的媒体环境是由 OTT 互联网电视服务带来的媒体内容消费变化和由此带来的用户需求多样化的表现。基于此，笔者以技术接受模型和信息系统成功模型为基础，以 S 省的问卷调查数据为主，利用 SPSS26.0 进行数据分析，探索影响 OTT 互联网电视服务用户满意度的因素。这是从用户的角度出发，对 OTT 互联网电视服务从业者和内容提供商做出的特征分析，以此为基础，扩大媒体用户使用行为和传播效果的讨论范围；同时，在OTT互联网电视产业方面，对内容从业者和提供商在今后发展和完善OTT互联网电视服务时，在制定以用户经验为基础的战略发展方案时，提供一定的借鉴。

（二）研究方法

1. 量表开发与设计

本书问卷量表的设计借鉴了技术接受模型和信息系统成功模型研究量表的成果，并结合媒体相关研究成果，及OTT互联网电视的传播特点和使用情况等因素，设计开发了研究模型及各个变量之间的测量题目，最终形成了表6-2。本问卷调查量表和相关问题在发放前，通过20人先期进行了测试检验，根据反馈意见，调整了问卷的表述方式、题目数量、题目排序与题目内容等，并通过了问卷量表的信效度测试，表明调查问卷的题目具有较好的内部一致性和可靠性，之后进行了大范围样本对象的调查。

表6-2　测量量表

变量	可操作性定义和问卷题目	编号	文献出处
系统反应性（RES）	用户使用OTT互联网电视服务时感受到能够正确执行向用户承诺的服务		谢人强（2018）、Kim.J&Jin.B&Swinney.J.L（2009）、DeLone&McLean（2003）
	使用OTT互联网电视时能够实现缓冲及时，不卡顿的稳定收看	RES1	
	使用OTT互联网电视时能够收看优质的高清内容	RES2	
	使用OTT互联网电视时，屏幕加载速度非常的快	RES3	
个性化推（REC）	OTT互联网电视推荐服务内容反映用户个人期待的程度		朱多（2019）、Baek.T.H&Morimoto.M（2012）
	使用OTT互联网电视时，新的视频内容更新快速	REC1	
	使用OTT互联网电视时，系统能推荐我想看的内容	REC2	
	OTT互联网电视推荐的内容是我感兴趣的	REC3	

续表

变量	可操作性定义和问卷题目	编号	文献出处
多屏共享（SCR）	OTT互联网电视上一个内容可以在多种设备上观看的程度		DeLone，W.H.&McLean，E.R（1992）、.K.Chung&W.Zhang（2020）
	OTT互联网电视的可视设备多种多样，非常方便	SCR1	
	OTT互联网电视可以一边移动一边观看，非常方便	SCR2	
	OTT互联网电视可以不受机器或设备限制地使用自己想要的内容，非常方便	SCR3	
内容多样性（CD）	对OTT互联网电视服务内容种类和频道多样的认识程度		崔兆欣（2017）、Masrek.M.N等（2016）、谢琳菲等（2017）
	我认为OTT互联网电视服务有很多最新内容	CD1	
	OTT互联网电视服务提供的内容比较丰富	CD2	
	使用OTT互联网电视服务时，可以选择感兴趣的各种频道	CD3	
感知有用性（PU）	通过使用OTT互联网电视服务，对达到用户目的提供有效帮助的程度		Davis（1989）、Bhattacheriee（2001）
	有助于获得日常生活所需的常识/信息	PU1	
	有助于获得学习/工作所需的专业知识	PU2	
	可以创造话题，与周围的人保持亲密的人际关系	PU3	
	有助于获得对人生有帮助的文化信息	PU4	
感知易用性（PEOU）	用户使用OTT服务时感到容易的信任程度		Davis（1989）
	OTT互联网电视的使用方法很简单	PEOU1	
	OTT互联网电视的使用方法很容易理解	PEOU2	
	我可以非常熟练的操作OTT互联网电视	PEOU3	
感知费用（COST）	使用收费OTT互联网电视的金钱负担程度		Jang&Noh（2011）
	我认为VOD（视频点播）每部的价格（单部购买）比较贵	COST1	
	我认为OTT互联网电视节目的包月价格很高	COST2	
	总体而言，我认为视频会员付费的价格不合理	COST3	

续表

变量	可操作性定义和问卷题目	编号	文献出处
满意度（SAT）	用户通过使用OTT互联网电视服务所感受到的总体满足水平，或满意程度		Muylle&Basu（2004）、Delone&Mclean（2003）
	考虑到使用付费VOD所投入的时间和金钱，我认为利用价值较高	SAT1	
	对收费VOD功能的创新性和实用性表示满意	SAT3	
	因为使用付费VOD带来的乐趣/乐趣而感到满意	SAT3	
	对收费VOD的质量和服务方式表示满意	SAT4	

问卷主要包含三部分内容。第一部分是 S 省 OTT 互联网电视使用与满足情况的专业调查，共 26 题。其中，自变量依据信息系统成功模型中的系统质量测量要素，选择了系统反应性（Responsiveness，简写为 RES，共 3 题）、个性化推荐（Personalized recommendation，简写为 REC，共 3 题）、多屏共享（N-Screen service，简写为 SCR，共 3 题）；信息质量方面选了内容多样性（Content Diversity，简写为 CD，共 3 题）。中介变量是感知有用性（Perceived Usefulness，简写为 PU，共 4 题）、感知易用性（Perceived Easy of Use，简写为 PEOU，共 3 题）和感知费用（Cost，简写为 COST，共 3 题）。因变量是用户满意度（Satisfaction，简写为 SAT，共 4 题）。第二部分是关于 S 省 OTT 互联网电视使用频度相关的问题，共 7 题。第三部分是调查对象的样本学统计特征，如性别、年龄、职业、学历、收入等相关信息。

2. 数据来源与统计方法

本问卷调查针对 S 省 OTT 互联网电视用户满意度的相关问题。以 OTT 互联网电视的使用感受和使用满足为研究对象，以 S 省 11 个城市的媒体用户为样本调查主体。由于现实生活中无法接触到大量的 OTT 互联网电视用户，因此通过网上问卷数据收集平台"问卷星"进行问卷的发放。笔者采取随机的方法，共回收问卷 544 份，有效问卷 538 份，问卷有效率达98%，符合问卷调查的规范性要求。

（1）信度分析（Reliability）：又称为可靠性，是考察问卷的可信度，指标多以相关系数表示，是数据分析的一个基础。目前常用的信度测量方法是克朗巴哈系数（Cronbach α ），判断标准是信度系数越大，代表问卷的可信度越高。一般来说，克朗巴哈系数值最好在 0.8 以上，如果低于 0.6，则说明问卷的可信性低，需要考虑重新设计问卷内容。

（2）效度分析（Validity）：又称为有效性，是考察问卷的准确性和有用性，与研究目标密切相关，效度就是体现达到研究目标的程度。与信度的关系是：信度是效度的必要条件，但不是充分条件，效度高的话，信度必然高，但是信度高时，效度不见得高。效度主要针对量表性题目，分为内容效度、效标效度、结构效度三种。探索性因子分析的判断标准一般是 KMO（即 Kaiser–Meyer–Olkin）值大于 0.6、因子载荷系数大于 0.4、题目与因子的对应关系没有严重偏差、共同度不小于 0.4、累积方差解释率大于 50%。验证性因子分析的判断标准是平均方差萃取 AVE 值大于 0.5，且组合信度 CR 值大于 0.7。

（3）描述性统计分析（Descriptive Analysis）：是比较初级的数据分析，常见的有交叉分析、平均分析和对比分析等。主要是对调查总体所有变量的相关数据进行统计性描述，主要包括频率分析、数据分布和一些统计图形等。

（4）相关分析（Correlation Analysis）：是一种简单易行的测量定量数据之间的关系情况的分析方法。可以分析包括变量间的关系情况以及关系强弱程度等。其中，最常使用的是 Pearson 相关系数；当数据不满足正态性时，则使用 Spearman 相关系数，Kendall 相关系数用于判断数据一致性。

（5）回归分析（Regression Analysis）：是研究因变量对自变量的依赖关系的一种统计分析方法，目的是通过自变量的给定值来估计或预测因变量的均值，来判断自变量与因变量之间是否有预期假设的关系。建立再相关分析的基础上，两者又互相补充。一般的判断指标是，β 值（用于判断自变量对因变量的影响关系方向及影响程度）、R^2（值越高，因变量中的方差就预测得越准确，模型的拟合程度也就越高）、P 值（$P<0.05$，最好是$P<0.01$，说明变量之间具有影响关系，反之无影响关系）、F 检验（主要用以判断两个总体（Population）的平均值是否存在显著差异）、T 检验（T检验相对 F 检验来说，更关注回归方程中每个变量的显著程度，可以说 F检验是评价模型整体的拟合程度，而 T 检验是评价回归方程中每个特征 x

变量的系数的显著程度）、VIF 值（判断模型共线性问题）、$D-W$ 值（德宾沃森值，是检验变量自相关性的，一般来说越接近 2 越好，说明自变量的自相关性越不明显，模型设计的越好）。

3. 研究模型与假说

本书以技术使用模型和信息系统成功模型为理论依据，充分结合 OTT 互联网电视本身的媒体属性和传播特点，通过其他学者的先行研究和相关成果，将 OTT 互联网电视用户使用满意的概念模型确立为系统质量（系统反应性、个性化推荐、多屏共享）、信息质量（内容多样性）、感知有用性、感知易用性、感知费用和使用满意度等 8 个维度，并建立了 11 个假设，其中"+"表示假设该变量具有正向影响作用（图6-3）。

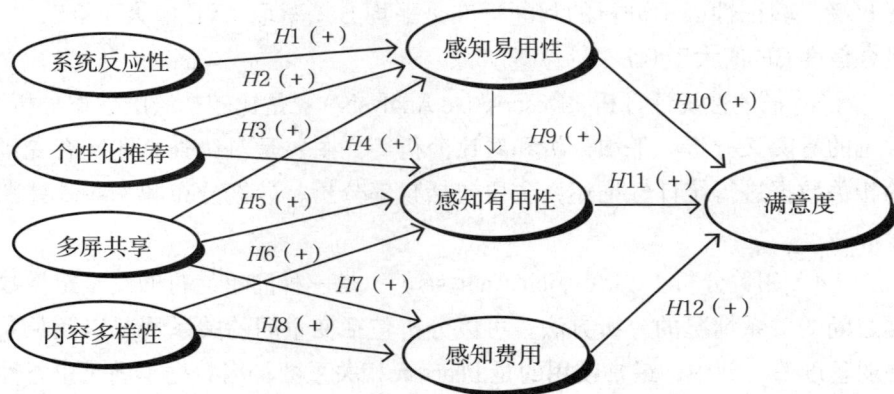

图6-3 S省OTT互联网电视用户满意度研究概念模型与假设

（1）感知易用性的相关研究

根据技术使用模型的变量研究，感知易用性是指用户感知到新技术容易使用的程度。本书中的感知易用性是指 OTT 互联网电视用户在使用相关的 OTT 内容生产平台（如爱奇艺银河奇异果、优酷 CIBN 酷喵影视、腾讯云视听极光、芒果 TV 等）时的难易程度。如操作简单与否、查找便利与否、视听流畅与否等。OTT 互联网电视用户使用时候越觉得简单容易，更容易感知到 OTT 互联网电视提供的相关内容对其工作和学习的帮助，更利于感知到 OTT 互联网电视的有用性，相对应的满意度也会越高。同时，根据信息系统成功模型中系统质量的相关研究，是针对信息系统自身特征的测度，如易用性、灵活性、可靠性以及容易操作、系统功能直观等。OTT 互联网电视服务的市场发展前景良好，但是几大运营商和内容生产商之间，为了争夺更多的用户资源和市场占有率，彼此之间存在着激烈的竞争关系。因此，系统使用时的反应性、利用大数据进行的内容投放等个性化推荐以及能够在各个设备之间实现便捷的切换使用，将成为用户感知 OTT 互联网电视易用性的重要因素。从这个角度出发，在本书的主要因素中加入了感知易用性易用性。因此，基于以上的研究成果，提出以下研究假设：

　　$H1$：系统反应性对感知易用性具有正向（+）影响；

　　$H2$：个性化推荐对感知易用性具有正向（+）影响；

　　$H3$：多屏共享对感知易用性具有正向（+）影响。

　　（2）感知有用性的相关研究

　　感知的有用性是技术接受模型的关键因素，它意味着人们相信新技术会对他们的生活、工作和学习都有所帮助。在以往的研究中，感知易用性与感知有用性之间的关系得到了无数次的证实，并且感知有用性的影响力已经被验证为用户在技术接受时最显著的影响因素。本书中，感知有用性可以表现为用户对 OTT 互联网电视服务的采纳行为，这取决于用户感知到 OTT 互联网电视服务对自己的工作和学习是否有用。同时，OTT 互联网电视的核心竞争力是优质的内容，而信息系统成功模式中的信息质量要素就包含内容质量要素。内容质量包括画质、迅速性、最新性、多样性等，用户在使用 OTT 互联网电视服务时，对 VOD（Video on Demand，视频点播）的内容的丰富性和多样性认可度越高，越容易感觉到 OTT 互联网电视对自身工作和学习的有用性。Venkatesh 和 Davis（2000）在扩展的技术接受模型中提出，新技术的输出质量对用户感知有用性有显著影响。根据相关先行研究，提出了以下假设：

　　$H4$：个性化推荐对感知有用性具有正向（+）影响；

　　$H5$：多屏共享对感知有用性具有正向（+）影响；

　　$H6$：内容多样性对感知有用性具有正向（+）影响。

　　（3）感知费用的相关研究

　　OTT 互联网电视是以互联网为基础提供的在线视频服务。用户可以通过任何可以上网的设备使用 OTT 互联网电视服务。正是因为 OTT 互联网电视的出现和扩散，加剧了传统广播、电视市场内部媒体间的竞争，促进了媒体融合的技术化和流程化实现。但是它的发展，也使得用户对媒体的使用形态发生了变化。过去传统媒体的用户（受众）是按照媒体安排布置的时间顺序消费内容的情况。而通过 OTT 互联网电视，使用户开始尝试积极地筛选自己想要收看的影视内容，主动地使用媒体服务，为此还会积极利用 OTT 提供的内容推荐服务等。基于此，作为媒体消费者的用户对 OTT 互联网电视内容的满意程度对决定其采用和使用服务有着重要的影响。由于 OTT 互联网电视内容运营商之间的营利模式，从主要依赖广告变成了广告、会员与周边产品并重的局面，尤其是 OTT 互联网电视服务中，用户对影视内容多样性、高质量化的要求与版权付费意识的提升，使得 VOD 付费项目成为目前 OTT 互联网电视收费业务的主要支柱。基于此，本书增加了感知费用的因素，并根据以上研究，提出了以下假设：

$H7$：多屏共享对感知费用具有正向（＋）影响；

$H8$：内容多样性对感知费用具有正向（＋）影响；

$H9$：感知易用性对感知有用性具有正向（＋）影响。

（4）满意度的相关研究

本书中用户满意度指的是用户使用 OTT 互联网电视服务住的实际感受与预期感受相比较之后的一种主观评价。用户在使用 OTT 互联网电视服务时，越是容易使用，越是感知到相关内容对自身工作和学习的帮助，越是对视频等各种资源的费用接受度高，越是容易对 OTT 互联网电视的产品和服务接受意愿越高，越容易产生较高满意度。随着用户对 OTT 互联网电视服务认知的有用性的提高，用户对服务或产品使用的满足度也会随之提高，这两者之间存在着显著的正向影响。根据相关先行研究，提出了以下假设：

$H10$：感知易用性对满意度具有正向（＋）影响；

$H11$：感知有用性对满意度具有正向（＋）影响；

$H12$：感知费用对满意度具有正向（＋）影响。

（三）数据分析

1. 调查对象样本统计学特征

本次调查面向 S 全省，共收集了 11 个地级市的相关数据。具体的描述性分析见表6-3。其中受调查对象中，男性明显多于女性；未婚的用户居多；29 岁以下的年轻人使用 OTT 互联网电视服务的人更多；职业表现上是学生和其他行业人员居多；受教育程度上，以本科为主；月收入在 2001 元到 5000 元的占 38.97%。

表6-3 样本统计描述分析

变量		频率	百分比 /（%）
性别	男	385	71.6
	女	153	28.4
婚姻状况	已婚	173	32.2
	未婚	365	67.8
年龄	19 岁以下	69	12.9
	20 至 29 岁	348	64.7
	30 至 39 岁	83	15.3
	40 至 49 岁	33	6.2
	50 岁以上	5	1
职业	专业技术职位	52	9.7
	经营 / 管理 / 白领	30	5.6
	技术 / 生产 / 劳务等	22	4.1
	销售	12	2.2
	个体户 / 自由职业者	23	4.3
	农水产林业从业者	6	1.1
	家庭主妇	5	.9
	学生	148	27.5
	其他	240	44.6

续表

变量		频率	百分比 / (%)
学历	高中毕业	78	14.5
	高中毕业	122	22.7
	大学就读	162	30.1
	大学毕业	143	26.6
	研究生在读 / 毕业	33	6.1
月收入	1000 元及以下	117	21.7
	1001 至 2000 元	65	12.1
	2001 至 5000 元	211	39.2
	5001 至 10000 元	108	20.1
	10000 元以上	37	6.9

从以上表格可以发现，有效样本对象的年龄区间主要分布于 20 到 29 岁，是 OTT 互联网电视服务使用的主要人群。20 到 39 岁的合计占比达 80%，也是目前中国整体网民结构的集中年龄层。

2. 信度与效度分析

（1）信度分析

本书利用 SPSS26.0 对问卷的内部一致性进行分析，参考标准为 Cronbach's α（克朗巴哈系数值）。通过分析，问卷整体的 Cronbach's α 值为 0.985，各个变量的 Cronbach's α 值也都在 0.930 以上（具体见表 6-4）。据相关研究，克朗巴哈值在 0.8 以上表示非常好。本书编制的问卷量表是在国内外学者实证研究基础上，根据国内 OTT 互联网电视的特点调整制作而成，自变量和因变量定义明确，测试题目清晰准确，表明本问卷的各个变量之间具有很高的可靠性，问卷信度不错。

（2）效度分析

本书的效度分析采用的是 KMO 值计量和 Barlett's 球形检验（具体见表 6-5）。结果显示 KMO 值为 0.973，根据相关研究结果表明，KMO 值高于 0.8，则说明效度高；如果介于 0.7~0.8 之间，则说明效度较好；如果介于 0.6~0.7 之间，则说明效度可接受，如果此值小于 0.6，说明效度不佳（如果仅两个题；则 KMO 值为 0.5）；Barlett's 球形检验 Sig 为 0.000，说明样本数据适合做因子分析（具体见表6-4）。另外模型的因子载荷数大部分数据表现不错，但是感知费用的 3 个题目中，因子载荷数不足 0.4，说明选项与因子之间的对应关系较弱；共同度均高于 0.4；累积方差解释率均超过50%，意味着相关有效信息均可以被提取出来。

表6-4　S省OTT互联网电视服务满意度信效度检验

变量	题目编号	Cronbach's α	KMO	因子载荷	共同度
系统反应性	RES1	0.935	0.768	0.813	0.718
	RES2			0.828	0.778
	RES3			0.836	0.782
个性化推荐	REC1	0.949	0.863	0.850	0.791
	REC2			0.857	0.802
	REC3			0.848	0.797
多屏共享	SCR1	0.942	0.744	0.845	0.799
	SCR2			0.836	0.811
	SCR3			0.824	0.791
内容多样性	CD1	0.931	0.769	0.804	0.783
	CD2			0.833	0.833
	CD3			0.801	0.802
感知易用性	PEOU1	0.935	0.769	0.811	0.775
	PEOU2			0.814	0.808
	PEOU3			0.811	0.816
感知有用性	PU1	0.952	0.870	0.820	0.826
	PU2			0.808	0.798
	PU3			0.788	0.773
	PU4			0.802	0.797
感知费用	COST1	0.946	0.762	0.368	0.873
	COST2			0.299	0.898
	COST3			0.280	0.876

续表

变量	题目编号	Cronbach's α	KMO	因子载荷	共同度
满意度	SAT1	0.930	0.842	0.623	0.706
	SAT2			0.709	0.687
	SAT3			0.711	0.679
	SAT4			0.713	0.675
特征根值（旋转前）		19.025	1.448	—	
方差解释率％（旋转前）		73.174%	5.568%	—	
累积方差解释率％（旋转前）		73.174%	78.742%	—	
特征根值（旋转后）		15.073	5.400	—	
方差解释率％（旋转后）		57.972%	20.770%	—	
累积方差解释率％（旋转后）		57.972%	78.742%	—	
KMO 值		0.973		—	
巴特球形值		19 494.445		—	
df		325		—	
p 值		0.000		—	

表6-5 KMO 和Barlett's检验

KMO 取样适切性量数		0.973
Barlett's 球形度检验	近似卡方	19 494.445
	自由度	325
	显著性	0.000

3. 相关分析

本书利用皮尔逊系数表示相关关系的强弱情况。利用相关分析可以发现（具体见表6-6）：感知易用性（PEOU）与系统反应性（RES）之间的相关系数值为 0.844，与个性化推荐（REC）之间的相关关系数值为 0.854，与多屏共享（SCR）之间的相关系数值是 0.874，并且呈现出 0.01 水平的显著性，因而说明系统反应性、个性化推荐、多屏共享和感知易用性之间有着显著的正相关关系。感知有用性（PU）与个性化推荐（RES）之间的相关系数值是 0.849，与多屏共享（SCR）之间的相关系数值是 0.874，与内容多样性（CD）之间的相关系数值是 0.911，与感知易用性（PEOU）之间的相关系数值是 0.911，并且呈现出 0.01 水平的显著性，因而说明个性化推荐、多屏共享、内容多样性、感知易用性与感知有用性之间有着显著的正相关关系。感知费用（COST）与多屏共享（SCR）之间的相关系数值是 0.624，与内容多样性（CD）之间的相关系数值是 0.662，并且呈现出 0.01 水平的显著性，因而说明多屏共享、内容多样性和感知费用之间有着显著的正相关关系。用户满意度（SAT）与感知易用性（PEOU）之间的相关系数值是 0.831，与感知有用性（PU）之间的相关系数值是 0.858，与感知费用（COST）之间的相关系数值是 0.662，并且呈现出 0.01 水平的显著性，因而说明感知易用性、感知有用性和感知费用与用户满意度之间有着显著的正相关关系。

表6-6　S省OTT互联网电视服务满意度相关分析

		感知易用性	感知有用性	感知费用	满意度
系统反应性	皮尔逊相关性	0.844**			
	Sig.（双尾）	0.000			
个性化推荐	皮尔逊相关性	0.854**	0.849**		
	Sig.（双尾）	0.000	0.000		
多屏共享	皮尔逊相关性	0.874**	0.874**	0.624**	
	Sig.（双尾）	0.000	0.000	0.000	
内容多样性	皮尔逊相关性		0.911**	0.662**	
	Sig.（双尾）		0.000	0.000	
感知易用性	皮尔逊相关性		0.911**		0.831**
	Sig.（双尾）		0.000		0.000
感知有用性	皮尔逊相关性				0.858**
	Sig.（双尾）				0.000
感知费用	皮尔逊相关性				0.662**
	Sig.（双尾）				0.000
* 表示 $p<0.05$ 显著；** 表示 $p<0.01$ 显著					

具体题项的相关性详细结果中，可以发现感知费用的相关题目与用户满意度之间没有呈现出显著性，相关系数值接近于 0，说明相互之间没有明显的相关关系（见表 6-7）。

表6-7　皮尔逊相关分析详细结果

		PEOU1	PEOU2	PEOU3	PU1	PU2	PU3	PU4	COST1	COST2	COST3	SAT1	SAT2	SAT3	SAT4
RES1	相关系数	0.734**	0.723**	0.720**											
	P值	0.000	0.000	0.000											
RES2	相关系数	0.752**	0.752**	0.776**											
	P值	0.000	0.000	0.000											
RES3	相关系数	0.763**	0.764**	0.750**											
	P值	0.000	0.000	0.000											
REC1	相关系数	0.736**	0.771**	0.765**	0.679**	0.592**	0.497**	0.475**							
	P值	0.000	0.000	0.000	0.000	0.000	0.000	0.000							
REC2	相关系数	0.748**	0.779**	0.764**	0.626**	0.461**	0.391**	0.478**							
	P值	0.000	0.000	0.000	0.000	0.001	0.005	0.000							
REC3	相关系数	0.774**	0.766**	0.786**	0.530**	0.549**	0.398**	0.464**							
	P值	0.000	0.000	0.000	0.000	0.000	0.004	0.001							
SCR1	相关系数	0.760**	0.774**	0.778**	0.588**	0.436**	0.344*	0.598**	0.498**	0.315*	0.249				
	P值	0.000	0.000	0.000	0.000	0.002	0.015	0.000	0.000	0.026	0.081				
SCR2	相关系数	0.764**	0.806**	0.795**	0.596**	0.580**	0.486**	0.652**	0.386**	0.289*	0.269				
	P值	0.000	0.000	0.000	0.000	0.000	0.000	0.000	0.006	0.042	0.059				
SCR3	相关系数	0.759**	0.784**	0.786**	0.672**	0.569**	0.420**	0.772**	0.281*	0.216	0.334*				
	P值	0.000	0.000	0.000	0.000	0.000	0.002	0.000	0.048	0.132	0.018				
CD1	相关系数				0.581**	0.588**	0.301*	0.639**	0.273	0.316*	0.344*				
	P值				0.000	0.000	0.034	0.000	0.055	0.025	0.015				
CD2	相关系数				0.572**	0.537**	0.532**	0.664**	0.288*	0.341*	0.305*				
	P值				0.000	0.000	0.000	0.000	0.043	0.015	0.031				
CD3	相关系数				0.667**	0.651**	0.503*	0.546**	0.363**	0.385**	0.298*				
	P值				0.000	0.000	0.000	0.000	0.010	0.006	0.036				

		PEOU1	PEOU2	PEOU3	PU1	PU2	PU3	PU4	COST1	COST2	COST3	SAT1	SAT2	SAT3	SAT4
PEOU1	相关系数				0.595**	0.765**	0.429**	0.501**				0.464**	0.530**	0.317*	0.546**
	P 值				0.000	0.000	0.002	0.000				0.001	0.000	0.025	0.000
PEOU2	相关系数				0.628**	0.584**	0.584**	0.567**				0.539**	0.501**	0.497**	0.405**
	P 值				0.000	0.000	0.000	0.000				0.000	0.000	0.000	0.004
PEOU3	相关系数				0.855**	0.676**	0.624**	0.667**				0.534**	0.587**	0.373**	0.445**
	P 值				0.679**	0.592**	0.497**	0.475**				0.000	0.000	0.008	0.001
PU1	相关系数											0.579**	0.576**	0.482**	0.598**
	P 值											0.000	0.000	0.000	0.000
PU2	相关系数											0.428**	0.510**	0.340*	0.575**
	P 值											0.002	0.000	0.016	0.000
PU3	相关系数											0.593**	0.342*	0.302*	0.298*
	P 值											0.000	0.015	0.033	0.035
PU4	相关系数											0.455**	0.429**	0.441**	0.542**
	P 值											0.001	0.002	0.001	0.000
COST1	相关系数											0.214	0.183	0.187	0.275
	P 值											0.136	0.204	0.194	0.053
COST2	相关系数											0.159	0.258	0.220	0.157
	P 值											0.270	0.070	0.125	0.275
COST3	相关系数											0.250	0.289*	0.236	0.227
	P 值											0.080	0.042	0.099	0.114

* 代表 $P<0.05$ 显著；** 代表 $P<0.01$ 显著

4. 回归分析

本书中线性回归分析用于研究自变量相关要素对因变量的影响关系，是否有影响关系，影响方向及影响程度情况如何。按照模型的验证结果，首先以系统反应性（RES）、个性化推荐（REC）、多屏共享（SCR）为自变量，对感知易用性（PEOU）进行了回归分析（具体结果见表 6-8）。从表 6-8 的表现可知，模型公式为：$PEOU=0.567 + 0.250 \times RES + 0.212 \times REC$

+ 0.449×SCR，模型 R^2 方值为 0.808，意味着 RES、REC、SCR 可以解释 PEOU 的 80.8% 变化原因。对模型进行 F 检验时发现模型通过 F 检验（F=748.716，p=0.000<0.05），也即说明 RES、REC、SCR 中至少一项会对 PEOU 产生影响关系，另外，针对模型的多重共线性进行检验发现，模型中有 VIF 值大于 5，但是小于 10，意味着可能存在着一定的共线性问题，可使用岭回归或者逐步回归解决共线性问题；同时也建议检查相关关系紧密的自变量，剔除掉相关关系紧密的自变量后，重新进行分析。最终具体分析可知：RES 的回归系数值为 0.250（t=6.415，p=0.000<0.01），意味着 RES 会对 PEOU 产生显著的正向影响关系。REC 的回归系数值为 0.212（t=4.664，p=0.000<0.01），意味着 REC 会对 PEOU 产生显著的正向影响关系。SCR 的回归系数值为 0.449（t=10.365，p=0.000<0.01），意味着 SCR 会对 PEOU 产生显著的正向影响关系。总结分析可知：系统反应性（RES）、个性化推荐（REC）、多屏共享（SCR）全部均会对感知易用性（PEOU）产生显著的正向影响关系。

表6-8　模型 $H1$，$H2$，$H3$ 线性回归分析结果（x=538）

	非标准化系		标准化系数	t	p	VIF	R^2	调整 R^2	F
	B	标准误	β						
常数	0.567	0.110	–	5.165	0.000**	–			
RES	0.250	0.039	0.267	6.415	0.000**	4.824	0.808	0.807	F（3，534）= 748.716，p=0.000
REC	0.212	0.045	0.220	4.664	0.000**	6.163			
SCR	0.449	0.043	0.452	10.365	0.000**	5.281			
因变量：PEOU									
D–W 值：2.019									
* 代表 p<0.05 显著；** 代表 p<0.01 显著									

将个性化推荐（REC）、多屏共享（SCR）、内容多样性（CD）和感知易用性（PEOU）作为自变量，而将感知有用性（PU）作为因变量进行线性回归分析，从表 6-9 可以看出，模型公式为：PU=0.174 + 0.100×REC + 0.104×SCR + 0.363×CD + 0.398×PEOU，模型 R^2 值为 0.874，意味着 REC、SCR、CD、PEOU 可以解释 PU 的 87.4% 变化原因。对模型进行 F 检验时发现模型通过 F 检验（F=924.049，p=0.000<0.05），也即说明 REC、SCR、CD、PEOU 中至少一项会对 PU 产生影响关系，另外，针对模型的多

重共线性进行检验发现，模型中有 VIF 值大于 5，但是小于 10，意味着可能存在着一定的共线性问题、最终具体分析可知：

REC 的回归系数值为 0.100（t=2.939，p=0.003<0.01），意味着 REC 会对 PU 产生显著的正向影响关系。SCR 的回归系数值为 0.104（t=2.517，p=0.012<0.05），意味着 SCR 会对 PU 产生显著的正向影响关系。CD 的回归系数值为 0.363（t=7.893，p=0.000<0.01），意味着 CD 会对 PU 产生显著的正向影响关系。PEOU 的回归系数值为 0.398（t=9.864，p=0.000<0.01），意味着 PEOU 会对 PU 产生显著的正向影响关系。总结分析可知：个性化推荐（REC）、多屏共享（SCR）、内容多样性（CD）和感知易用性（PEOU）全部均会对感知有用性（PU）产生显著的正向影响关系。

表6-9　模型 $H4$，$H5$，$H6$，$H9$ 线性回归分析结果（n=538）

	非标准化系数		标准化系数	t	p	VIF	R^2	调整 R^2	F
	B	标准误	β						
常数	0.174	0.092	–	1.901	0.058	–			
REC	0.100	0.034	0.105	2.939	0.003**	5.370			F（4，533）=924.049，p=0.000
SCR	0.104	0.041	0.106	2.517	0.012*	7.491	0.874	0.873	
CD	0.363	0.046	0.358	7.893	0.000**	8.690			
PEOU	0.398	0.040	0.402	9.864	0.000**	7.026			
因变量：PU									
$D-W$ 值：2.036									
* 表示 $p<0.05$ 显著；** 表示 $p<0.01$ 显著									

将多屏共享（SCR）、内容多样性（CD）作为自变量，而将感知费用（COST）作为因变量进行线性回归分析，从表 6–10 可以看出，模型公式为：COST=1.214 + 0.150 × SCR + 0.597 × CD，模型 R^2 值为 0.442，意味着 SCR，CD 可以解释 COST 的 44.2% 变化原因。对模型进行 F 检验时发现模型通过 F 检验（F=211.756，p=0.000<0.05），也即说明 SCR、CD 中至少一项会对 COST 产生影响关系，另外，针对模型的多重共线性进行检验发现，模型中有 VIF 值大于 5，但是小于 10，意味着可能存在着一定的共线性问题。最终具体分析可知：SCR 的回归系数值为 0.150（t=1.836，p=0.067>0.05），意味着 SCR 并不会对 COST 产生影响关系。CD 的回归系数值为 0.597（t=7.080，p=0.000<0.01），意味着 CD 会对 COST 产生显著的

正向影响关系。总结分析可知：内容多样性（CD）会对COST产生显著的正向影响关系。但是多屏共享（SCR）并不会对感知费用（COST）产生影响关系。

表6-10　模型$H7$，$H8$线性回归分析结果（n=538）

	非标准化系数		标准化系数	t	p	VIF	R^2	调整R^2	F
	B	标准误	β						
常数	1.214	0.210	–	5.784	0.000**	–			F（2，535）=
SCR	0.150	0.082	0.130	1.836	0.067	5.499	0.442	0.440	211.756，
CD	0.597	0.084	0.536	7.080	0.000**	5.499			p=0.000
因变量：COST									
D–W值：2.023									
* 表示p<0.05 显著；** 表示p<0.01 显著									

将感知易用性（PEOU）、感知有用性（PU）、感知费用（COST）作为自变量，而将用户满意度（SAT）作为因变量进行线性回归分析，从表6-11可以看出，模型公式为：SAT=0.126 + 0.249×PEOU + 0.557×PU + 0.146×COST，模型R^2值为0.764，意味着PEOU、PU、COST可以解释SAT的76.4%变化原因。对模型进行F检验时发现模型通过F检验（F=575.746，p=0.000<0.05），也即说明PEOU，PU，COST中至少一项会对SAT产生影响关系，另外，针对模型的多重共线性进行检验发现，模型中有VIF值大于5，但是小于10，意味着可能存在着一定的共线性问题。最终具体分析可知：PEOU的回归系数值为0.249（t=4.687，p=0.000<0.01），意味着PEOU会对SAT产生显著的正向影响关系。PU的回归系数值为0.557（t=10.252，p=0.000<0.01），意味着PU会对SAT产生显著的正向影响关系。COST的回归系数值为0.146（t=5.464，p=0.000<0.01），意味着COST会对SAT产生显著的正向影响关系。总结分析可知：感知易用性（PEOU）、感知有用性（PU）、感知费用（COST）全部均会对用户满意度（SAT）产生显著的正向影响关系。

表6-11　模型H10，H11，H12线性回归分析结果（n=538）

	非标准化系数		标准化系数	t	p	VIF	R^2	调整R^2	F
	B	标准误	β						
常数	0.126	0.132	–	0.957	0.339	–			
PEOU	0.249	0.053	0.243	4.687	0.000**	6.062			$F（4，534）$
PU	0.557	0.054	0.536	10.252	0.000**	6.183	0.764.	0.763	=575.746，
COST	0.146	0.027	0.154	5.464	0.000**	1.799			p=0.000
因变量：SAT									
$D-W$值：2.148									
*表示$p < 0.05$显著；**表示$p < 0.01$显著									

　　为了更全面直观地体现各个变量之间的关系，本书又使用了结构方程模型SEM进行了数据分析，它能够同时处理多个因变量，并可比较及评价不同的理论模型。与传统的探索性因子分析不同，在结构方程模型中，我们可以提出一个特定的因子结构，并检验它是否吻合数据。通过结构方程多组分析，我们可以了解不同组别内各变量的关系是否保持不变，各因子的均值是否有显著差异等相关信息。模型拟合指标用于整体模型拟合效度情况分析，通常情况下，因为模型拟合指标非常多，通常下很难所有指标均需要达标，因此一般选择参考几个常用的指标，包括卡方自由度比、GFI、RMSEA、RMR、CFI、NFI、NNFI。按照此判断标准，通过表6-12的相关数据显示，本研究的变量间拟合指标均符合标准取值范围，表明模型能良好地拟合样本数据。

表6-12　模型拟合指标

常用指标	χ^2	df	P	卡方自由度比 χ^2/df	GFI	RMSEA	RMR	CFI	NFI	NNFI
判断标准	—		>0.05	<3	>0.9	<0.10	<0.05	>0.9	>0.9	>0.9
值	5.316	2	0.070	2.658	0.998	0.056	0.010	0.999	0.999	0.992
其他指标	TLI	AGFI	IFI	PGFI	PNFI	SRMR	RMSEA 90% CI			
判断标准	>0.9	>0.9	>0.9	>0.9	>0.9	<0.1	—			
值	0.992	0.955	0.999	0.055	0.07 1	0.005	0.050~0.115			

（四）研究结果

1.OTT 互联网电视使用现状与使用行为

首先，通过样本对象的统计学分析，可以发现，受过高等教育、收入相对稳定的中青年对 OTT 互联网电视服务的使用行为较多，他们具有一定的支付能力、鉴赏水平和选择水准，应该是目前 OTT 互联网电视服务针对的主要对象群。

接受问卷调查的对象使用最多的 OTT 互联网电视平台前三名是（具体内容见图 6-3）腾讯视频 / 云视听极光（69.07%）、爱奇艺 / 银河奇异果（64.31%）、优酷 /CIBN 酷喵影视（43.49%）。用户经常使用的 OTT 互联网电视服务接收终端（具体内容见图 6-4）主要还是智能手机（63.01%），其次是智能电视（30.67%），由此可见，用户对于设备的便携性、容易操作性等方面的使用体验要优于对于大屏的视听体验选择。接受问卷调查对象最经常收看的 OTT 互联网电视内容（具体内容见图 6-5）电影（66.73%）、电视剧（64.68%）、综艺节目（45.91%），由此可见，用户们视听时主要还是选择相对轻松的娱乐性内容。同时，他们选择使用 OTT 互联网电视服务的主要场所（具体内容见图 6-6）则是在家中（74.35%），这说明在相对松弛的时间中，人们更愿意接受媒体服务，另外，也可以开启客厅电视的"大屏价值"，增强家庭成员之间的情感黏度，构建客厅经济新图景，同时激发更大的家庭内容消费潜力。

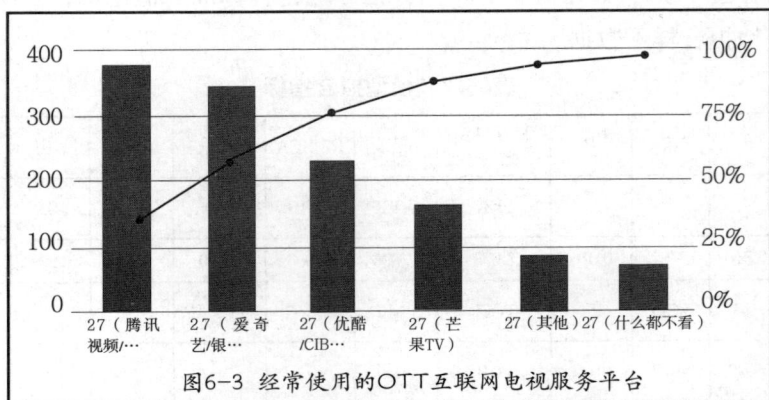

图6-3 经常使用的OTT互联网电视服务平台

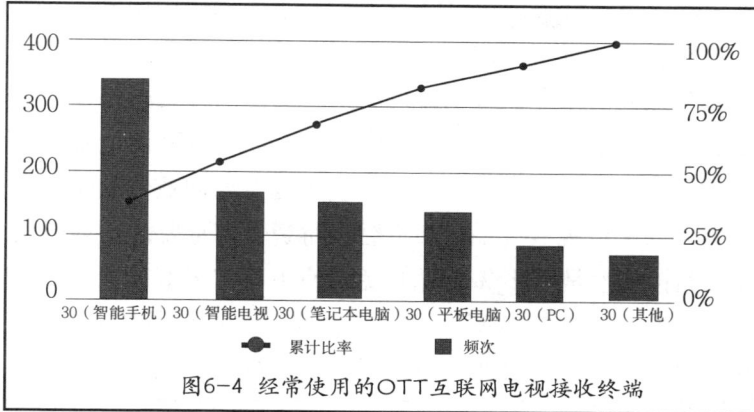

图6-4　经常使用的OTT互联网电视接收终端

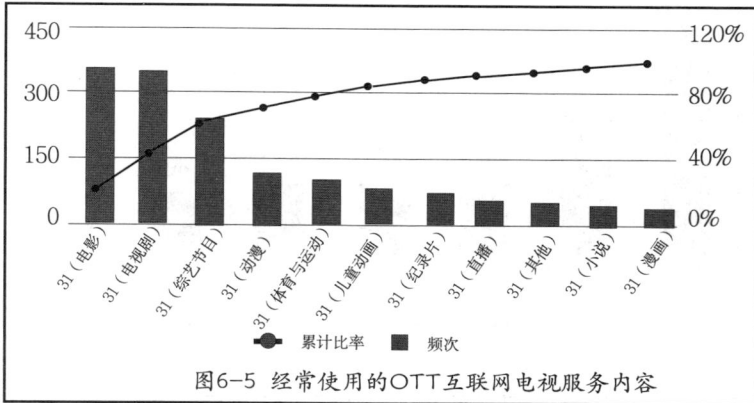

图6-5　经常使用的OTT互联网电视服务内容

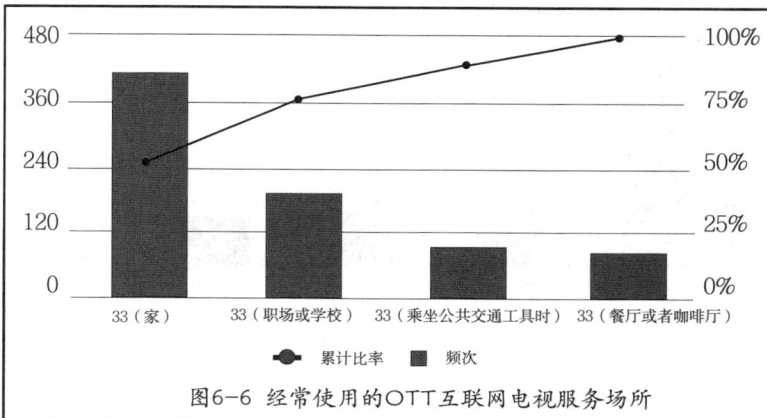

图6-6　经常使用的OTT互联网电视服务场所

　　另一方面，通过调查，在 OTT 互联网电视服务使用期限来看（具体内容见图 6-7），有 32% 的用户使用 OTT 互联网电视服务平台超过 2 年的时间，过半的人数使用超过一年；日均使用时间（具体内容见图 6-8）是 50% 的用户在 1 到 3 小时之间，大部分用户理性使用 OTT 互联网电视平台；由于版权知识的保护意识提高和 OTT 互联网内容运营商商业营利模式的多元化发展，OTT 互联网电视服务平台都将会员付费作为重要的营利板块，通过调查，虽然目前依然是有 42% 的用户免费使用 OTT 互联网电视资源，但是总体上有过付费经验的用户整体占比已经过半，为 58%（具体内容见图 6-9）。可见，目前 OTT 互联网电视服务市场还处于发展初期阶段。

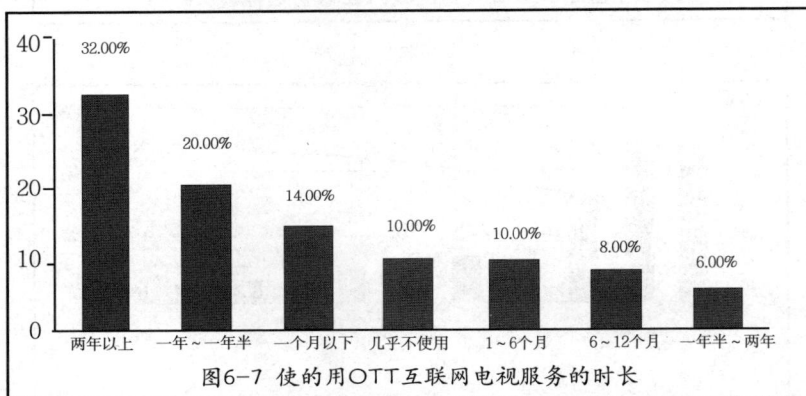

图6-7 使的用OTT互联网电视服务的时长

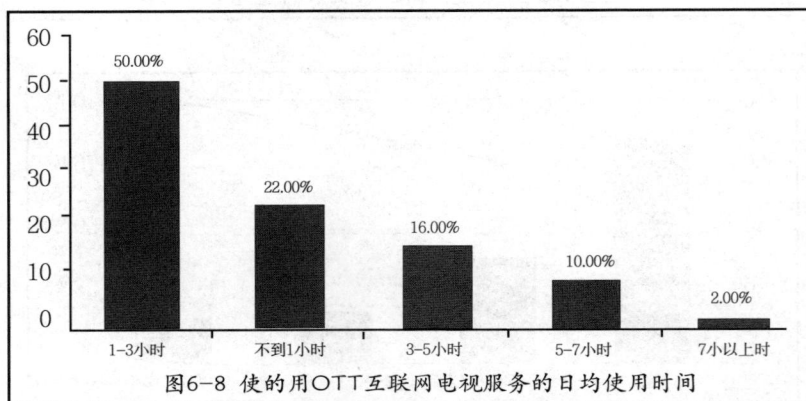

图6-8 使的用OTT互联网电视服务的日均使用时间

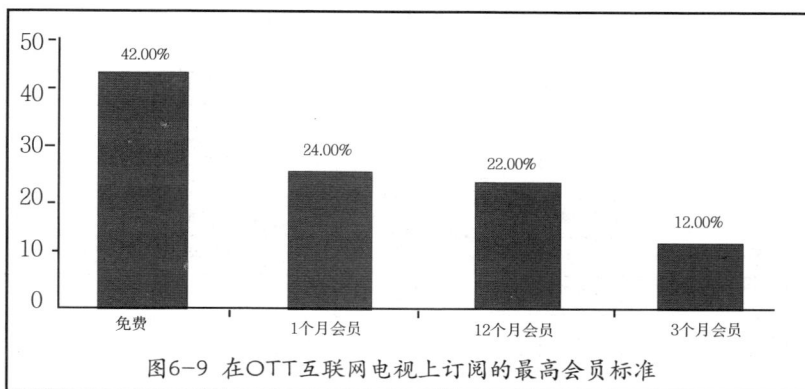

图6-9 在OTT互联网电视上订阅的最高会员标准

2. 假设验证

为了验证本书中设定的研究假设，利用SPSS26.0进行了结构方程模型（structural equation modeling，SEM）分析。同时，结合对问卷数据的描述性分析、相关分析、回归分析和路径分析等数据分析之后，通过表6-13的相关数据，可以直观地看到以下分析结果。

系统反应性（RES）、个性化推荐（REC）和多屏共享（SCR）对感知易用性（PEOU）具有显著影响，因此假设 H1、H2、H3 均成立。也就是说，用户对于系统质量中的属性感知度越高，对于OTT互联网电视服务感知易用性的影响越大。

个性化推荐（REC）、多屏共享（SCR）和内容多样性（CD）、感知易用性（PEOU）对感知有用性（PU）具有显著影响，因此假设 H4、H5、H6、H9 均成立。这一点在诸多的研究中也都得到了相同的验证。

通过对感知费用（COST）的影响因素检验，可以发现多屏共享（SCR）对感知费用（COST）没有显著的正向影响，因此假设 H7 不成立。而内容多样性（CD）对感知费用（COST）具有显著的影响，因此 H8 的假设成立。

用户满意度受到感知易用性（PEOU）、感知有用性（PU）和感知费用（COST）等因素的显著正向影响，因此假设 H10、H11、H12 均成立。由此可见，越是相信OTT互联网电视服务使用方便、提供的内容对自己有帮助、并且有一定经济能力能够接受 OTT 互联网电视服务内容价格定位的用户，对 OTT 互联网电视服务的满意度就越高。

表6-13　结构模型的假设检验

研究假设	X	→	Y	SE	z（CR值）	t	路径系数	p	检验结果
$H1$	RES	→	PEOU	0.039	6.441	6.415	0.000	0.267	支持
$H2$	REC	→	PEOU	0.045	4.682	4.664	0.000	0.220	支持
$H3$	SCR	→	PEOU	0.043	10.403	10.365	0.000	0.452	支持
$H4$	REC	→	PU	0.035	2.878	4.993	0.004	0.106	支持
$H5$	SCR	→	PU	0.044	2.374	3.478	0.018	0.107	支持
$H6$	CD	→	PU	0.038	9.528	14.874	0.000	0.362	支持
$H7$	SCR	→	COST	0.082	1.839	1.836	0.066	0.139	支持
HB	CD	→	COST	0.084	7.100	7.080	0.000	0.536	支持
$H9$	PEOU	→	PU	0.033	11.904	51.298	0.000	0.407	支持
$H10$	PEOU	→	SAT	0.048	5.233	4.687	0.000	0.247	支持
$H11$	PU	→	SAT	0.050	11.080	10.252	0.000	0.538	支持
$H12$	COST	→	SAT	0.025	5.869		0.000	0.157	支持

（五）研究结果与启示

1. 研究结果

本书探讨了在媒体融合大背景下，新兴媒体行业发展与变革中，OTT互联网电视服务的用户使用行为和影响使用满意度的因素。通过对各种新媒体研究以及与OTT互联网电视服务特性相关的先行研究探讨，运用技术接受模型、理论和信息系统成功模型、理论对研究假设进行了设定，同时还引入了"感知费用"这一要素，从服务内容购买金额、购买过经验和经济收入等要素，对模型各个要素之间进行了分析和验证。

首先，确认了系统反应性、个性化推荐、多屏共享对感知易用性具有正向影响，同时感知易用性对感知有用性有正向影响。这与信息系统成功模型、理论，以及学者们的研究相通。这意味着，用户对OTT互联网电视服务系统的便于操作性、人性化定制和能够在多个设备上使用的便捷性，充分影响到受众对OTT互联网电视服务感知易用性的认识程度，进而也会激发继续使用的想法，提高对服务有用性的认识。

其次，个性化推荐、多屏共享和内容多样性对感知有用性具有显著的正向影响。可以看出，用户目前对OTT互联网电视服务的选择目标相对明确，具有明显的个人化思维及应用化需求。这意味着，OTT 互联网电视内容提供商和服务运营商要增强用户体验，提升用户在娱乐内容之外的更多信息需求。

再次，内容多样性对感知费用具有显著的正向影响，多屏共享却对感知费用没有有意义的影响。也就是说，在使用 OTT 互联网电视服务时，用户认为 OTT 互联网电视平台提供的内容丰富、多样，能够满足自己的需求，愿意为之付费，但是在不同的终端使用应该是基本的服务，不应该区别价格等级，也不想为此支付相关费用。这可能是因为用户对 OTT 视频服务在智能手机端和兼顾家庭客厅电视等终端收费机制不理解，所以出现了成本使用的不满意。这样的研究结果，可能需要在后续研究中重新验证。

最后，感知易用性、感知有用性和感知费用对用户满意度产生积极的正向影响。结合样本的统计学特征，这意味着，OTT 互联网电视内容提供商和服务运营商等，需要了解不同阶层、不同年龄段、不同性别、不同职业用户的视听兴趣和内容倾向，积极开发更加便捷、人性化的系统功能，才能通过以上的服务吸引用户为专业化内容支付相关费用。付费 VOD 用户对内容价格的反应非常敏感，因此要根据内容的评价分析用户的支付意志，最大限度地反映这些，制定合适的价格，才能引导用户再次购买。另外，如果同时进行的努力能够提高一个付费 VOD 用户感知相对较低的对多屏共享服务的研究，期待通过提高终端服务的价值，自然而然地提高用户对 OTT 互联网电视服务使用的满意度。

2. 启示

综合研究结果来看，首先，OTT 互联网电视服务平台应该向用户提供简单、人性化、便捷的操作系统、多样的服务内容和合理的收费制度，这样可以提高用户的使用满意体验。值得一提的是，内容是 OTT 互联网电视服务中最重要的部分，单一的服务无法获得足够多的内容来满足所有用户的需求，因此对于 OTT 互联网电视内容提供商来说，提供丰富的内容是很重要的。将该服务独有的内容专业化、特色化，将对用户对内容满意的形成产生积极影响，也许将激发用户持续使用的意愿。另外，在制定收费标准方面，OTT 互联网电视服务的使用费用不是单纯的低价，或者依赖免费来获得市场。通过媒体环境的发展和变化，可以了解，这样的阶段已经过去了。当下要做的是，要吸引用户对支付费用合理、收费制度选择范围多样、效用对比适当的认识，这样才会提升用户与 OTT 互联网电视服务收费行为的认可，进而达成优质内容输出与使用体验提升的双赢效果。

笔者认为，技术接受模型可以提供预测用户技术接受行为的分析框架，同时也可以作为描述用户满意度的依据。此外，结合信息系统成功模型，加入了感知费用的因素，能够契合当下用户选择 OTT 互联网电视服务时的重要经济参考指标。

首先，为了提高 OTT 互联网电视服务的满意度，有必要从多方面考虑用户的收入、年龄、社会方面的变化因素，即那些感到负担得起的人和那些没有负担得起的人，对内容的需求和选择倾向程度等。其次，结合当下国内 7 大 OTT 牌照商与内容运营平台之间的竞争关系，要结合不同消费群受众的"画像"，制定针对性的内容支付标准，同时要重点发展优质核心的内容资源，才能够在 OTT 互联网电视竞争的市场有立足之地。

三、S 省互联网电视业务竞争战略实践路径

（一）差异化战略实施方案

根据前文对 S 省互联网电视业务影响因素分析和 S 省移动公司的内部调研，互联网电视用户的主要价值主张有以下 4 点：首先是内容，用户要求互联网电视具有丰富的内容资源；其次是服务，用户对互联网电视的安装、故障处理的及时率等服务有较高要求；再次是价格；最后是体验，在体验方面用户希望能够享受到清晰流畅的视频体验，并且操作简便，UI 界面清晰明了，没有太多的贴片广告，从更高的要求说，部分用户希望能够得到个性化的界面，能够根据其日常的观影习惯推送相应类型的节目资源。

针对用户的价值主张及差异化的竞争战略，S 省移动公司制定了以下差异化的战略实施方案。

1. 差异化的服务体系

S 省移动公司在服务满意度上一直居于三大运营商首位，在互联网电视业务上，利用移动用户规模优势，继续加强对本地生活、娱乐、教育、商务等信息整合，加强与信息提供服务部门的合作，体现与竞争对手的差

异化，实现对信息服务资源的掌控。同时，基于全业务竞争的新要求，加强客户服务流程体系建设，促进前后端响应及时，提升客户满意。在互联网电视业务上，制定了以下五大服务原则。

一站式服务原则。通过丰富营业厅、热线、互联网等渠道业务受理功能，为客户提供一站接入式的家宽及电视服务接触界面。制定家宽及电视服务闭环流程，建立多渠道间的协同机制，确保家宽及电视客户的业务服务请求得到顺畅、准确、高效处理。

服务标准化原则。明确家宽及电视客户服务的工作规范、工作标准和质量要求，为家宽及电视客户提供统一、规范、高标准服务。

服务差异化原则。在服务标准化基础上，基于客户价值合理提供差异化服务，建立服务优势、彰显服务价值。

全面管理原则。建立端到端家宽及电视服务质量测评体系，对客户全生命周期中影响服务质量和客户感知的所有环节进行全面管理。

闭环管理原则。借助成熟管理理论制定闭环的家宽及电视服务质量提升机制，开展常态化质量测评及时发现薄弱环节，推动各部门限时解决客户投诉的焦点难点问题。

2. 差异化的渠道规划

充分发挥自营厅、专营店、代办点、乡镇社会代理点等实体渠道的优势，资费上主推"宽带+电视"的融合套餐，结合50 M以及高清"魔百和"电视为卖点，以实体渠道全面覆盖，进行规模发展。

大力发展宽带电视服务站，以互联网电视发展为主，4G、5G手机营销为辅，依托有能力的社会渠道和专营店参与。在业务上以新增拓展、存量维系、客情资料收集为主，突出与传统渠道的区别，通过酬金发放、专项激励、差异化政策等手段，建立统一考核、统一管理机制，从而打造家宽业务在大市场竞争中的"桥头堡"。

继续发挥直销队伍的"行商职能"，以直销宣传、驻点营销、扫街扫楼、上门随销等手段，结合现场办理的优势，通过直销人员构成的互补性销售覆盖，有效地弥补渠道覆盖不足，从而对实体渠道形成补充，做到全区域深入营销。

拓宽线上受理通路，提升用户办理便捷性。加快电子渠道销售转型，进一步完善微厅、网厅、"流量秘书"等平台的销售功能及客户体验。在资源配置上，针对电子渠道提供适度、常态的营销政策，培育客户使用习惯；在营销推广上，加强线上短触点精准营销，提升触点销量。持续加强电子渠道专属优惠活动的宣传引导，提升电子渠道客户规模及知晓度。通过预受理、在线办理等方式，实现客户"一站式"便捷受理。

3. 差异化的业务宣传

以"1000 M引领，移动宽带进入 G 时代"为宣传口号，实现"100M应对、50M普及、20M突击"，全面发展高带宽产品扩大规模并做好存量客户向高带宽迁移。

互联网电视营销要重点突出"魔百和"品牌，以"新宽带、新电视、选移动"为宣传亮点，同时结合实时热点开展阶段性活动（例如：世界杯、奥运会、传统节日等），并且在品质内容的宣传上突出四大特点。

（1）超清晰："魔百和"电视提供最高 4K 分辨率节目，为客户提供极致视听享受。

（2）不卡顿："魔百和"电视拥有独立有线带宽，保证任何节目都不卡顿。

（3）片源多：拥有百部 4K 电影、千部高清电影、万集热播电视剧、儿童教育视频随时看。

（4）七天回看：多个热播电视台可随时回看 7 天内的任何时间点内容；加大家庭宽带产品、政策的宣传力度，通过对全省自营厅、社会渠道、宽带电视服务站、"和家庭"示范小区等家宽渠道的厅店布置及体验区品牌标识进行规范，加强宽带电视品质体验，加深客户对"和家庭"产品品牌的认知，彰显"光宽带"高速上网和"魔百和"4K 超清电视的产品优势。

4. 差异化的市场营销策略

做好精准营销，选择竞争对手宽带、电视实装率和渗透率高的区域，逐户摸底，以目标清单作为重点突破；坚持"价格贴近"的原则，确保全业务核心产品保值增值；加强与社会合作伙伴的合作，形成宽带与网络电视建设、营销、发展、维护联盟。通过细分市场，针对城镇、农村、商铺等目标区域制订不同营销策略，开展有效营销。

（1）家庭市场

①推行营销网格划分：加快网络覆盖区域的营销网格划分，采用物业合作、渠道代办等模式，对重点区域开展专项促销活动。

②提升发展质量：提供高品质、高价值带宽接入，加快推进宽带提速，新增客户以发展高带宽和 4K 高清为主，存量客户通过向高带宽用户迁移，着力提升高带宽客户占比。

③加强融合发展：推广"宽带＋家庭网＋互联网电视＋家庭信息化产品"的融合产品，稳定家庭存量用户、提升增量收入。

（2）农村市场

①建营同步：采用"先营销后建设""边建设边营销""先点亮再营销"等模式，快速抢占市场先机。

②产品优化：利用互联网电视平台，推送符合当地市场需求的直播电视，地方台等节目，带动宽带发展。

③返乡部署：建立与镇、村一级政府的联系，收集返乡时间、人数、分布区域等信息，利用外来务工人员返乡契机推送基于宽带的亲情视频通话业务，进行有针对性的营销。

④扫村模式：制订常态化"扫村"计划，片区人员协同村委会人员参与营销活动。

（3）商铺市场

①逐个摸底：针对六大行业（教育、医疗、交通、金融、政府、酒店）清单数据，比照清单逐个摸底。

②边摸底边营销：客户经理承担营销目标，协同宽带服站按区域管分布开展精准营销。

③加强融合营销：重点锁定已厚覆盖的城市综合体、写字楼、沿街商铺，通过与重点商圈管理机构合作、公关物业、走访扫街、统谈统签等方式规模化地进行业务部署，加强宽带、固话、互联网电视业务、手机的融合营销。

④加强代理合作：通过收入分成、酬金激励等措施提升业务代办。加强区域内渠道建设，做好渠道挂靠，充分利用 S 省移动公司现有渠道资源做好划片营销，同时尝试与区域内街道办事处开展业务合作。

⑤基于营业厅开展网格化营销：将营业厅作为社区经理网格化经营的

"根据地"，开展网格范围内的营销工作。

⑥结合终端、固话、宽带、互联网电视"四位一体"融合发展，压制竞争对手，提升宽带和互联网电视份额；尝试和游戏、教育和安防等家庭产品融合拓展，抢占家庭互联网入口。

（4）酒店市场

①产品推广上：尝试酒店市场"1+N"全业务组合：在产品资费上符合行业经营特征，通过高质量宽带的接入，将"宽带＋电视＋集团固话"、酒店固话管理系统、视频监控、集团彩印、客房 Wi-Fi、"流量 800"等可管理型终端及宽带延伸服务进行捆绑，逐步扩大市场占有率。

②业务宣传上：在酒店行业拓展中，应充分发挥 S 省移动公司服务能力，打造差异化竞争优势，可安排营业厅、社会渠道、微信公众号等进行酒店行业宣传，如厅店 LED 宣传、海报宣传等；省公司电子渠道设置酒店行业产品和案例展示专区，优先向客户推荐已与公司合作的酒店信息。

③营销策略上：应区分客户优先级，区分不同客户类型，可分为新建酒店、连锁酒店、商务酒店、星级酒店，分阶段、分重点营销，发挥 S 省移动公司综合优势，通过价格、产品、服务等进行精确营销。

④资费定价上：可通过灵活组合制定套餐价格，以"互联网电视＋宽带"为基础，并叠加固话等产品进行推广。

⑤渠道拓展上：采用"1+N"省市县一体化销售，充分发挥重客中心全省龙头作用，统筹协调省市县酒店行业拓展，采用清单式营销方式开展酒店行业信息化拓展；以"客户经理＋首席客户经理"为主的自有渠道开展酒店行业客情拓展和业务洽谈；依托社会渠道和专营店，以片区为单位实现用户的看管，根据所掌握的客户资源，合理提升薪酬激励及差异化政策，激活各销售通路的业务发展积极性和主动性。

5. 差异化的内容运营策略

优先打造视频聚合平台，聚合院线电影、热门剧集、热门体育赛事，打造基于 TV 的家庭应用聚合平台，实现视频多屏融合，满足智能家庭应用的需要。

视频内容聚合平台：持续引入 4K 内容资源，结合 50M 宽带，以"4K＋高带宽"为卖点，打造差异化融合产品，提升客户"高起点"体验感知。

强化聚合内容运营，聚合多家牌照或 CP 优势内容，实现机顶盒终端聚合牌照内容共享。引入本地频道，打造"本地新闻＋文化精品"，特别是地方台的特色节目。基于用户日常生活需求，逐步打造广场舞、瑜伽、保健、儿童教育等生活服务专区。

家庭应用聚合平台：搭建应用商城，引入音乐、游戏、教育、健康、购物等优质应用，拓展 TV 应用外沿，以应用准入制作为引入规范，掌控用户认证、计费核心能力。拓展家庭云，满足家庭存储备份刚需。开发机顶盒与机顶盒、手机之间的视频通话功能，针对家庭、政企推广并实现输出视频应用能力。

三屏视频业务融合：基于电视屏、手机屏的家庭视频通话业务，针对医院、酒店以及政企用户输出视频服务功能，同时规划推出手机、PAD、PC 客户端，实现视频内容多屏共享。

汇聚多家牌照商优势内容，最大化地涵盖全网电视台及网络视频资源，确立"魔百和"互联网电视在行业内的内容领先地位，与广电相比，具备丰富维度上的差异化优势。寻求在共赢的基础上，积极探索与广电各分公司的合作模式，与纯牌照接入相比，形成时效维度上的差异化优势。

基于用户（含家庭用户、集团客户）的电视终端大屏使用习惯，引入优质的音乐 K 歌、互动游戏、视频教育等应用拓展互联网电视服务范畴。结合移动通信特质，无缝融合视频通话、家庭安防、远程医疗等自有业务，将其打造成拥有 S 省移动公司全体系用户产品的新型"互联网＋"家庭生态平台。

6. 差异化的计费模型和品牌策略

通过制订宽带、"魔百和"、手机、IMS 固话等家庭产品的单业务模式、4G、5G 融合家庭套餐模式、群组消费模式多种产品模式支撑，通过区分家庭通信、家庭娱乐、智能家庭市场，在计费形式上采用包月、包年、融合销售、点播、会员制、按时长、次数等方式，建立完整的家宽资费体系。

通过塑造"魔百和"品牌，以大视频营销为中心，结合高质量、高带宽的互联网接入，利用互联网视频"多屏联动、生态营销"的优势，以承载丰富内容与应用的规模化双向接入，着力推进视频、数据、宽带、语音的全业务布局，通过产品融合、固移融合，抢占信息化入口，促进三屏合一，逐步提升规模效益和价值运营。

（二）竞争战略的实施保障

1. 技术保障

根据集团公司"高起点、高品质"的总体发展策略，S省移动公司通过创新技术、完善内容及其运营机制，以"科学化组网、差异化内容、体系化发展"为手段，努力构造全新的"互联网＋家庭生活"服务体系。云管端全链条改造，以组播技术形式，保障家庭电视用户的流畅观看体验，有计划地将本地CDN分发能力逐步下沉，满足用户对4K等超高清电视资源日渐增大的需求。

同时，S省移动公司积极推进IT基础设施整合，形成支撑合力；强化大数据分析能力，提升业务服务水平；构建融合业务受理计费能力，支持融合业务发展；升级互联网电视平台能力，支持运营服务；加强IT自主研发，掌控核心能力；做好融合信息安全，提供全面信息安全保障。

2. 流程、组织保障

业务规程、流程：规范业务开通办理、套餐变更、退订、机顶盒解绑等流程，建立标准化流程。

安装、维护流程：编制安装、维护、客户使用手册，规范运营维护。推进营销组织融合，打破分线条管理壁垒；推进品质管理组织融合，构建统一的用户界面；推进支撑组织融合，发挥支撑合力；推进运营组织融合，提升运维效率。

3. 人员保障

S省移动公司构建与家宽、互联网电视发展规模相匹配的人员队伍，对标S省电信公司、联通公司。通过建立一体化监督制约机制，提高风险防范效力；建立协同化考核机制，形成组织发展合力，着力打造复合型人才队伍，增强持续发展动力；建立多维度创新体系，激发队伍组织活力。

第七章　基于受众满意度的互联网电视发展策略

随着互联网新技术的日新月异，新业务不断出现，新服务升级优化，互联网电视行业的业务形态也处在不断发展和丰富当中。首先是视频终端的多元化，无论是传统的电视机，还是后来发展的机顶盒、智能电视，以至于现在更为普及的智能手机、iPad、智能游戏机等，都可以作为互联网电视的最终载体。其次是通过对屏幕种类的不断整合，从传统电视机到新型终端的智能手机等移动智能终端，从传统的室内收看到室内、室外全覆盖，从传统的家庭集体观看到更重视个人体验的独立享受，OTT业务要实现连续覆盖，多屏运营成为提升我国电视用户体验的重要手段之一，也是不断提供新用户、产生用户黏性并开启广告新天地的大好机会。最后，应用服务也在不断整合，互联网电视在进一步打开客厅市场后，家庭应用的前景也随之开阔起来，电视购物、高清互动、网络社交、娱乐游戏等多元化应用随之蜂拥而来。互联网电视产业的竞争也将逐步转变成生态系统的建设竞争，谁能够更全面地覆盖产业链的各个环节，谁就能够从中获得更大、更广阔的利润空间。现阶段，国内各大互联网电视厂商都力争主导产业，成为同类产业的龙头老大，主导整个产业的走向和动态。然而，术业有专攻，只有以用户为中心，从提升用户满意度角度出发，以内容为王，整合营销体系，才是互联网电视可持续发展之路。

本章从树立正确的受众观、提升互联网电视用户满意度、完善客户满意度监测体系、构建互联网电视收视质量分析系统和创新互联网电视大数据整合营销策略等五个方面阐述互联网电视传播发展的建设性策略。

一、树立正确的受众观

（一）准确定位需求以培养受众收视忠诚度

受众的收视行为是以其需求为基础的，树立正确的受众观，满足电视受众的需求是广大电视媒体工作者的出发点和归宿，也是受众接受传播内容的前提。而受众需求的形成和发展受社会因素和个人因素的影响会而千差万别。特别是在网络等新媒体日益普及的今天，无论是传统电视媒体，还是新兴电视媒体，都要以用户为中心。因此，电视媒体为准确定位受众需求，最大程度地抓住电视受众的心理，培育受众收视的忠诚度，首先就是要了解受众，通过传播方式的转移，实现对受众需求尽可能全面的了解和掌握，进而通过合理的"筛选"，制作出符合受众需求的节目。

1. 了解受众："传—受"关系从接收向互动转移

从理论上说，信息只有双向的传递才能具有传播上的效果。互动和反馈是我们这个社会最有价值的元素，百姓需要互动，我们的生活需要互动。比如微博、微信等都为电视节目与观众互动提供了很好的平台。所以，电视节目能否实现真正的互动，走出仅仅依靠热线电话和发送短信的旧有方式，是电视能否真正走进受众心中的一个极其关键的环节，新媒体技术的发展已经为电视实现场内外的互动提供了可能。例如，中央电视台体育频道利用网络电视台、官方微博、微信公众号、手机短信等方式与广大电视受众进行互动，使得节目氛围耳目一新。

2. 引导受众：内容选择由"采集"向"筛选"转移

准确定位受众需求的第二步就是引导受众，即在了解受众的前提下，电视媒体需要及时回归其应该承担的其他角色上来，发挥其舆论引导和教育功能，而非一味地迎合受众。这就要求电视媒体传播者对传播内容加以"筛选"，将媒介功能与受众需求有机地融合在一起，更好地实现其传播价值。

在这类实践中最成功的当属中央电视台科教频道的《百家讲坛》，央视科教频道创办的宗旨是运用电视手段向观众传播科学文化知识，提高全民整体素质，实现"科教兴国"战略。《百家讲坛》在娱乐节目盛行、同类节目不断停播的情况下，三易制片人，不断调整栏目定位，在不改变节目宗旨的前提下，利用门户网站、论坛和博客等新媒体广泛吸取受众的意见和建议，完善节目内容和形式，以期达到科教与需求的完美契合。它用平民化的学术、通俗化的历史和系列化的选题，采取评书式的讲座、明星式的主讲和趣味性的讲述把原本卷帙浩繁的历史鲜活地展现在受众面前，并且大量借助网络等新媒体扩大节目影响力，最终赢得广大受众的青睐。

（二）提高节目文化品位，深化对受众的影响力

受众的情感图式基本符合特定社会文化所占领的环境适应性要求，并经常落后于社会存在的进步，因为受众更喜欢符合他们情感，甚至是符合他们成见的东西，所以受众的情感虽然是真诚的，却并非无欺的。只以感性认知认识世界，只以感情支配的原则来看待世界，人们常常会陷入盲目的状态，必须在感性中加入理性，把理智加入热烈的情感中去，才能进入自觉的状态。当下部分网络用户太过追求娱乐，特别是网络等新媒体的普及带来的娱乐文化的狂欢，让这个娱乐的时代往往在精神上变得非常脆弱。在这种情况下，人们需要电视媒体作为传播理性的媒介，来为这种狂热降降温，提高电视节目的文化品位，在把握正确的审美取向的同时丰富节目的文化内涵，深化正确导向对受众的影响力，摒弃"娱乐至上"，保留文化的理性。

1. 把握正确的审美取向，追求深层次的美感

在网络媒体巨大影响力下，大量良莠不齐的信息通过网络等新媒体迅速传播给受众。为了弘扬主流价值观和健康积极向上的文化，电视媒体的教育功能和舆论导向功能要求传播者在制作电视节目时要把握正确的审美取向，使受众从电视的内容和形式上获得更深层次的鉴赏和领悟。

2. 丰富节目的文化内涵，满足受众深层次价值需要

目前，我国的电视节目往往被分为两类：一种是"叫座不叫好"，另一种是"叫好不叫座"。而当电视节目具有丰富的文化内涵，受众定位为深层次、高端价值需求时，这类电视节目往往很难"叫座"。因此，如何既满足受众深层次的价值需求又能最大程度地吸引受众观看，就成了摆在电视媒体传播者面前的一大难题。

随着社会的变革和转型，群众对经济生活的认知也不断深入，其对相关领域知识有了自己的理解，也产生了相应的求知欲。如原有财经类电视

节目无法摆脱"高端、精英、专业"的节目形象，使得原本应该贴近百姓生活的经济类节目少之又少。在此情况下，广东卫视推出了一档风格鲜明、接地气的聊天式财经新闻评论类节目——《财经郎眼》，邀请著名经济学家作为主持人，辅以相关领域的专家学者，关注民生经济热点，从百姓的经济生活出发，透视每个经济热点背后的故事，个性化地对原本晦涩艰深的财经新闻进行经济学解读，带有明显的时效性、趣味性和庞大的信息量，具有独特的思想见地。

（三）"互联网思维"重构电视产业价值链

随着互联网的不断发展，其媒介作用正在悄无声息地改变着人们的生活方式，"互联网思维"正以难以想象的速度对传统行业带来史无前例的冲击。传统行业在互联网的冲击下，原有的方式及存在态势已经日渐式微，曾经一成不变的传播方式逐步被一些新兴方式取代。人们生活更加便捷，原有行业平衡系统被打破重组，并形成新式传媒。早在互联网还未充分发展的时候，整个行业仍以"硬件利润"驱动，所有的产业利润来源基本是以硬件为代价的，软件基本是作为附属品维持零利润的，各大商家都是互打硬件价格战，很难真正对用户需求及体验做出快而精准的响应，用户黏性相对较小。当乐视、小米等行业新兴公司主打用户，将互联网同用户终端紧密联系，一切围绕用户的最真实需求时，这些公司产品一经发售，很快就深入人心，赢得用户一致好评，在获得极大用户群体的同时，通过软件人性化设计及快捷售后服务等精心保障，保证持续化用户黏性。

对于电视行业而言，以前产业链均是由一些缺乏创新变革意识的传统硬件厂商控制，导致电视行业在经历了半个多世纪的发展却没有明显创新，很难满足现代生活节奏日趋快捷的市场需求，这无疑使行业发展道路越走越窄，如不做出重大变革则很难留住用户群体。如果将电视行业同互联网结合起来，传统电视行业便会绽放出新光芒，在很大程度上影响着电视行业价值体系，并引发智能家居革命。努力发掘用户需求，结合现有科技水平，将互联网上的海量视频及应用资源带进千家万户，为普通用户带来虚拟现实、体感控制等高科技成果视觉盛宴，为电视行业开启了全新用户体验新模式，使得电视成为全新的终端接口。

此外，当这种"互联网思维"模式被灌输到电视行业时，传统电视行业"硬件利润"模式很快遭遇挑战，而以便捷、用户及用户体验为核心的经营方式正以惊人的速度在各大行业蔓延，各大商家开始营造专属经营模式，如乐视公司的"乐视生态"，摒弃传统的以硬件经营为核心的模式，开启平台与生态并行的产业链模式，在保证用户持续黏性的前提下，大力发展其终端用户，不断推陈出新，以用户为核心，不断扩展新用户及新产品线。互联网的资源共享及免费平台也为互联网电视发展准备了良好的外在条件，而在电视机硬件价格被不断拉低的市场环境下，一些企业开始寻求新利润，利润重心开始向产业链转移，主要通过一些增值服务来完成，而传统利润模式已逐渐被摒弃。

即便互联网电视厂商再强大，也无法在短时间内完全将传统厂商踢出供应链，互联网电视厂商还是应该着力通过合作共赢，以用户及用户体验为中心，切实解决好用户及自身问题，权衡好硬件成本同产业链利润之间的平衡点，不断推陈出新，给更多人带来高科技结合的成果。可以说，互联网电视相较于传统电视是成功的，但是更成功的是互联网电视的发展模式，而非某个互联网电视品牌，互联网电视的产业生态在不断内化互联网思维的过程中不断实现自我革新与飞跃。

二、提升互联网电视用户满意度——以 Y 移动公司为例

（一）用户满意度提升策略

1. 宽带业务提升策略

（1）业务性价比及捆绑问题

业务性价比对比移动差异显著，且提及率较高；捆绑业务适用性提及率相对较高，较移动有一定差异；宽带业务捆绑手机问题 NPS 较低，低于友商，且与移动差异显著。

提升策略一：参考另两家运营商的套餐资费，重点关注用户办理量高的套餐，保证性价比相近。

目前各个运营商针对宽带业务，为了加大用户的黏性，都采用了捆绑销售的模式，但在与移动相比，性价比和捆绑手机方面均与之有差异，这

就需要一方面在制定政策时需要参考着另两家运营商的套餐，保证在性价比方面差异不大，可以让用户忽略价格方面的因素，让用户自由选择。

提升策略二：让用户自由选择套餐，提供高性价比手机或不强制捆绑手机销售。

①保证用户办理的灵活性，不强制用户捆绑手机，保证其自由选择套餐办理。

②另外，捆绑的手机也要提供些质量好的，不要都是质量差或者一般的，也要增加一些高端手机，满足不同用户的需要。让用户切实感受到购买的手机物有所值，甚至物超所值。

（2）装维服务

装维人员回答问题能力低于友商，安装前预约联系时间 NPS 低于移动，且提及率相对较高。

提升策略一：增加质量监督岗，加强服务提升。

①针对这一短板，完成情况不太理想的情况下，可在各地市设立质量监督岗，质监岗位人员针对每天竣工的"装移修工单"进行百分百回访，询问装维员上门是否执行标准化动作、是否对装维服务满意，有任何不满意的地方及时通知装维员立即上门进行整改，并且将问题逐步升级、逐层解决，直到用户认可。

②加强装维服务的闭环管理，对于用户反馈上门未能执行标准化动作，各公司将对责任人每天进行通报，并每周对装维员进行服务意识的培训工作，帮助装维员从根本上转变服务理念，真正做到用心服务。在质监岗回访过程当中，针对入网时营业厅联系方式录入错误、营业录单时未做用户资料维护等问题进行汇总，将问题反馈给对应的营业人员，将用户的联系电话维护到用户资料当中，为以后用户维系工作的顺利推行奠定坚实的基础。

提升策略二：填写沟通服务卡，方便用户与装维人员的沟通。

在用户办理新装的时候，主动为用户提供"1V1"沟通服务卡，将装维人员的电话和营业厅的电话填写上，并将用户在实际使用中经常遇到的问题整理出来，列出详细的解决方法，首次办理的时候为用户讲解清楚，从一点一滴做起，从小事出发为用户考虑，让用户打心底感到温暖。

提升策略三：对装维人员加强培训，提高其服务回答问题的能力。

①对工作人员定期进行业务技能培训。一方面提高其业务知识及回答问题的能力，另一方面强化对工作规范掌握的熟练程度，避免超时联系用户或不联系用户等简单、易避免的问题造成用户的不满意。

②加强工作人员的礼仪培训。给工作人员配备统一的服装、脚套等，对员工的行为举止制定规范，高质量高标准地为用户服务。

（3）网络资源覆盖

提升策略一：整理用户投诉网络问题较多的地方，重点加强建设。

搜集用户反映宽带资源问题较多的地方，将投诉地点整理出来，分发给对应的每个网格经理，让网格社区经理重点跟进，能为用户进资源的要及时引进，不能的也要跟用户解释清楚，让用户知道是什么原因。

提升策略二：加大网络投资预算，加强全省网络建设。

在年初制定预算时，加大网络建设投资的投入，尽可能地满足各地的网络资源，尽可能多地布线，满足大众用户的需求。

（4）服务方面

热线人工接通率 NPS 相对较低，相对移动差异较大。营业厅网点数量 NPS 相对较高，但相对友商略有劣势、营业厅人员服务态度 NPS 低于移动，且提及率相对较高。

提升策略一：加大自助语音渠道建设，将拨打人工热线的用户引导至自助语音渠道，提升热线接通率。

①针对热线接通率方，将一些简单查询和报障的一些用户引导至自助 IVR 渠道，减少一些用户的人工拨打数量，降低呼叫，相应地增加全部人工接通率。

②将套餐查询、费用查询等内容制定成短信，在用户拨打客服热线时，即将用户的套餐和余额等内容以短信的形式告知用户，减少用户进入人工查询的数量。

③加强对自助渠道的宣传力度，在自助语音首层添加语音播报，告知用户"如需进行宽带报障，请按快捷键 8 号键"，直接引导用户至快捷键处，自动为用户解决问题或生成工单，减少用户进入人工服务的等待。

提升策略二：加大人工客服人员的招聘力度，从根本上解决接通率低的问题。

加大对话务员的招聘，从人员的数量上保障用户的拨打需求，从根本上解决接通率低的问题。

提升策略三：客服部加大对实体渠道的巡查力度，强化服务意识。

客服部需结合实体渠道加大服务检查，将服务态度列入渠道日常点检内容；针对落后的营业点加大支撑、重点帮扶，强化渠道服务意识，让用户感受到营业员热情的服务，强化员工的服务意识，让用户感受到百分百的服务。

提升策略四：定期上门服务，组建微信交流群，加强工作人员与用户的沟通。

针对营业厅与社区经理，每月定期开展"上门服务日"活动，并组建微信交流群，提前对用户在群内进行群发告知，上门走访用户，了解用户在实际宽带使用中存在的问题，并记录下来，能为用户解决的及时解决，不能解决的需尽快反馈，并将问题的处理进度定期地在微信群内告知用户，让用户切实感受到我们真诚的服务。

（5）业务方面

账单计费准确性低于对标友商，差异显著，但提及率相对较低。

提升策略一：改造消费账单，让账单内容一目了然。

目前，账单的内容还不是很清晰，例如一些增值费用直接显示综合信息费用，用户不知道收费的内容，并且费用还都是叠加到一起的，造成用户对账单准确性的怀疑。在账单方面需要进一步加大改造，将收费的具体内容都列出来，给用户明明白白的账单，让用户明明白白地消费。

提升策略二：主动为用户推送账单，让用户提升消费感知。

定期每月初给用户推送短信或邮箱账单，将上月的消费明细给用户发送过去，切实地让用户实现明明白白消费，增加消费的透明度，避免发生乱扣费的现象。

针对以上问题，切实从用户角度出发，更客观地发现服务短板，各地市公司需加大对本地的营业服务、宽带新装、宽带修障、网络测试等方面的服务体验穿测工作。为了发现更深层次的问题，体验方式还可采用第三方暗访方式，走进营业厅、深入乡镇进行服务体验，切实发现通过明查形式不能发现的问题，对全面提升服务发挥重要作用。

2. 电视业务提升策略

需重点关注资费价格合理性。资费价格合理性 NPS 为负值，对标联通差异显著，用户关注度相对较高。在资费上，与联通资费相比差异明显。

提升策略一：为办理宽带的用户免费加装天翼高清，减少用户的花费。

针对办理月租 99 元以上融合宽带套餐的用户免费加装天翼高清业务，直接减免用户的月租，提升用户感知。

提升策略二：进行差异化解释，让用户享受物有所值。

引导用户、为用户解释在服务差异基础上进行的收费，可以提供联通没有的一些服务，例如一些老旧电影频道、赛车频道、运动频道等，进行差异化服务。

提升策略三：组织促销活动，吸引用户办理。

定期组织一些半价活动，吸引新用户办理；针对老用户也可以定期赠送半个月或一个月影视包活动，让用户观看一些收费的节目。这样不仅能吸引用户的办理，还可以提升老用户的感知，一举两得。具体措施如下。

措施一：对本期用户满意度调查的数据进行深入挖掘，针对促销活动不满意的用户，制定提升策略。

①以月租减免为主要促销活动手段，将有限的资源重点倾向于中高端用户，从一定程度上提高用户满意度。

②对满意度低的目标用户群体进行精确定位，并对其进行个性化宣传。

③定期召开投诉分析会，找出用户对促销活动投诉的焦点、难点问题，重点剖析解决。

措施二：加强监管，利用多种监管渠道来保障促销活动执行的落地情况。

①市场部要对各区县分公司的促销活动进行调研指导，并督促各单位及时报备本地促销活动的开展情况，建立微信群，实时报备活动效果。

②市场部对整体营销体系进行全面梳理，明晰各大类活动叠加顺延办理要求；在营销活动下发时，要针对活动协议款进行专项说明，保证各项活动的准确落地。

③利用省对市，市对区县的 KPI 考核，将营销活动投诉指标和用户满意度指标落实到纸面上，通过考核的手段来不断提升服务质量和用户

满意度。

3. 移动业务提升策略

（1）网络方面

郊区/山区信号覆盖对标移动差异显著，且提及率相对较高，手机经常没信号问题对标移动差异显著。

提升策略一：加强网络建设，提升网络覆盖。

重点关注"五高一地"的网络情况，提升全省重点高校、高铁及其他重要区域下载速率，保障高速业务流畅，实现城区网络连续覆盖和数据热点的有效覆盖。尤其实行"取消流量漫游"政策以来，用户对网络的要求更高，必须加强网络基站的精确规划和终端的精确投放，提升网络的使用能力。

提升策略二：对网络站点进行原因分类，建立网络关怀机制。

对全网超闲 AP（Wireless Access Point）要进行原因分类，结合市场营销和网络排障，降低超闲比例。结合历史网络投诉和满意度分析结果，对受影响区域用户开展点对点主动关怀，利用端到端业务感知提升，对因终端设置错误、应用软件不适配等问题造成的手机上网感知不佳情况开展主动提醒，提升用户的服务感知。

（2）业务方面

流量费用合理性对标联通差异显著，且提及率较高；欠费停机提醒及时性对标联通和移动差异显著；垃圾信息问题 NPS 低于移动；更改低套餐方便性 NPS 相对联通差异显著。

提升策略一：加强对不限量套餐的宣传，加大套餐更改的占比。

针对流量方面，虽然目前已有不限量套餐，但是办理不限量套餐的用户占比仅为 20%，仍有大量的用户还是使用的之前的套餐，在流量使用上还是需要控制的，不能无限量地使用，超出套餐的流量后，收取的费用还是较高的，造成的费用提醒不及时，给用户造成不良的感知，尤其在联通混改后，与腾讯合作的王卡套餐更是成功地吸引了大量的腾讯用户，造成在这方面与联通的差异显著。

为改善用户此方面的体验感，可采取以下方式。

①对使用流量较多的用户进行外呼宣传，对用户进行详细介绍，加强

办理不限量套餐的用户占比。

②更改老套餐的内容，减少老套餐与不限量套餐内容的差异，可适当增加套餐流量，减少用户在流量差异方面的感知。

③推荐安装手机营业厅，用户在营业厅办理时即为用户安装，让用户对流量实现精准化管理，及时监控流量使用情况，明白消费，直观可信。

④利用大数据分析经常欠费停机的用户，给用户及时发送短信账单提醒内容，让用户及时掌握消费情况。

⑤根据用户的实际消费，提供专属优惠活动，提升用户感知。例如，针对非合约的老用户，在消费到一定水平后，利用低至 2 至 3 折的预存优惠购买指定中高端机型（如华为 Mate 系列、苹果手机、三星 Galaxy 系列，等等），切实让用户感受到优惠。

提升策略二：对垃圾号码加大整治，减少垃圾信息的发送。

此问题需要以用户投诉分析为基础，聚焦垃圾短信、不知情业务办理、收费争议、信息安全等焦点难点问题，不断完善内部管理制度及管理规范、工作流程，降低负面效应。统一下大力度治理，重点分析这些问题号码存在的区域，责令相应的市公司对其号码进行关停，业支中心重点把控这些超低资费、通话时间长、投诉问题多的号码等工作，从源头上加强管控，减少这类问题的产生。

提升策略三：开放自助更改套餐的渠道，方便用户办理。

像移动和联通，更改套餐均可在手机用户端或者网上营业厅上修改，尤其针对现在比较火的互联网套餐，办理也是非常方便，而电信仅是开放了特定的营业厅，这对用户来说无疑是比较麻烦的，不方便用户的办理。针对有需求的这部分用户要尽可能多地开放办理渠道，尤其在自助渠道方面，加大开发的力度，让用户可以方便地通过自助渠道办理更改套餐的业务，让他们足不出户就能办理，不跑冤枉路，这样才能提升用户的满意度。

（3）服务方面

热线人员服务态度提及率相对较高，NPS 低于联通和移动；热线接通率及热线人工接通率 NPS 相对移动差异显著。

提升策略一：对话务员加大培训和监督，提升服务感知。

针对客服中心的话务员加强服务规范和业务知识的培训，尤其对服务态度不热情的要加大考核力度，提升话务员的服务水平。

提升策略二：利用大数据系统分析，加强用户亲情关怀。

利用大数据系统分析，加强对用户的亲情关怀，例如最近用户的手机或宽带活动到期，系统自动将最新的促销活动及时告知特定的用户，让用户少费心；还可以在假日、特殊天气增加短信关怀，手机上网科普宣传，电子渠道推广宣传。在重大节日前，依据国人习惯，重大节日必然进行祝福传递，作为用户的运营中心，更需要加强这方面的关怀，同时也是加深用户关系的重要时机。在服务用户这方面尤其要注意细节，让用户感受到公司的用心服务，这样才能不断提高公司的用户满意度。

（二）用户满意度提升工作保障机制

1. 项目提升小组

为确保用户满意度提升工作落实到位，需成立"用户满意度提升工作"领导小组和"用户满意度提升工作"项目实施小组。

2. 项目提升工作机制

（1）宽带满意度提升：由宽带部牵头，市场部、渠道部、网络部、业务支撑中心等相关部门配合，提升网络、业务和服务人员的满意度。针对涉及影响用户感知的问题需形成清单，优先进行针对性整改。由于涉及的环节和部门较多，前后端部门要进一步加强日常沟通，在工作组层面落实例会制度，着力协同做好重点工作的推进和重点问题的解决，并定期向领导小组汇报进展情况。

（2）电信电视满意度提升：主要由市场部负责，需要在资费和活动上加大优惠力度，保证与友商的优势，加快用户发展的速度。将具体的内容形成活动方案并上报领导小组。

（3）移动满意度提升：由渠道部牵头，市场部、渠道部、企信部、业支中心、网络部、客服部等相关部门协同，将涉及的问题形成清单，重点跟进。针对用户反映较多的网络问题，尤其涉及的"五高一地"的网络优化与建设工作，要形成工作时间进度表，提升网络的覆盖率，高流量、高密度场景需继续缩小与友商的差距，及时将工作情况向领导小组汇报，切实提升用户的满意度。

三、完善客户满意度监测体系

笔者以 Y 移动公司为例，引入 NPS 作为新的监测管理工具，并在公司 KPI 中专门单列进行考核，以完善客户满意度监测体系。

（一）NPS

NPS(Net Promoter Score，即客户净推荐值）方法又叫做净促进者计分法，由贝恩咨询公司弗雷德里克·雷赫德（Frederick Ryhead）提出。通过 NPS 监测能将客户忠诚度量化，企业通过对贬损者的修复，可提升客户忠诚度，增强企业的竞争优势。NPS 还可对具体产品的客户忠诚度进行日常监测，检测结果可用于大中型企业的内部管理，在传递考核压力的同时，帮助管理者发现产品存在的问题，要求具体产品团队改善产品，提升客户忠诚度。2005 年，通用电气 CEO 向管理层推荐该测量监测方法，NPS 很快开始推行。全球领先的企业如苹果、花旗银行都采用了 NPS 监测体系。根据目前的应用成效来看，NPS 的高低不仅与老客户的重复消费相关，还与新客户的拓展相关，同时 NPS 还能影响公司的增长率。

针对每一个问题客户采取十分制计分法，顾客可按照答案得分分为三组。得分在 9 到 10 分的称为"促进者"，得分在 7 到 8 分间的属于"被动者"，得分在 0 到 6 分间的称为"诋毁者"。一家公司的 NPS 值，就是以促进者所占百分比与诋毁者所占百分比的差额。

NPS 作为一种衡量客户实际行为的指标，可以直接反映客户口碑，能够识别企业的良性利润和不良利润，反映单纯财务指标无法暴露出的企业运营问题，确保企业保持长期竞争力。从历史表现来看，客户 NPS 与市场份额呈现正相关关系。NPS 作为客户忠诚度的管理工具在国内的应用尚在起步阶段，尤其是在通信行业。

（二）引入 NPS 完善客户满意度监测体系

在传统 CATI（Computer Assisted Telephone Interview，即计算机辅助电话访问）外呼的基础上，应引入"在线调研"和"新媒体口碑分析"两种监测方式。CATI 外呼针对移动、电信和联通三家基础电信运营商的客户，主要用于传统指标的监测考核，主要由第三方外呼执行。

在线调研的对象是 Y 公司的客户，主要监测的内容是重点业务，如 4G 客户、互联网电视客户等，在线调研主要利用 139 邮箱和微博进行，此项工作交由中国移动在线公司开展。新媒体口碑分析主要监测公众客户和媒体，监测的内容是焦点事件，此项工作由在线公司和第三方媒体公司开展。

1. 建立闭环管理体系

引入 NPS 的核心是通过建立监测—分析—改进的内外部闭环反馈机制，对重点业务和典型问题进行快速响应并进行系统化的提升，最终达到提升客户忠诚度，提升市场份额的目的。按照作用对象的不同，Y 公司的 NPS 闭环管理机制，可分为外部闭环反馈圈和内部闭环反馈圈。

外部闭环反馈圈，包含 5 个行动步骤，分别是：测评 NPS 和关键绩效指标，对得分进行分析，客户回访，搜集客户反应并进行分析，采取行动（包括内部培训）。外部闭环反馈圈是一个高速的反馈体系，可以每日或每周获得反馈，从而增强客户反馈提升员工的工作绩效。同时，它也是一个个性化的反馈体系，如有必要，可以针对单个客户遇到的问题进行个性化的处理。外部闭环反馈圈的目标是动员和指导一线员工（营业员、话务员、客户经理等）通过发现问题，改进工作举措，持续提升客户体验。比如 Y 公司开展某个营销活动，通过 NPS 监测发现客户不接受该营销活动，NPS 得分明显偏低，此时就可安排对打分客户进行回访。通过回访我们可以将客户不接受的原因归集为：活动解释不清晰，操作不熟练，办理时间长等问题上，尤其是活动解释不清晰是客户最为担心的，那么此时我们可采取的举措包括：重新拟定通俗化的客服口径，对一线服务人员进行活动的专项培训，对不接受客户进行维护等。

内部闭环反馈圈也同样包括 5 步，分别是：搜集并归纳问题的根源，分析问题的根源，制定行动方案和首要事项，实施结构性改善，客户和员工反馈提升。内部闭环反馈圈是一个系统的监测体系，借助它可以分析、归纳客户所反映问题的根源，并结合问题的优先级顺序，逐一从根本上解决问题。内部闭环反馈圈可以调动 Y 公司内部的所有部门和分公司，从而提升改进反馈的效率。同样针对 Y 公司开展的营销活动，在内部闭环反馈圈中 Y 公司的品质管理部门通过对多个客户的反馈回访，可以分析营销活动设计，系统支撑，宣传推广等方面的问题，对同时开展的营销活动进行

NPS 比较，对客户感知不好的营销活动要求相关部门或分公司进行改进，如有必要可以要求下线。在内部闭环反馈圈中，品质管理部也可以对那些客户接受度高的营销活动进行总结，为下次开展营销活动积累经验，最终提升客户对 Y 公司开展营销活动的满意度。

2. 考核体系

为在 Y 公司内部推行 NPS 监测机制，公司品质管理部制定了多层次的考核管理办法。在省公司对地市的年度 KPI 考核中增加了专门考核项，在省公司各部门领导的年度 KPI 中也有专门的考核权重，在公司重点项目中也单独增加了对项目领导的 NP 提升考核。

（1）自上而下的考核

从 2015 年开始，中国移动集团公司对各省公司开始提出 NPS 考核的管理要求，Y 公司在接到集团公司的要求后，非常重视新的管理考核机制，并很快建立了省内的考核体系，让 NPS 很快在省内得到了落实。

（2）横向传递的考核

品质管理部作为 Y 公司的一个部门，是没有办法直接指挥同级别其他部门的工作的，但 NPS 的提升必须要相关部门的配合才能真正落到实处，为此，Y 公司通过对部门领导年度 KPI 考核的方式，将 NPS 提升工作依照职能的不同分解到各个相关部门。

除了专职的品质管理部外，Y 公司内部共有 11 个部门对 NPS 提升负责。通过这样的横向压力传递，很好地保障了 NPS 工作在各相关部门的落实。

（3）重点项目的考核

在 Y 公司内部，凡是申请公司特殊政策资源支持的重点项目，都需要在设定年度目标时增加 10% 的 NPS 考核。互联网电视、手机看家 / 店、"和生活""和教育"等 12 个项目在申报公司创新项目时，都要由品质管理部设计相应的 NPS 考核项。

3. 重点产品 NPS 监测分析

品质管理部将宽带和互联网电视作为 NPS 重点产品，长期进行跟踪分析，因为宽带和互联网电视业务是 Y 公司从 2014 年起一直重点推广的产品。从 NPS 监测的结果来看，宽带和互联网电视业务均存在用户体验不佳、NPS 偏低的问题，可以说属于"用户不推荐"业务。NPS 的监测结果印证了品质管理部的判断，所以将这两项业务作为重点产品进行分析对 Y 公司具有现实意义。

在一季度的 NPS 监测中，重点业务互联网电视 NPS 值极低，需要开展互联网电视的 NPS 专项提升行动。根据 NPS 闭环管理的流程要求，首先是外部闭环反馈圈工作推进。为保持回访的客观性和有效性，回访安排第三方公司通过 CATI 方式针对"诋毁者"（打分低于 6 分的客户）展开，结果详见表 7-1。

表7-1 "诋毁者"不推荐原因

原因	视频卡顿（网速慢）	不能看直播或回看	节目更新慢或不全	其他	操作使用不便
占比	41.1%	32.3%	9.6%	6.7%	5.3%

从表 7-1 看，客户不满意主要集中"视频卡顿（网速慢）和不能看直播或回看"两个方面，联合工作团队拟从"机顶盒缓存优化、平台吐流能力优化、多码率"三个方面解决视频卡顿的问题，通过增加"引入直播内容和 4K 点播"来丰富内容，增加直播能力。

（1）机顶盒缓存优化

互联网电视业务基于 IP 网络，其特点是没有网络服务质量保障。电视业务（直播、点播）的特点是对业务实时性要求高，无法容忍延时、抖动和中断，与 HTTP、FTP 等基础网络服务有明显区别。机顶盒视频缓存，是目前在 IP 网络上实现一定程度的服务质量保障的可行方法。联合工作团队将研究方向确定为：在没有网络服务质量保障的情况下，通过视频缓存，来缓解网络延时、抖动和中断引起的业务问题。解决方案包括：动态缓存、视频优先模式和缓存加速。

①动态缓存。Y 公司互联网电视原来的缓存大小固定、分配方式也固定，无法充分发挥高配机顶盒的性能优势、也无法适应视频、游戏、音乐、教育等不同场景以及网内、网间不同的业务发展需求。通过动态缓存机制，动态设置缓存大小和缓存分配的优先模式，提高缓存能力，提高流畅度。

②视频优先模式。视频缓存需要占用大量内存，为保证效率，一般缓

存占用内存不释放，避免出现大量内存碎片，导致下次分配时失败。通过默认视频优先模式，提高互联网电视客户的感知度，同时设计多种业务优先模式，以适应用户不同的业务需求。

③缓存加速。通过多线程方式加快机顶盒缓存填充速度，提高 CDN（Content Delivery Network，即内容分发网络）吐流速度以加快缓存的吞吐效率。

（2）平台吐流能力优化

要实现机顶盒缓存优化，需要平台配合，找到合适的吐流速度。吐流速度过低，无法快速填满机顶盒缓存，而吐流速度过快，则会过度消耗平台和网络资源。针对不同码率视频，调整吐流速度。如 4K 点播等高码率视频，适当提高吐流速度；根据现网测试以及经验模型，找到适合 Y 公司网络情况的吐流速度经验值，最终在平台和网络可承载的范围内，有效提升平台吐流能力。

（3）多码率

通过直播流多码率、点播片源多码率，使不同网络条件下，都可以流畅观看直播、点播节目。

①多码率直播。将一路高清直播源进行压缩，获得统一频道多路不同码率直播源，EPG 界面（Electronic Program Guide，即电子节目指南，EPTV 所提供的各种业务的索引及导航都是通过 EPG 系统来完成的）展示为一路直播频道，用户观看过程中根据实际端到端网速，切换适合的码率。

②多码率点播。一部点播片源同时注入多码率文件，EPG 界面展示为一部片源，用户观看过程中根据实际端到端网速，切换适合的码率。

（4）地市台引入

统一从 Y 省电视台引入直播内容，由过去基础视频完全依赖牌照方，改成"Y 省电视台提供直播 + 牌照方解决点播"的模式，集中解决各牌照方 SP/CP 平台"直播展示"的问题。

①开通专线。根据与 Y 省电视台商定的频道需要拉通我司机房到广电机房约 600Mbps 的实时传输链路，考虑直播对线路安全性要求高，需增加一条备用专线，共两条 1Gbps 的专线。

②信号转换。Y 省电视台负责购置相关编解码设备，通过专线传至互

联网电视平台。

③节目展示。Y省电视台负责开发直播 Android 安装包，适配移动所有 SP/CP 机顶盒，统一运行在各互联网电视 SP/CP 平台。

（5）4K 点播

4K 视频业务是未来视频业务的重要发展方向。为满足用户日益增长的内容丰富性和高质量需求，在目前 4K 业务产业链日趋成熟、完善的情况下，积极开展 4K 业务的试点工作，以提升用户的观影体验。主要包括落实以下工作。

① 4K 机顶盒。4K 业务需要配备支持 4K 视频编解码能力的高性能机顶盒，Y 公司统一进行了设备选型和招标采购，现在市面上通过 Y 公司渠道开通的互联网电视都是支持 4K 电视的机顶盒。

②互联网电视平台 4K 功能改造、升级，在平台侧独立部署 4K 视频服务。

③ 4K 片源及 4K 片源入口。由 Y 公司入围的内容提供商提供 4K 片源，并在未来逐步推出 4K 专区。

④ "50M+" 的宽带接入。4K 视频的高码率传输，对宽带带宽要求较高，宽带需稳定维持在 50M 以上。

通过上述多种技术手段的多管齐下，Y 公司互联网电视的 NPS 值有了较大改善。客观来说，互联网电视的 NPS 值还是低于公司整体 NPS 表现，但是已经从负分区间进入了正分区间，累计改善值达 50 个点。虽然也有波动，但整体处于持续提升阶段，客户感知有了较大的改善。

四、构建互联网电视收视质量分析系统

（一）互联网电视收视质量分析系统概述

1. 互联网电视质量分析概述

随着互联网电视业务规模的发展，网络运营面临网络难以管理、故障难以定位、收视保障缺失等问题，互联网电视收视质量分析系统是一套基于软、硬探针数据，结合资源树以及网络状态，对当前数据进行分析，对即将劣化的网络、节目源，进行派单处理，早于用户发现问题，达到实现服务质量提升的目的。系统重点解决了以下问题。

（1）无法获知牌照方、CDN 出口视频源质量。由于缺少对直播源传输到本地 CDN 的节目质量的监测，很多节目源引起的问题，因无法及时进行定位，会造成维护人员浪费大量的精力去进行互联网电视承载网络、互联网电视平台的故障定位和排查。

（2）无法监控 TV 业务承载网络的质量。互联网电视承载网络出现的故障无法提前预知，只有当出现用户大面积投诉时，才被动地查看承载网络的故障。

（3）缺少统一、集中的监控手段与途径。针对互联网电视平台出现的相关业务问题缺少主动发现的手段，导致故障维护远远滞后于用户的申告，无法提前处理较为重要的故障，造成用户投诉率高。

（4）故障处理周期冗长，诊障手段严重匮乏。互联网电视故障及维护环节众多，即使是维护专家，面对数量众多的故障申告，也没有先进的支撑手段进行快速准确定位，因此故障处理时间很长，用户满意度下降。

2. 互联网电视收视质量分析系统的实现方式

互联网电视收视质量分析系统汇聚了客户信息、资源信息、收视质量、频道质量数据，并通过一系列 KPI 指标及分析规则，实现收视质量分析。

（1）"客户资源树"信息。互联网电视收视质量分析系统，是基于客户资源链路信息，进行的区域、时间、网络状况进行数据汇聚的。每一行记录代表一个业务的"资源树"路径，包含 ONU、OLT、BRAS 三层结构。

（2）业务套餐信息。互联网电视收视质量分析系统，根据用户信息，了解用户的宽带账号、联系方式、套餐、资费情况等。

（3）收视质量数据。互联网电视收视质量分析系统，根据软探针抓取播放器事件，获取到机顶盒相关性能信息以及收视相关质量。例如：视频播放质量、网络速度，响应，内存、CPU 等性能和质量的参数数据。用于监测用户的上网、看视频的质量，提升用户体验等信息。同时根据资源树中的 ONU SN 码，与机顶盒的 STBID，确认连接关系。系统支持根据用户的宽带账号、手机号，查询个人的机顶盒历史性能数据，从而方便业务专家判定故障。互联网电视收视质量分析系统，根据软探针平台获取到的告警数据，实现对实时监控。

（4）节目源频道质量。互联网电视收视质量分析系统，通过硬件探针实时监测，将牌照方、CDN 出口的实时流量、性能指标、视频质量进行实时采集，并对有断流、无节目的视频源进行诊断，同时在界面轮询展示。通过相关参数获取性能指标、告警指标，同时对质量数据进行分析，达到节目源劣化实时预警，并与工单系统做接口，进行自动派单。

（二）互联网电视收视质量分析模型选型

OTT 业务发展至今，已经从技术上进行种种优化，提升了对网络抖动以及拥塞的问题解决时间，但如果承载的网络无法保障好，那么用户的体验以及消费者的体验是不能提升，OTT 业务容易受其他业务影响，最新的调查发现，用户的满意度不足 45%。运营商想开展好 OTT 业务，必须优先保障收视质量，所以 OTT 模式的互联网电视收视质量成为重点。

保证 OTT 业务质量并实现快速定位故障、必须做到对 OTT 业务质量监测的可视化管理、故障及隐患能主动预警。一方面保证 OTT 节目源质量，另一方面在出现劣化、故障时，要有手段实时定位。

目前，网络视频质量的评估主要有两种方法：主观评估和客观评估。主观评估是通过人的视觉系统对视频的质量权衡和评估，这对视频质量的判定是决定性的。客观评估则是忽略人类视觉感知，通过算法和计算得出的智能评价结果，传统的客观评估方法有峰值信噪比（PSNR），结构相似度（SSIM），均方误差（MSE）等。主观评估和客观评估结果即用户 QOE，一般是用平均意见 MOS 值表示，从 1 到 5，"1"代表最差，"5"代表最好。针对网络视频的主观评估方法，主要通过若干组经过训练或未经训练的用户观看特定的视频内容，然后给出视频质量的评价结果。针对客观评估方法，相关学者提出了不同的算法和模型。第一种提出了一种卷积神经网络客观评估视频的方法，通过训练达到自主评价视频质量的效果。第二种利用多元回归模型客观评估视频 QOE，并同时考虑到视频和音频效果。第三种基于编解码器带来的视频画面扭曲给视频评估模型。第四种则基于视频内容进行评估。第五种分析了人视觉接受视频图片的瞬间效果与视频质量感知之间的关系，瞬间效果相关指标等。然而，这些方法或者只适合特定条件下的视频评估，或者只是专注于视频评估指标、用户视觉等某一方面的研究，对于新兴媒体形态 OTT 视频并不完全适用，所以需要我们寻求一种新的评估方法。

在本书中，结合 OTT 视频的特点，我们给出了一种基于模糊控制的质量评估方法，目的在于将模糊控制的原理用到 OTT 量评估上，实现更加接近视觉感知的用户 QOE。具体步骤是：分析网络层 QOS、应用层 QOS、到用户 QOE 之间的层次关系，选取每层的最重要的性能指标建立三层 QOE 模型。以网络层指标作为输入，利用映射层次映射关系，计算出应用层的 QOS 参数值，然后利用模糊算法，建立模糊控制模型，通过参数模糊化、模糊推理、清晰化等过程，输出最终的视频质量评估 MOS 值。由于篇幅所限，本章不做具体的步骤分析及运算，只对互联网电视收视质量分析系统做理论概述。

（三）机顶盒软探针

软探针是安装在机顶盒里的一个插件，用于采集用户使用机顶盒过程中的网络质量数据，包括视频播放质量、网络速度，响应，内存、CPU 等等性能和质量的参数数据；用于监测用户的上网、看视频的质量，提升用户体验。

软探针提供四类机顶盒原始数据，分别为：机顶盒资源原始数据、运行周期原始数据、收视原始数据、告警原始数据。实时原始数据文件采用"https + jison"方式上传，时间粒度 15 分钟[①]。

机顶盒软探针采集的数据主要来源于底层播放器、网络接口和机顶盒的操作系统。通过与播放器接口，实时获取视频打开、Seek、暂停、缓冲 / 花屏、结束等各种播放事件上报的数据，分析汇总后得到相应的视频播放数据；通过实时抓取和分析网络报文，获取 TCP、UDP、HTTP、RTP 等网络环境数据；通过机顶盒系统提供的相关接口，采集到系统内存、CPU、网络连接方式等机顶盒系统数据；通过平台主动下发网络诊断任务，采集到相应的任务执行结果，即网络探测数据。软探针按平台需求对视频播放数据、网络环境数据、机顶盒系统数据和网络探测数据进行预处理后上报到软探针监测平台，为软探针监测平台定位业务质量问题提供依据。[②]

---

① ［英］辛普森. IPTV 与网络视频 [M]. 北京：机械工业出版社，2008.

② 陈斯华. IPTV 产业价值链研究 [M] 北京：中国传媒大学出版社，2007：96.

考虑到运营商对软探针数据有需求的相关网管系统的可扩展性，结合大数据框架、ESB 总线架构的系统特性，以 FTP 方式传递大量周期性数据。实时性要求高的小量数据查询采用"REST ful"方式查询。

（四）视频源监测硬探针

硬件探针是通过分光镜像和拉流的方式，对视频节目源的质量进行监测，通过采集和分析视频流的网络传输参数、视频码率参数、M3U8 分片参数等实现视频源频道节目质量的监测。硬探针设备同时支持光口、电口。为确保测试结果准确，设备内置硬件 Sniffer 功能。支持多种方式接入：组播加入、光分、端口镜像，采集设备整机可达 150 至 1000 路视频流每秒实时质量分析。硬件探针根据不同协议，采集的关键指标不同。

（五）软探针前置采集机

软探针前置采集机是针对机盒的收视质量数据进行采集和解析的模块，负责接收软探针上报数据，经过转换处理，通过 KAFKA 分布式消息系统或生成文件，传输到 spark/hadoop 主机，进行业务指标统计，完成后生成标准的原始收视指标以及统一的统计汇总文件，采集数据包括网络环境、视频播放、用户行为和系统参数等质量数据。统计分析后数据包括：业务质量监测包括用户观看视频加载时长、卡顿情况、告警情况等；用户行为分析：用户使用时间、使用时长、观看视频内容等。

（六）hadoop 数据存储

Hadoop Common：包括 Hadoop 常用的工具类，由原来的 Hadoopcore 部分更名而来。主要包括系统配置工具 Configuration、远程过程调用 RPC、序列化机制和 Hadoop 抽象文件系统 File System 等。它们为在通用硬件上搭建云计算环境提供基本的服务，并为运行在该平台上的软件开发提供了所需的 API。

Hadoop Distributed Hie System（以下简称 HDFSTM）：分布式文件系统，提供对应用程序数据的高吞吐量，高伸缩性，高容错性的访问，是 Hadoop 体系中数据存储管理的基础。它是一个高度容错的系统，能检测和应对硬件故障，用于在低成本的通用硬件上运行。HDFS 简化了文件的一致性模型，通过流式数据访问，提供高吞吐量应用程序数据访问功能，适合带有大型数据集的应用程序。

Hadoop YARN：任务调度和集群资源管理。

Hadoop Map Reduce：基于 YARN 的大型数据集并行处理系统。是一种计算模型，用以进行大数据量的计算。Hadoop 的 Map Reduce 实现，和 Common、HDFS 一起，构成了 Hadoop 发展初期的三个组件。Map Reduce 将应用划分为 Map 和 Reduce 两个步骤，其中 Map 对数据集上的独立元素进行指定的操作，生成中间结果。Reduce 则对中间结果中相同"键"的所有"值"进行规约，以得到最终结果。Map Reduce 这样的功能划分，非常适合在大量计算机组成的分布式并行环境里进行数据处理。

五、以用户为中心创新互联网电视媒体产品

（一）电视媒体的接入产品创新策略

熊彼特（Joseph Alois Schumpeter）提出，产品创新包含两点：一是指开发一种新产品；二是指改良旧的产品。技术是创新的驱动力。[①] IPTV 是一种新型互联网多媒体业务，它对内容供应商电视媒体和运营商电信提出了更高技术要求。IPTV 机顶盒作为 IPTV 系统的视音频解码终端，需要完成数据业务和多种应用的接收和解析以及传输信息到电视显示设备。IPTV 机顶盒的关键技术包括网络宽带技术，网络组播技术，图像和图形显现技术，视音解码技术等。正是这些技术的发展推动了 IPTV 机顶盒的创新升级。另外一款接入产品"DVB+OTT"智能盒子是 OTT 盒子的创新升级，在 OTT 原有的互联网功能基础上增加电视直播功能，提升了用户体验。

1. IPTV 机顶盒新产品的开发

IPTV 机顶盒是以电视机或电脑作为终端显示设备的一种基于 IPTV 连接的机顶盒。IPTV 即互联网络协议电视。它融合现有的电信和数字广播服务，通过 IP 数字机顶盒连接服务提供商和用户端设备，从两个维度提升传统的非交互电视，即采用了数字化技术和实现了互动能力。用户可以点播、回看和参与电视实质性互动。IPTV 还可根据用户需求配置多样化的应用功能，如 IPTV 网络浏览、电子邮件、游戏点播、互动广告等。IPTV 机顶盒

---

① ［美］约瑟夫·熊彼特. 经济发展理论 [M]. 南昌：江西教育出版社，2014：110.

是实现 IPTV 多样化功能的关键部件。

技术的推进使 IPTV 机顶盒的生命周期大大缩短，其形式和功能不断创新和升级。如何更好地创新该产品，我们首先需要认识 IPTV 机顶盒各层次的价值。笔者以长江新媒体最新开发的 IPTV 智能盒子为例，分析该产品各个层面（核心产品层，有形产品层，期望产品层面，附加产品层）的价值，探究 IPTV 智能机顶盒的创新规律。

核心产品层面带给用户的基本效用和功能。IPTV 智能机顶盒是互联网时代广电与电信联手开发的新产品，智能机顶盒 + 电视 = 智能电视，智能机顶盒赋予电视新的技能，真正实现了人机互动。电视可以实现点播、点播回看、在线交易，并能够精准定位目标消费者，满足用户深层次和个性化需求。

有形价值层面即产品的外在表现形式。用户审美需求的提升使产品生产者逐渐重视产品外观的创新，力求通过产品外在形式的包装增加产品的附加值，创造新的营利点。长江新媒体 IPTV 智能盒子运用黑色烤漆工艺，设计考究，大气沉稳，兼顾实用和美观，符合产品外观（包装）时尚与美的理念，这种外在形式上的表现力增加了用户对产品的好感度，成为影响用户购买行为的重要因素之一。

期望产品层面即用户对产品功能、质量、价格、外观等的期望。IPTV 智能机顶盒以用户期望为切入点，通过增加用户体验，提升用户对产品的满意度，包括带给用户更便捷的体验和贴近用户最深层次的需求两个方面。用户便捷性表现之一是最大程度降低了用户的时间成本，如采用多维度归类的节目编排方式，按照电视节目性质（电影、电视剧、综艺、资讯等）或节目生产国家（美剧、韩剧、港剧、韩综等）划分维度，减少用户搜寻节目的时间成本。贴近用户最深层次的需求也是增加用户体验的一个重要表现，如该智能盒子的遥控器背面有详细的学习功能方法介绍，适合年轻人、老人轻松上手。

附加产品层面指产品之外的服务和利益，包括产品售后服务、产品免费升级等，用户良好的服务体验是用户产生对产品或品牌持续购买力的关键因素之一。

分析产品各个层次的价值，有助于企业对产品设计目标做出更明确的决策，在市场竞争中对产品的优劣做出准确的判断。笔者认为，未来 IPTV 机顶盒需在功能和外观上下功夫，更加小巧便捷的多功能机顶盒更加符合用户的需求。

2. "DVB+OTT"智能盒子的创新

2014 年被称为"DVB+OTT"元年。"DVB+OTT"智能盒子已经普及化，它结合了互联网电视功能和数字电视功能，相比于广电网络的直播功能和 OTT 电视的互联网功能，它对两者功能进行了融合，改变了 OTT 原有的产品结构和功能，增加了用户体验。

最早的"DVB+OTT"智能盒子是湖南广电与"阿里巴巴"及"印纪湘广"强强合作、共同开发的，这款"DVB+OTT"智能盒子，实现了电视的直播和互联网的一体化，使一个机顶盒同时具备了互联网电视功能和数字电视功能，满足了用户多样选择，节省了用户的时间成本。2015 年长江新媒体集团与"小米科技"的合作，打造互联网业务运营的本地化，实现了初步的"DVB+OTT"模式，截至 2019 年底，集团与"小米科技"合力推出的小米盒子 3 增强版出货量达到 580 万台。

为了探究产品的价值，我们同样选择科特勒的产品层次划分模式对"DVB+OTT"智能盒子的价值进行分析。

在核心产品层面：我们用一个简单的公式表示：互联网电视 + 数字电视主业产品 = 互联网 + 直播 = 智时代、新视觉（家庭互联网）。"DVB+OTT"智能盒子带给用户及其家庭智能的生活，满足其家庭娱乐需求。小米盒子 3 增强版使用高端 Cortex-A72 处理器，被称为当下运行最快的盒子。

有形产品层面：接入产品依托一定的外在表现形式，产品外观、遥控器、交互设计、软硬一体逐渐演变为 OTT 产品的核心。小米盒子 3 的纯白外观简约时尚。盒子六个面都得到有效利用，用户不用打开盒子就能了解相关信息，把握了当下消费者追求时尚和快捷生活的心理。当市场出现同质商品时，形式上（外观上）的吸引力和方便性是吸引消费者的关键。机顶盒材质、颜色、设计等各时尚美观方面的精进都能看出生产者的用心，相比过去传统媒体将全部注意力集中于机顶盒的功能，这种通过外在形式的包装与实用相结合的综合体验更能吸引消费者注意。

期望产品层面：以最少成本生产出满足用户需求的高质量、高效用产品，从而降低用户购买产品的价格，提升产品的市场竞争力。价格和质量是"DVB+OTT"智能盒子在开发过程中需要重点考虑和精准把握的两个方面。目前智能盒子发展迅速，呈摩尔定律，性能越来越强，价格越来越低，这就需要产品生产者在如何增加产品性价比上下功夫。

附加产品层面：产品之外的服务和利益，包括产品的售后服务和免费的产品升级等。

潜在产品层面：需确认"DVB+OTT"智能盒子是否是长期可执行的目标，产品生产者是否有持续更新的能力和思维，产品内容吸引力可否持久。这就需要产品生产者综合评估"DVB+OTT"智能盒子其他各个层面的价值以及考量机顶盒的竞争环境、用户产品体验等。

"DVB+OTT"智能盒子是电视媒体转型升级的重要体现，是对有线电视原有产品的改良和升级，对该产品五个层次的价值挖掘，对于产品的竞争尤为重要。在"DVB+OTT"智能盒子的开发上，传统电视选择与其他互联网公司合作，主要原因是：较长时期以来电视媒体只是"闭门造车"，忽视了其他产品的发展，相比于技术成熟、运用经验丰富的互联网公司，电视媒体尚不具备足够的能力和精力独立开发出具备较强市场竞争力的接入产品。这种全新的合作模式是"三网融合"背景下的传统电视媒体为避免用户流失采取的拯救策略，体现了电视媒体对外强势态度的改变，自觉选择与体制外的互联网集团合作，达到共赢互利。

（二）互联网电视媒体的内容产品创新策略

1. 基于用户逻辑的内容产品创新

互联网时代，用户逻辑主要以"用户中心"的内容传播规律的创新为主，从消费时代的"受众中心"转为市场逻辑导向的"用户中心"。内容生产者的角色也从大众传播时代的"内容编辑者"转变为"产品服务者"，面临着传播思维的创新，他们在制定内容创新策略前必须回答：用户是谁？他们的行为特点是什么？媒体接触习惯（时段，场景，渠道等）有哪些？内容产品的偏好如何等问题，这样才能精准定位产品和用户，把内容产品创新的风险降到最小。

在互联网时代，受众向用户的这种转变不仅仅是名称的变化，更是整个电视传播格局的转变，是一种革命性的变化，需要电视媒体行业调整管理体制、指导方针、工作流程、执行策略等多项计划。这种调整必须基于已清楚了解到受众和用户之间的区别：受众是内容的接受者和评价者，用户是参与者和主导者；"受众"概念是传播学中独有的，是类型化的概括，用户是上帝，强调私人订制；受众分析依靠问卷、案例等调研，用户分析则是通过大数据精准定位；受众强调接受信息，用户是体验和分享信息。

"用户中心"引入到内容产品生产中，主要表现为两点：一是私人订制。高度聚焦用户需求，精准定位目标用户群体；二是互动参与。用户是内容产品的参与者和使用者，参与内容产品生产的过程，强调用户体验。我们结合相关的案例对这两点进行分析。

（1）内容产品的私人订制

用户定位是传媒创新策略制定的基点，针对个性化的用户，采取差异化的传播策略是互联网时代的特点。大众传播时代，受意识、技术、资金、环境等多方面的影响，电视内容传播针对的对象是类型化的受众，在互联网时代，受技术创新的影响内容产品的私人化订制成为可能，用户体验也在不断提升。比如长江新媒体通过大数据分析用户信息，针对不同的用户，推出差异化的内容产品。拥有湖北广电 IPTV 的用户会发现，在每个家庭 IPTV 首页视窗上会定期弹出几条订制信息，如暑假来临时期，拥有小朋友的家庭的 IPTV 首页视窗上会弹出卡通动画专区，叮叮动漫专区的节目框；拥有老人的家庭则会定期弹出湖北电视台的《健康宝典》《养生专家》等养生节目资讯。只有高度聚焦用户需求，精准定位目标用户群，利用大数据掌握用户的收视心理和服务需求，才能不断拓宽电视未来的发展空间。总之，差异化为电视媒体产品创新指明了道路，是发挥媒体成长优势的根本性战略选择。

（2）产品的互动体现

新闻产品是媒体变局的聚焦点，其变化代表了媒体经营的态度和方向。互联网时代的电视新闻产品不仅需要编辑、制作，还需要经营。吸引用户注意、参与，增强用户黏性，扩大用户规模，实现电视与人的多形式互动是互联网时代电视新闻产品经营的方向。如，新媒体推出的系列创新新闻报道、可视化新闻报道充分站在用户的角度、紧贴社会热点，充分尊重用户的媒体接触习惯和审美偏好，无论是在选题、视角、渠道、内容呈现等一系列环节上都进行了创新，试图以互动化，可视化，数据化的新闻报道形式吸引用户注意，尤其是年轻的用户群。

有学者提出：传统媒体强调"内容为王"的传播逻辑，在互联网时代必须基于"用户导向，参与分享"的传播理念。[①] 这种电视与人之间的互动模式，实现了从吸引电视观众注意到经营用户体验的转换，是市场化竞争环境下电视媒体发展的必然。

2. 以营利为导向的内容产品创新

熊彼特说："创新是新工具或新方法的应用，必须产生出新的经济价值。"[②] 创新是营利的手段和策略，营利也是产品创新的最终目的。传统电视媒体以广告为主要收入来源，通过把观众对节目内容的关注度和注意力——主要表现为把收视率的高低卖给广告商以获得利润。相比于传统媒体营利模式的单一性，与对广告的严重依赖相比，新媒体的营利模式则更加多元化。其中，作为媒体融合背景下传统电视媒体改革创新产物的互联网电视媒体，不仅在电视播出渠道（IPTV/OTT）上获得广告费，而且利用其已有的多媒体终端（网站、微信、微博等）获得广告收入和流量变现；不仅通过在市场上转卖电视节目获得版权收益，而且"内容即商品"，以新颖的电视节目内容刺激消费需求，实现节目观看与消费同步进行，把电视观众直接转变为实际消费者。

目前电视必然是以内容建设为根本，优质的视频内容是竞争的焦点，也是互联网用户急切需要的。相比于纯商业性质的视频网站，互联网电视媒体借助母台优质的视频内容实现差异化竞争，使营利空间更加广阔。从价值链角度分析，这种内容优势具体表现为以下三点。第一，内容产品价格优势。由于互联网电视媒体根植于母台，可以用低廉的成本享受母台优质的内容资源，尤其是母台自制的电视节目。第二，内容采编优势。整合母台内资源成立的互联网电视媒体，如湖北广电整合集团内部资源成立了长江新媒体，同时吸纳了母台优质的专业新闻采编人才资源和高可信度的信息渠道，因此对新闻事实深度挖掘和剖析的能力远超商业性质的互联网

① 王小娟. 电视的进化：以用户为中心的"内容为王"[J]. 视听界，2016（01）：45-47.
② [美]熊彼特. 经济发展理论 [M]. 南昌：江西教育出版社，2014：78.

视频网站，内容采编尤其是新闻采编上具有独特优势。第三，品牌积淀优势。从1958年北京电视台试验播出以来，各省市电视台经过了半个多世纪的探索发展，形成了相对完善的产业价值链，尤其在内容环节上已经积累了丰富的资源和经验，这是刚兴起的商业视频网站望尘莫及的。

互联网电视媒体根植于母台吸纳了母台内容建设的资源和经验，避免了内容产品创新过程中的资源浪费，这种独特的内容价值优势为互联网电视媒体营利提供了导向性和可行性。互联网电视媒体可以通过内容价值链的延伸和整合来获得利润。

（1）内容产品的差异化

"媒体差异化竞争"包含两层意思。一是差别化，就竞争对手和用户而言，建立独特的产品或品牌形象，满足用户某一方面的特殊利益，从而提高传媒产品的选择率，达到营利的目的。二是目标聚焦，细分用户市场和精准定位目标用户群，针对不同的消费者提供差异化的产品，满足消费者个性化的产品需求。

实现内容产品的差别化，这对于尚处于发展初期，各项资源都短缺的互联网电视媒体而言是一个很好的选择。价值链理论认为：互联网电视媒体作为市场竞争主体不必在每个环节都创造价值或具有比较优势，只要保持某一特定战略环节的独特优势，从而控制整个价值链，实现持续营利。[①]这种方法可以把有限的资源集中分配到对其中某一环节的独特塑造，从而放大其优势，形成其鲜明特点和品牌形象。明确的市场定位不仅可以发挥其资源的最大效用，同时也能强化用户对其产品或品牌的印象。差异化内容产品创新决定了互联网电视媒体对该类产品的定价权利，这类产品的独特性使媒体市场空间内缺乏可替代品，竞争对手在一定时期内无法提供且无法复制该差异性。当产品投入市场并出现供不应求时，用户的选择空间将变得十分有限，媒体对产品的定价权利变大，从中获得大量的利润。

高度聚焦目标用户，通过用户数据分析掌握用户需求，增加用户黏性，获取持续的商业利益。差异化策略有利于培养用户对媒体产品或品牌的路径依赖和培养忠诚用户，形成用户与媒体之间稳定的传媒关系，当这种稳

---

① ［美］迈克尔·波特. 竞争优势 [M]. 陈小悦译. 北京：华夏出版社，2005：113.

定关系建立后，大部分用户会降低对内容产品或品牌价格的敏感度，愿意持续为媒体产品买单。

综上，创新本身含有差异化的意思，内容产品差异化为互联网电视媒体营利指明了道路。差异性必须具备比竞争对手优越的地方，能够被受众实实在在感知，并获得利益、得到满足。内容产品差异化被认为是标新立异的时代的一种根本战略选择。

（2）内容产品创新的成本导向

多数情况下，产品营利与产品成本之间成反比，成本越高，营利越小，为了获得最大的利润，需要把产品成本控制到最小。媒体产品创新的一个重要功能就是要实现低媒体产品成本、低媒体用户产品成本。[①]

低媒体产品成本使媒体在竞争中实现低成本优势，获得目标市场中的有利位置和营利回报。如长江新媒体的营利很大程度依靠的是内容产品，除了央视和母台内容资源之外，其与华为和优朋两家新媒体公司签订的版权购买协议使其以最低的价格获得了大量最新最全的电影、电视剧和综艺产品，充实和盘活了自身的片源库，以少于竞争对手的成本付出获得与竞争对手同等价值的产品，在与互联网视频网站的竞争中占据优势。后者（即低媒体用户产品成本）则是衍生品，使用户以最小的付出获得最大的利益，以此吸引用户的注意，如为了获得用户，用低于竞争对手的价格提供同等价值的产品，最终获得成本优势。英国天空广播公司提出免费为用户提供机顶盒和碟形卫星天线的举措，不仅为其赢得了用户，也使其战胜了最大的竞争对手——独立电视网的数字服务，在付费电视市场上占据了有利位置。

低媒体用户产品成本涉及用户购买内容产品的价值，包括产品的核心利益层、有形产品层、附加产品层等三个层面。前面已详细分析过，从目前互联网电视媒体的发展现状看，核心产品仍然是节目产品。有形产品层则是指内容产品的声画表现力带给用户的视听体验，视听体验指电视的清晰度、电视节目的编排等。用户成本还涉及搜集电视节目花费的时间成本，这就需要节目编排更加科学合理，尽量减少用户在搜集节目过程中的时间成本，增强用户体验。附加产品层主要指内容产品对人们社交活动的影响。

---

① 朱春阳. 成就卓越：传媒产品创新研究 —— 一种行为与能力的分析范式 [D]. 复旦大学，2004：94.

随着互联网发展，用户的成本将主要集中于后两个层面，因此降低消费者产品成本最直接的策略是降低这两个方面的成本，强化对其的创新，尤其是附加产品层面的创新，如加强内容产品中的用户参与互动，用户流量转化为利润，内容产品向服务领域延伸，内容产品刺激用户的消费需要。对附加产品层面的创新既是密切内容产品与用户联系的重要纽带，也是产品价值增值的重要部分，这给内容产品营利模式的创新提供了可能。综上，需要加强对附加产品层面的创新，首先是互联网技术发展为其创新提供了可能性。其次，差异化竞争优势，在内容产品同质化越来越严重的今天，因该层面的模仿成本高，因此模仿的可能性低。最后，用户愿意为其付出成本，在内容产品的核心产品层面用户选择的机会和途径多。

在常态下，媒体产品成本与媒体用户产品成本这两个要素之间处于此消彼涨的关系，更多时候媒体产品的开发需要付出较大成本，行业把产品成本大部分付诸在产品用户身上，从而维持行业的正常运作。因此如何通过内容产品创新实现这两种成本的降低，使互联网电视媒体既能获得产品的高利润回报，同时又扩大了用户规模，形成持续的收入，将是我们要思考的问题。

（三）互联网电视媒体的关系产品创新策略

关系产品是互联网市场的独特产物，相比于大众传播时代电视与受众之间点对点的信息传播，受众之间无法产生联系。关系产品使电视用户之间建立起了连接关系，形成了点对面的传播网络。各个用户都是这种关系网络的节点，多个节点或全部节点之间因共同的产品功能偏好组成了集合，即网络社会关系的集合。这是一种社会关系延展十分广泛、超越空间界限却又极不稳定的集合。集合的节点代表了分布广泛，互不熟悉的陌生人。这种集合区别于以亲戚、朋友关系网为基本结构所形成的"熟人关系"的强关系网，是一种弱关系建构的信息扩散场域。微博、微信、贴吧等社交关系（SNS）产品正是这种信息交流的平台，与这些市场上发展成熟，已拥有规模化用户的关系产品相比，互联网电视媒体显然没有信心也不愿冒险投入几个亿去开发一款无法立刻预知效果的关系产品，于是与市场关系产品开发商的合作创新成为它们的主要策略。

1. 产品的创新设计

关系产品运用于电视节目中，其最为显著的作用是使电视节目的观众转变为关系产品的用户，并促进了用户与用户之间、用户与产品之间关系的形成，最终产生社群。如何创新关系产品，形成和扩大这种关系聚集的用户节点，并通过信息传播连接和维持各节点之间的关系？研究表明：节点在网络中的互动关系越是活跃，越能激发用户的参与度。为此，关系产品的创新需通过各种形式的互动设计以激发用户参与为目的，如在线互动，网上虚拟社区等。这种产品创新的完成需要完成以下两点。

关系产品创新首先需要考虑用户参与互动的场域，以用户需求为导向。研究发现，跨平台互动已经成为互联网电视媒体发展的趋势。以"微信摇一摇"为例。这款关系产品之所以受欢迎，在于新媒体选择了热门社交产品（具备群众基础）的微信作为它的合作平台。由于电视是以家庭为单位使用的娱乐工具，它满足不了用户私密社交的需求，且互联网技术的发展，推动了网络社交产品的出现，用户习惯在看电视的时候使用其他媒体工具登录微博、微信、QQ等社交平台。"微信摇一摇"的设计恰好适应了用户这一媒体使用习惯的改变，社交与电视的结合高度聚焦了用户的需求，增加了电视的娱乐性，同时微信的群众基础与电视节目目标用户的叠加，扩大了产品用户规模。

明确互动区域之后，如何引导互动，推动网民自发传播是关系产品创新的主要环节，这也为产品创新提供了无限可能的空间。"微信摇一摇"这款跨屏互动产品从最初的微信"摇人""摇歌"到现今的"摇电视"，互动环节的设计娱乐性强，用户注意力集中，参与度强；并且"微信摇一摇"赋予了每个用户参与和创造内容的设计，如互动评论环节的设计拉近了用户与其他用户之间的关系，聚焦了规模化的用户群体。当用户对电视节目发表评论参与互动，并被其他用户转发和评论时，社会化证据被激活，该用户表现出其在网络话语空间的影响力，从而心理上产生成就感。与传统电视媒体的线下评论不同，通过互联网用户能直接感知信息传播的速率和效果，这种效果越是积极，表示节点在网络中的互动关系越是活跃，用户与用户之间关系也更加紧密。

2. 产品对电视节目收视的拉动效应

内容是信息，关系是内容的渠道，内容循着关系的脉络不断扩散。在互联网电视媒体中，关系产品建立起了用户与用户之间的联系，这种关系构成的链条依赖于电视节目信息。当关系不断扩散时，即用户不断叠加，电视节目传递和扩散的速度也越快，节目影响力越大。换言之，关系产品是提升电视节目收视率的有效手段。收视率是各类电视媒体竞争力的主要表现，收视率越高则表示电视台的竞争力越强，而成功的新媒体创新产品不仅可以重振电视台收视率，增加用户黏度和活跃度，还可以打造新的营利模式。

关系产品是助力，是内容产品传播的有效手段，为内容产品凝聚了用户，容易形成规模化用户群体，因此关系产品的创新和开发显得尤为重要。大家熟知的央视春晚广告，将二次元常见的创新——"弹幕"呈现在主流媒体的电视上，引发了线上线下人们自发性地广泛传播。这不仅开创了电视广告产品的表现形式，"弹幕"也是关系产品在电视平台未来的一个重要发展方向。此外，关系也是内容信息的补充和完善，当用户对节目信息不确定时，促使人们寻求各种平台搜集信息，关系产品的构建提供了内容信息传递交流的平台，解决了信息的不确定性。

（四）互联网电视媒体的服务产品创新策略

1. 个人服务产品的创新策略

互联网电视媒体的个人服务产品包括：在线医疗、在线支付、在线教育、在线游戏、电子邮箱服务、线上线下购物一体化等。虽然目前服务产品大多以免费的形式推送给个人，但是服务产品是媒体营利的重要表现，它为媒体营利创造了无限可能。

在某种意义上，服务产品更容易成为"入口"，更容易吸引用户点击形成用户群。庞大的用户数据和用户规模积累可以为媒体创造无限的价值，对媒体产品而言，它为内容产品和关系产品精准定位，高度聚焦用户需求提供了数据参考。同时服务产品也可以通过技术衔接为内容平台、社交平台导入流量，打破电视、电商行业界限的跨领域传播，这是服务产品流量价值转换的很好表现。对企业用户而言，媒体用户数据积累有助于创新企业服务产品，甚至带动企业内部其他产品的开发，如企业电视招聘广告、企业活动宣传等，从商业角度来讲，电视媒体联系了企业与个人用户之间的关系，充当了桥梁，为企业创造了价值，降低了企业付出的时间和金钱成本。对媒体而言，虽然无法从个人用户处获得直接收益，但是企业作为一个有能力的消费者，媒体以用户群作为与企业交易的商品从而获得利润，这是服务产品营利的重要方面。

面向个人用户的服务对媒体而言至关重要，媒体的目标用户定位不再是类型化的用户，而是精准到每个人，服务产品的创新有利于个人用户市场的培养，也为品牌独立，产品策划提供方向。如何创新服务产品？关键是注重用户体验的培养。互联网电视提供的电子商务、在线缴纳水电费等降低了用户时间成本，使媒体消费者享受在线服务带来的便利性。好的服务产品能培养忠诚用户，形成规模化的用户群，因此注重用户体验培养是服务产品创新的核心。

2. 企业服务产品的创新策略

企业用户作为最重要的集体用户，其消费需求和消费实力远超过个人用户。互联网环境下，企业对电视媒体的需求也在变化和提升。在传统媒体时代，企业和电视媒体常见的联系是"广告"，电视作为第一传统媒体在大众传播领域具有不可替代的作用，借助电视媒体为企业产品或品牌进行宣传，有利于企业产品或品牌市场知名度的提升，带来直接经济利益，这也是电视媒体为企业服务的重要方面。互联网时代，企业用户需求更加多样化，不再局限于传统的电视服务方式，创新服务成为互联网电视媒体发展的必然选择，如跨领域、跨平台、跨栏目的线上线下互动产品。电视界面下方的企业"二维码扫一扫"是企业抢占的焦点，也是电视媒体新的营利方式，通过新媒体技术产品，实现了手机与电视的跨频互动。企业上网服务、企业广告的软植入、企业网站的技术支撑、构建企业信息服务交换平台等都是互联网电视媒体通过为企业服务的新项目。互联网电视媒体为企业提供个人用户信息交换的平台获得利润，避免企业花费巨资宣传推广却无法精准定位目标用户，最终转嫁成本于个人用户。信息服务交换平台有利于实现媒体、企业与个人用户之间的双赢，是未来互联网电视服务产品创新的重点。

互联网电视媒体选择与企业合作，主要在于其不容忽视的消费能力，与个人用户回报资本积累的长期性相比，这是媒体收入增加的直接动力。互联网电视媒体和企业的关系唇齿相依，媒体只有不断调整服务策略、创新产品形式才能满足企业的特别要求。

3. 社会服务产品的创新策略

互联网电视媒体服务产品的另外一个对象是社会用户，这类服务大多是属于公益性质的，这是由电视媒体的属性决定的。

互联网电视媒体的社会服务产品包括：教育、医疗卫生、新农村建设等。近些年，互联网电视媒体社会服务的重心转移到农村地区，对农村地区信息网络产品的开发成为重中之重。湖北广电与电信合作开发的"幸福新农村"，以农村用户为中心构建了一个综合性、智能化的信息服务平台，不仅满足了农村地区的网络需求，也实现了服务民生和产品创收的双赢局面。针对农村用户的媒体使用习惯，采用信息订制化推送，采用了"一村一界面"的形式，以行政村为单位，在已有的 IPTV 电视内容基础上结合各村特色和需求，通过订制化的 IPTV 首页视窗界面，提供"村委公告""医药健康""每周农经""招聘信息""安防助手"等适宜当地需要的公共服务，在农村地区产生了强大的影响力，媒体的公信力也得到提升。

互联网电视媒体产品服务的对象还有现实的社区、社团等，主要为它们提供网站建设服务、上网服务等，这是互联网电视媒体服务产品经营的新思路。

六、创新互联网电视大数据整合营销策略

（一）电视媒体创新发展要树立牢固的互联网思维与整合营销意识

"艾瑞咨询提供的最新数据显示，由于个人、互联网、平板电脑、智能手机的冲击，越来越多的人离开了电视，北京地区电视开机率已从年前的下降到。……首先要增强电视媒体自信，发挥自身优势，从终端使用的固定思维中解放出来，树立互联网思维，这是传统电视媒体转型的一个重要的思想基础。"[①] 随着人们媒介选择的增多，观众分流已经成为不争的事

---

① 唐旭军主编. 中国新媒体发展报告（2013）[M]. 北京：社会科学文献出版社，2013：114.

实，再加上大数据时代更为复杂的竞争局面，电视媒体需要系统地进行战略升级，互联网思维便是这个过程中需要牢固树立的理念。

封闭与开放是传统电视思维与互联网思维之间最根本的区别。通过转变思维方式，按照互联网的要求对电视媒体进行创新，便会逐步使其各种业务带有更为鲜明的互联网特征，通过一定的技术构架，自然就会具备更强的交互性。无论通过什么样有效的业务形式，只要能够培养起健壮的"端到端"体系，便能够使传统的电视媒体传播模式得到改变，获取数据自然水到渠成。

互联网思维与传统媒体思维另一个重要的不同点在于重视用户体验。目前许多电视系统的新媒体仍存在界面不友好、页面内容设置不科学等不足，这会直接影响到用户的使用体验，受众在使用体验无法得到满足的情况下是很难继续关注"优质内容"的。另外，传统媒体布局新媒体有一个通病，即原有模式的迁移，不是在结合受众需求与技术潜力的基础上进行重新设计，依然是"从传统出发"。在市场各种资源的配置中起基础性作用的大背景下，消费者的需求决定了电视媒体的方向，满足消费者需求的程度决定了电视媒体的效益和效果，这一规律性尤其不可违背。

目前大数据技术直接和广泛运用在于数字营销领域，而营销意识也是未来传媒竞争中不可或缺的。数据是人使用媒介所产生的记录，体现的是人的媒介使用意图以及信息需求。数据分析的一个主要目的便是发现其中内含的受众意图与行为规律，从而能够连通受众与其需要的媒介服务。互联网思维与整合营销意识是目前广电系统所缺乏的两种理念，而这两者恰恰是未来媒体竞争中所有参与者必须首先具备的理念。电视媒体因为长期以来的发展模式使其带有较强的传统媒体思维，尽管近年来随着"管办分离、政企分开"的改革已经具备了很强的市场意识，但与长期在市场中摸爬滚打并成长起来的大数据企业相比，还有着很大的差距。当下在电视媒体的发展过程中，许多环节并不能像互联网企业那样直接体现出"数据营销"的意图或方法。从未来发展的角度考虑，切实满足受众需求的互联网意识与整合营销意识是电视媒体必须牢固树立的。

（二）从大数据视角分析电视媒体网络整合营销体系

曾制作《波士堂》《上班这点事》等名牌栏目的媒体人杨晖表示，TV2.0[①]的内涵体现在三方面："一是创意2.0，一是营销2.0，一是品牌2.0。"[②]从营销的角度来看，创意、营销、品牌三者相互统一、在实践中也存在着层层递进的关系——创意是营销的基础，营销的目的是品牌，品牌对营销、营销对创意又有着促进的作用。此处强调的"2.0"概念也代表了一种创新性，主要表现为电视在新媒体环境下呈现出的各种新特征，而符合"营销2.0"要求便是适应了新的传媒市场竞争的网络整合营销。学界与业界一直存在这样一种观点，即电视媒体营销的目的是把观众的注意力重新聚合到电视节目上，诚然，这是电视媒体营销活动的重要出发点，但并不全面。

实现受众注意力资源的重聚只是电视媒体营销的一个方面，在整合营销的框架下，面对未来市场的竞争，需要有更宽阔的眼界与竞争思维。另一方面，整合营销涉及多种媒介、渠道，比电视媒体内容更易于形成全媒体化的产业链条，"整合营销中的价值链，要求电视媒体利用自身的地位优势整合多重播出或者发行渠道，把营销中的各个关键环节组建成一条完整的产业价值链，实现节目内容和品牌的不断增值"[③]。这样，通过整合营销不仅仅带动了电视媒体内容的传播，更能够形成电视媒体在传媒产业链中的影响力，这才是整合营销作为营销2.0相对于传统营销活动的优势所在。

进入到大数据时代之后，网络语义功能的实现与普及具备了可能，对传媒营销的要求自然也会提高，需要超越2.0向3.0向去发展，营销成本将进一步降低，而智能化、科学性、有效性则会大幅提升。因为电视的媒体特性，在一段时间内，还需要以"2.0"的网络整合营销体系去适应"3.0"的营销要求。那么就有必要按照大数据时代的要求来审视当前的电视媒体网络整合营销体系，发现其中存在的问题，以便在实践中采取相应的措施。

通过对以上几种网络整合营销方式的分析，从大数据发展的角度，可以把它们的发展特点归纳为以下三个方面。

---

① 2.0最早由美国《连线》杂志提出，强调以观众、用户为中心，观众从被动地观看者变为主动的信息接受者和传播者；TV2.0代表了一个更加开放的系统和理念——笔者注
② 熊晨. TV2.0时代电视节目的整合营销策略 [J]. 媒体时代，2012（01）：44.
③ 熊晨. TV2.0时代电视节目的整合营销策略 [J]. 媒体时代，2012（01）：46

第一，重渠道轻交流。网络整合营销为电视媒体提供了多元化的信息传播渠道，这些资源都是单向传播的传统媒体过去无法想象的，所以在一定程度上也产生了一种"渠道至上"的倾向，片面地认为渠道的多寡、覆盖范围的大小能够决定最终的营销效果。虽然许多营销方式具备了较强的交互性，但是从整体上来看，"单向传播"的思维方式在电视媒体的整合营销实践中还有比较明显的体现。与受众深入交流的作用虽然得到了电视媒体营销者的重视，但其潜力还没有被充分地挖掘出来，这是需要电视媒体整合营销改进和提高的一个方面。

第二，重数量轻数据。在新媒体领域，"数量"是一个重要的评价标准，比如新浪微博在不到一年半的时间内实现用户过亿，腾讯微信历时 433 天用户即超过一亿等。尤其是受众的数量一直以来都是评价媒体影响力的标准，许多传媒之间的竞争也是围绕受众数量而展开的。电视媒体通过网络整合营销能够获得众多的微博粉丝、网络受众，这些庞大的受众群体将成为营销的一大"成绩"。

第三，重整合轻分析。电视媒体在新媒体营销过程中，注重不同营销方式的整合，以期发挥出"1+1 > 2"的效果，所以在整合营销的过程中，如何对不同的媒介、各个部分进行统筹，使之成为核心环节。在整合的过程中，一方面需要注重不同渠道优势的发挥，一方面需要注重不同受众群体的个性特征，只有将两方面有效结合，才能保证最终的营销效果。在大数据时代，数据基础上的深入分析是营销成功的关键，其中包括对受众的分析、产品的分析，等等，而数据分析、挖掘技术在电视媒体领域目前还没有得到广泛的应用，所以基于分析部署营销的思路便没有得到应有的重视。

（三）深度利用大数据，推行精准营销

在传统媒体传播过程中，媒介就是信息，但是在大数据背景下，媒介则是指数据。媒体能合法收集到全面准确的用户数据，并基于此开展跨媒介资源整合和二次开发，针对不同用户重组数据，将其开发成不同产品，满足用户个性化需求，这个数据挖掘、开发的过程能够决定媒体是否持久生存。传统电视节目的播出方式已经不再纠结于终端载体的形式，深度数

据挖掘的本领高低将决定电视的存亡。

互联网电视与传统电视的一个主要区别就在于：互联网电视拥有数据收集和分析的能力。互联网电视的营利模式是什么呢？互联网电视通过社会基本细胞——家庭信息收集家庭成员信息，再对这些数据进行处理，但这仅仅是数据处理的第一步。互联网电视的优势在于大数据：互联网流动的大数据，是指由互联网联结从而形成的数据云，强大的广电系统是可以完全凭借广电中心的大型计算机或是统筹分布式计算，将数据从个人、家庭层面进行详细的数据分析、数据重组，进行二次开发。一方面在这些数据的基础上，判断用户喜好，进行具有针对性、导向性的系列服务，形成独特的蓝海市场。另一方面，将采集到的原始数据或者进一步处理后的二次加工数据分层分级打包，组合成不同功能、特点的新产品，销售给有不同需求的厂家，实现数据的利益最大化，甚至在数据的整合分析中，还可以进一步发现新的商业价值。因此，在大数据、云计算的时代，互联网电视产业的发展重心将不再是电视节目提供商，更应该是数据营销商。互联网电视行业的营利方向应该是基于"三网融合"的数据融合，实现精准数据营销，科学进行客户关系管理。所谓客户关系管理，可以被描述为吸引、保留、资本化开发用户的过程。其关键的核心在于，不管互动渠道如何，一定要为用户提供持续、精准、个性化的用户体验。[1]互联网电视的功能重组是通过数据化处理实现的。通过对用户需求的互补性融合，这种互补性不单单局限于网络、内容以及数字终端设备等传统意义上的融合，更为重要的是对数据进行全面的分析整合，让这些基于双向数字网络的数据为广义的用户融合提供帮助，从而实现基于跨平台的用户关系管理；让相关厂商能够通过互联网电视平台得到相关性数据，而不是仅仅究其因果性，来达到实时掌控每一个用户的个性化需求，并通过精准传播模式和订制推送服务，达到吸引和保留用户、实现营利的目的。

由此可见，互联网电视的最终营利模式，关键点在于把有关用户的个人喜好，通过大数据及跨平台系统进一步整合起来，通过跨平台、海量的数据挖掘和分析重组，真正了解用户需求，实现用户资源价值最大化，同

---

[1]　[意]玛格赫丽塔·帕加尼. 多媒体与互动数字电视[M]. 罗晓军，王佳航，译. 北京：人民邮电出版社，2006：43.

时进一步深度挖掘、引导用户需求，甚至创造新的用户需求；在已有数据的基础上，分析对比用户数据，提供具有持久性、差异化的产品用户体验和个性化推送，开发创新型业务点和持久性高营利的创收点。

参 考 文 献

[1] [美]罗杰·费德勒. 媒介形态变化：认识新媒介[M]. 明安香译. 北京：华夏出版社，2000.

[2] 张富山. 顾客满意关注的焦点[M]. 北京：中国计划出版社，2001.

[3] 朱春阳. 成就卓越：传媒产品创新研究——一种行为与能力的分析范式[D]. 复旦大学，2004.

[4] [美]迈克尔·波特. 竞争优势[M]. 陈小悦译. 北京：华夏出版社，2005.

[5] [意]玛格赫丽塔·帕加尼. 多媒体与互动数字电视[M]. 罗晓军，王佳航，译，北京：人民邮电出版社2006.

[6] 强月新，张明新. 转型社会的媒介景观[M]. 武汉：武汉大学出版社，2007.

[7] 张国良. 社会转型与媒介生态实证研究[M]. 上海：上海交通大学出版社，2007.

[8] 陈斯华. IPTV产业价值链研究[M]. 北京：中国传媒大学出版社，2007.

[9] 宫承波. 新媒体概论[M]. 北京：中国广播电视出版社，2007.

[10] 陈斯华. IPTV产业价值链研究[M]. 北京：中国传媒大学出版社，2007.

[11] [英]辛普森. IPTV与网络视频[M]. 北京：机械工业出版社，2008.

[12] 任锡源. 提高顾客满意度的口碑营销对策研究[M]. 北京：首都经济贸易大学出版社，2010.

[13] 庞井君主编. 中国视听新媒体发展报告（2011）[M]. 北京：社会科学文献出版社，2011.

[14] [美]保罗·莱文森. 软利器：信息革命的自然历史和未来[M]. 何道宽译. 上海：复旦大学出版社，2011.

[15] 张明新. 媒体竞争分析：架构、方法与实践——一种生态位理论范式

的研究[M]. 武汉：华中科技大学出版社，2011.

[16] 芦亚平，李霞. 浅析 IPTV 技术综述[J]. 甘肃科技，2011（27）.

[17] [美]加里·R. 艾洁顿. 美国电视史[M]. 李银波，等，译. 北京：中国人民大学出版社，2012.

[18] [美]亨利·詹金斯. 融合文化：新媒体旧媒体的冲突地带[M]. 杜永明译. 北京：商务印书馆，2012.

[19] 吴一鸣. 电信运营商如何发展互联网电视[J]. 通信世界，2012（39）.

[20] 熊晨. TV2. 0时代电视节目的整合营销策略[J]. 媒体时代，2012（01）.

[21] 唐旭军主编. 中国新媒体发展报告（2013）[M]. 北京：社会科学文献出版社，2013.

[22] 邓竹祥. 运营商互联网电视业务发展策略[J]. 中国电信业，2013（02）.

[23] 周晓普主编. 广播电视论[M]. 北京：中国人民大学出版社，2014.

[24] [美]约瑟夫·熊彼特. 经济发展理论[M]. 南昌：江西教育出版社，2014.

[25] 孙平. 媒介融合驱动下的新型电视产业价值链[J]. 当代传媒，2014（02）.

[26] 李昀，储轶钢. 移动互联网时代运营商 OTT 业务网络承载方案浅论[J]. 中国新通信，2014（11）.

[27] [美]阿曼达·洛茨. 电视即将被革命[M]. 陶冶译. 北京：中国广播影视出版社，2015.

[28] 人民日报编. 融合坐标——中国媒体融合发展年度报告（2015）[M]. 北京：人民日报出版社，2015.

[29] 李强. 中国互联网电视现状及对策分析[J]. 通信学报，2015（03）.

[30] 刘向阳，李晓丹，冼志涛，等. 一线管理者与人力资源部门的合作如何提升人力资源管理效能——合作关系与合作满意度的作用[J]. 中国人力资源开发，2015（21）.

[30] 王小娟. 电视的进化：以用户为中心的"内容为王"[J]. 视听界，2016（01）.

[31] 孙鸿滨. 4G通信网络技术的主要特点与应用分析[J]. 信息通信，2016

（11）.

[32] 刘羿勋. 4G移动通信技术的特点分析及应用探讨[J]. 数字通信世界，2017（02）.

[31] 陆一，周可仁，周莉，等. 构建企业诚信管理体系提高产品服务质量供给[J]. 中国质量技术监督，2017（05）.

[34] 郭广宝，陈峰. 美国信用制度建设的启发及建议[J]. 中国物业管理，2017（03）.

[35] 音春，梅再霞，王猛，等. 变动因素影响下的通信服务收入定量预测方法研究[J]. 广东通信技术，2017（04）.

[36] 陈振华. 基于ACSI模型的生鲜电商顾客满意度的实证研究[J]. 现代商业，2018（02）.

[37] 秋向华. 互联网电视业务的发展现状、趋势研究[J]. 中国新通信，2018（24）.